Ulrich Kaiser

Der Erzähler Rudolf Steiner

Diese Veröffentlichung wurde ermöglicht durch das Rudolf-Steiner-Bildungswerk Hamburg-Bergstedt e.V.

Ulrich Kaiser

Der Erzähler Rudolf Steiner

Studien zur Hermeneutik der Anthroposophie

Ulrich Kaiser
Der Erzähler Rudolf Steiner.
Studien zur Hermeneutik der Anthroposophie

ISBN 978-3-95779-111-5

Erste Auflage 2020

Lektorat: Dr. Jens Heisterkamp, Frankfurt am Main
Umschlag: Frank Schubert, Frankfurt am Main
© Aufnahme Cover: Rudolf Steiner Archiv, Dornach
Satz: Ulrich Schmid, de·te·pe, Aalen
Druck und Bindung: CPI books, Leck

1 Brief von Rudolf Steiner am 4. November 1894 an Rosa Mayreder über seine ›Philosophie der Freiheit‹, in: (GA 39, 232) Hervorhebungen im Original. – Die Bände der Gesamtausgabe von Rudolf Steiners Werk zitiere ich durchgehend mit der Abkürzung GA, nach dem Komma folgt die Seitenangabe. Zur Verdeutlichung benutze ich Klammern. Die genaueren Angaben finden sich in numerischer Ordnung im Literaturverzeichnis.

2 Rudolf Steiner im Mai 1905 in der Zeitschrift ›Lucifer-Gnosis‹ zum Thema ›Personenkultus in der theosophischen Bewegung‹, in: (GA 34, 386). Hervorhebung im Original.

3 Rudolf Steiner in einem Vortrag in Paris am 6. Juni 1906, nach einer Zusammenfassung von Edouard Schuré, in: (GA 94, 66).

Ich lehre nicht; ich erzähle, was ich innerlich *durchlebt* habe. Ich erzähle es so, wie ich es gelebt habe.[1]

Derjenige, welcher die Mitteilungen macht, will – immer vorausgesetzt, dass er wirklich im Herzen Okkultist oder Theosoph ist – nicht anders wirken als ein *Erzähler*.[2]

Dem Okkultisten geht es niemals darum, Dogmen aufzustellen. Er erzählt, was er gesehen hat, was er erforscht hat …[3]

I. Vortrag in Dornach
No. 64 7. Juni

Das Thema die Kunst im Sinne der Geisteswissenschaft (Abschnitt kunsthistor. Kapitel).

7. Juni 1914 II

in den Werkstätten der I. B. sehr
No 65

Knospe Blume Knospe Blume

Ägyptisches
[illegible]

der tragende Mensch

Blume

Knospe

Abbildung Seite 6 und 7:
Aus dem Fotobuch von Max Benzinger: Rudolf Steiner am 7. Juni 1914 in der Schreinerei am Goetheanum beim Vortrag mit Publikum. Mit freundlicher Erlaubnis des Rudolf-Steiner-Archivs, Dornach.

Inhaltsverzeichnis

Vorbemerkung 13

Der Stachel des Wissenschaftsanspruchs 15

Kriterien der Nachprüfbarkeit 20

Überschreitung von Gattungsgrenzen 23

Das Charisma Rudolf Steiners 28

Der Erzähler Rudolf Steiner 30

Überblick über dieses Buch 32

Ort und Eigenart dieser Studien 36

Dekonstruktion des Dogmas 40

Erste Differenzierungen: begriffliche, symbolische und narrative Form 42

Dogma und Kritik 45

Selbstverantwortung und dogmatische Methode 47

Begriffssprache gegenüber »blindem Dogmenglauben« 49

»Wann wird das symbolische Gewand fallen?« (Martha Asmus) 51

»Kleider und Hüllen vom Wesen der Sache.« (Marie von Sivers) 53

Gandhi und das Motto der Theosophischen Gesellschaft 58

Meinung, Wahrhaftigkeit, Forschung 60

Ästhetische Differenz, hermeneutische Distanz, dialogische Konstellation 64

Dogmen, pejorativ verstanden 70

Dogmen, affirmativ verstanden 72

Lob der Hypothese 74

Der Geltungsmodus der Erzählung 77

Theosophie als pragmatisches Provisorium 78
Ein erfahrungsbezogener Begriff des Geistigen 79
Kritik an der Modellhaftigkeit 81
Zwischen Landbrückenhypothese und theosophischem Narrativ: »Lemurien« 82
Revisionen, Unklarheiten, offene Forschungsprozesse 84
Lockerung des Denkens 88
Zwischen Fantasy und Naturwissenschaft 89
Ästhetik geisteswissenschaftlicher Hypothesen 91
Regulative und darstellende Funktion von Hypothesen 93
Vier Grundgesten spiritueller Erkenntnis 95
Sensible Behauptungen 98

Umkehr als esoterische Denkform 100
Umkehr der Zeit 102
Erfahrungen in der Rückschau 104
Soziale Umkehr 107
Umkehr des Raumes 109
Inversion von Bild und Keim 112
Umkehr des Willens 116
»Ordo inversus« – zur Forschungsgeschichte einer Denkfigur 123
Dynamisierung der Umkehr: Das Denkbild des Wirbels 126
Die »Schöpfung aus dem Nichts« 133

Hermeneutik und Kritik – über Max Dessoir 138
Freund Meebold 141
»Vom Jenseits der Seele« 143
»Magischer Idealismus« 146
Erfahrung und Kritik 148
»Von Seelenrätseln« 151
Wider die Rhetorik der Disqualifizierung 154

Die Entdeckung des Performativen 156
Die anfängliche Unterscheidung zwischen konstativ und performativ 158
Zwischen universalistischem Begründungsanspruch und Abgründigkeit des Sinns 162
Kulturen des Performativen 165
Der politische Leib der Rede 167
Das hermeneutische Dreieck 169

Die performative Dimension der Anthroposophie 172
Die transformative Kraft in Steiners Vortragskunst 174
Ritualdynamik – Steiner als Ritualist 182
Das transformatorische Element in Steiners Schriften 188
Der unscheinbare Moment der Übung 191
Epilog: Steiners Werk und die »Anthroposophie« 193

Der Erzähler Rudolf Steiner 195
Der Gesichtspunkt einer Allgemeinen Erzähltheorie 196
Woher die Konjunktur der Erzählung? 198
Erzählung und Erfahrung 200
Erzählgenres bei Rudolf Steiner 203
Soziale Wirksamkeit von Erzählung 207
Die schwebende Geltung des Erzählten 210
Die ontologische Referenz des Erzählens 212
Die Chancen der Erzählung 214

Die Esoterik der Erzählung – Goethes Rätselmärchen 216
Steiners Erzählen ist ein Medium zwischen Mitteilung und Erfahrung 217
Steiners Erzählen erhebt Anspruch auf Wissenschaftlichkeit 219
Die Esoterik der Erzählung ist eine Frage des Gelingens 221
»Das Märchen« – ein esoterischer Schwellentext 222
Die »Unterhaltungen« sind ein Essay über die Möglichkeiten von Erzählung 225

Erzählen ist »Embodied Communication« und Bildung von »Resilienz« 228
Die esoterische Erzählung verweist über sich hinaus 230

Aus der Akasha-Chronik erzählen 233
Am Brunnen der Götter 235
Tarkowskis Regeln 237
Ein Blick in die Forschungsliteratur 239
Das »argumentum ad verecundiam« und die Erzählsituation 243
Wirklichkeitsebenen des Erzählens und Zuhörens 245
Der Kontext: Die Zeitschrift »Lucifer-Gnosis« 247
Gibt es einen Erzählanlass? 249
Steiners implizite Selbstexpertise 250
Erweiterte Autorschaft 252

Narrative Asymmetrie 255

Literaturverzeichnis 258
Schriften Rudolf Steiners 258

Nachweis 276
Erstveröffentlichungen 276

Vorbemerkung

Die hier versammelten Essays sind in den letzten acht Jahren neben meiner Tätigkeit als Klassenlehrer an der Rudolf Steiner Schule Hamburg-Bergstedt für die Zeitschrift »Die Drei« geschrieben worden. Sie waren thematisch nicht vorab so geplant, sie entwickelten sich Schritt für Schritt. Ihr Umfang richtete sich nach dem in der Zeitschrift gesetzten Rahmen. Darin lag eine Beschränkung und eine Chance. Die Texte mussten, auch wenn sie ihr Thema nicht erschöpfend behandelten, zum verabredeten Zeitpunkt fertiggestellt werden. Die Okkasionalität der Erscheinungsbedingungen und der vorab begrenzte Rahmen brachten es mit sich, dass sie, neben meiner Haupttätigkeit als Klassenlehrer, *überhaupt* erschienen. Die Texte entstanden aus der Lust an der Erkundung neuer Themen und sind nicht selten Erprobungen, wie zu schreiben sei.

Dass sie entstanden, ist auch dem Interesse der Redakteurinnen und Redakteure der Zeitschrift zu verdanken, zunächst Stephan Stockmar und Lydia Fechner, später Claudius Weise. Diese haben auch zur besseren Lesbarkeit beigetragen. Die Vorstudien reichen Jahre zurück. Im Jahr 2007/8 erhielt ich von der Pädagogischen Forschungsstelle des Bundes der Freien Waldorfschulen sowie vom Forschungsfonds der Anthroposophischen Gesellschaft in Deutschland Fördermittel zur Ermöglichung eines *Sabbatical,* die für eine bisher nicht abgeschlossene Forschungsarbeit und Publikation zum Thema »Atlantis« vorgesehen waren und mir in diesem Zug die Grundlagenstudien ermöglichten, welche in die hier vorgelegten methodisch orientierten Texte eingeflossen sind. Sie stellen insofern Vorstudien für das größere Projekt dar.

Ich danke stellvertretend den Geschäftsführern, zunächst dem inzwischen verstorbenen Hansjörg Hofrichter, dem Initiator, und seinem Nachfolger Christian Boettger und dem Beirat der Pädagogischen Forschungsstelle, dass ich die Möglichkeit erhielt, mich in die bei diesem Projekt recht diverse Forschungsliteratur einzuarbeiten. Einen anregenden Rahmen verdanke ich zunächst einigen innerhalb der Forschungsstelle von mir veranstalteten Forschungskolloquien zu »Atlantis« und über die Jahre auch den von Michael M. Zech im Rahmen der Forschungsstelle abgehaltenen kulturwissenschaftlichen Kolloquien in Kassel. Eine Förderung der Zukunftsstiftung Bildung der GTS Bochum ermöglichte mir schließlich den Abschluss dieser Studien und ihre Zusammenführung. Den Druck förderte ein Zuschuss des Rudolf Steiner Bildungswerkes Hamburg-Bergstedt. Achim Hatzius danke ich für die freundliche Erlaubnis, zwei Bilder aus seiner Werkreihe *deduschka* verwenden zu dürfen. Johannes Kiersch schließlich förderte dies Buch durch Zuspruch und die konstante, immer unaufdringliche Nachfrage nach Fortgang und Abschluss.

Hamburg, im September 2020

Der Stachel des Wissenschaftsanspruchs

»Die Suche nach Gewissheit ist eine der gefährlichsten Irrtumsquellen, weil sie mit der Behauptung einer höheren Art von Erkenntnis verbunden ist.«[4]

» … wenn man glaubt, solch ein Arkanum, das nur andere kennen, existierte, dann sind Forschung und Erfindung wie gelähmt: man wagt nicht mehr, allein einen Schritt zu tun.«[5]

Widersprüchlich ist, dass Anthroposophie Wissenschaft sein möchte, aber sich in ihren Aussagen auf die Darstellung nur einer Person zu verlassen scheint. Und dass diese Darstellung nicht selten den Rahmen dessen überschreitet, was wir als Wissenschaft gewohnt sind anzusehen. Rudolf Steiner, diese Person, greift Themen der Esoterik in einer Weise auf, die oft den uns geläufigen Vorstellungshorizont überschreitet. Er spricht zwar öffentlich, spricht immer wieder in akademischen Kreisen, spricht aber in der Hauptsache vor seinem eigenen Publikum, Mitgliedern der Theosophischen, später Anthroposophischen Gesellschaft, ihm zugewandten Menschen. Der Großteil seines Werkes ist ein Mündliches. Nur 45 der mehr als 350 Bände seiner »Gesamtausgabe« sind Schrift, das Übrige sind Nachschriften von Vorträgen ohne Zahl, situativ und frei gehalten, im Fluss, mit Sorgfalt zwar, aber letzt-

4 Hans Reichenbach, ›Der Aufstieg der wissenschaftlichen Philosophie‹, Braunschweig 1968, S. 48 f.

5 Paul Veyne, ›Glaubten die Griechen an ihre Mythen? Ein Versuch über die konstitutive Einbildungskraft‹, Frankfurt am Main 1987, S. 113 f.

lich unvollkommen festgehalten. Die praktischen Felder, in die er intervenierte, sind vielfältig, erstaunlich. Kein Spezialistentum. Wie sieht da Vertiefung aus? Sein Publikum erzeugt das Bild einer weltanschaulichen Gruppierung, »den Anthroposophen«, welche sich mit den Inhalten der »Geistesforschung« tendenziell doch eher im Sinn religiöser Überzeugung oder persönlicher Vertrautheit als distanzierter, parteiloser Erkenntnis auseinandersetzen. Oder gibt es da Unterschiede?

Anthroposophie, so wurde gesagt, sei letztlich »Bildungsreligion.«[6] Religion mag auf Bildung gründen oder in ihr münden, bleibt aber Religion, ist nicht Wissenschaft. Deren Besonderheit, so wäre zu vermuten, bestünde im fleißigen Studium einschlägiger Bücher und Vortragsnachschriften des Meisters, die den gebildeten Blick auf das Übrige bestimmten und den internen Kanon wenn nicht zweifelsfrei, so nur zweifelnd am richtigen Verständnis der kanonischen Texte prägten. Die Welt als ein großer Zusammenhang, dessen erlebte Einheit sich aus diesen und nur diesen Anregungen speiste. Eine Bildungsreligion, auf der quasi-religiösen Überzeugung aufruhend, dass dies alles, was Steiner sagte, auf jeden Fall richtig sei, auch da, wo es sich nicht unmittelbar nachvollziehen ließe. Eine dogmatische Haltung schließlich, die nicht selten die Form der Besserwisserei oder des elitären Gebarens annähme. Ein Wissens- und Wissenschaftsanspruch, der seiner-

---

6 So Patrick Bahners in seiner Rezension des umfangreichen Werkes von Helmut Zander zur Anthroposophie, von dem noch die Rede sein wird, in der FAZ vom 29.12.2008, zitiert nach der online-Ausgabe https://www.faz.net/-gr3-11b9v [24.6.2020]. Im Vorspann der Rezension heißt es: »Von der Bildungsreligion kann endlich nicht-metaphorisch gesprochen werden.« – Der terminologisch geprägte Begriff der Bildungsreligion, auch als spezifischer Bestandteil der Anthroposophie, findet sich indessen bei Lucian Hölscher, ›Geschichte der protestantischen Frömmigkeit in Deutschland‹, München 2005, S. 399. Ferner ist die These, dass das Christentum als solches Bildungsreligion sei, d.h. fundamental auf Bildung, Studium, Selbstbildung, Wegleitung setzt, nicht von der Hand zu weisen, womit sich die Frage stellt, worin das Spezifische der Anthroposophie als Bildungsreligion bestünde. Die genannte These wird ausgeführt von Thomas Söding, ›Das Christentum als Bildungsreligion. Der Impuls des Neuen Testaments‹, Freiburg im Breisgau 2016. Steiners Werk ist von einem bestimmten Moment an grundlegend christlich geprägt.

seits nicht ernstzunehmen sei, wenn er tatsächlich sich auf dies Bild beschränkte und es nicht differenzierter und reichhaltiger gezeichnet werden müsste.

Im Verlauf ihrer Geschichte wurden Wissenschaften immer wieder durch individuelle Personen geschaffen, geprägt und entwickelt. Oft entstanden in der Folge oder der Gegenwart charismatischer Lehrer wie Platon oder Pythagoras Schulen. Denkgewohnheiten oder -stile prägten den Forschungsansatz von Generationen, bis neue Voraussetzungen an die Stelle von älteren traten. Heute ist es weniger die Einzelperson als die Forschergruppe, die am Wissen arbeitet. Labore und Diskursgemeinschaften sind für den Erkenntnisfortschritt verantwortlich. Zwar bewirken gerade die Naturwissenschaften einen enormen Einfluss auf unsere Lebensverhältnisse, aber sie sind hochgradig spezialisiert, allgemein kaum nachvollziehbar und in der Bevölkerung, die sie angeht, findet sich bestenfalls noch rationale Skepsis und erwägendes Prüfen, mehr aber Misstrauen und unwillige Abkehr oder übermütiger Sarkasmus.

Ein Jahrhundert zuvor, in der Wirkenszeit Steiners, war auch der Wissenschaftsbetrieb patriarchalisch und autoritär geprägt und Personen des öffentlichen Lebens – ob in der Wissenschaft oder Politik – wurden gerade da, wo das demokratische Bürgertum erstarkte, nach dem Muster des Genies wahrgenommen und bewertet, freilich im Sinne einer Vielfalt der Genies, nicht im Sinne einer »Singularität von Führerschaft,« die im Rückblick die Deutung des Führerbegriffs einseitig bestimmt.[7] Qualität und Gewinn von Wissenschaft wurden nicht gleichgesetzt mit elitärer Sterilität und die bürgerliche Kultur förderte deren Popularisierung immens.[8] Insbesondere Naturkunde zeigte sich entwicklungsopti-

---

7 Carolin Dorothée Lange, ›Genies im Reichstag. Führerbilder des republikanischen Bürgertums in der Weimarer Republik‹, Hannover 2012, S. 280.

8 Andreas Daum, ›Wissenschaftspopularisierung im 19. Jahrhundert. Bürgerliche Kultur, naturwissenschaftliche Bildung und die deutsche Öffentlichkeit 1848–1914‹, München ²2002

mistisch und weltanschauungsaffin.[9] Die Grenzen zwischen strenger Wissenschaft und Weltanschauung, die auch der Lebensorientierung diente, waren durchlässig oder wurden nicht gesehen, später aber, im Angesicht ihrer Folgen, kritisch beurteilt[10] und früh schon war man bemüht, im Bereich der Wissenschaft Unterscheidungen zu treffen wie die zwischen »streng« und »exakt«.[11] Der Maßstab der Strenge wäre mehr und schlösse anderes ein als bloß die Exaktheit, zum Wohle der von ihr bearbeiteten Natur. Noch Jahre zuvor, in der Zeit Steiners, und im Sinn ihrer Bildung, ist selbst Naturwissenschaft nicht von dem, was wir heute grob Kulturwissenschaft nennen, zu trennen. Steiners Begriff von Naturwissenschaft ist großenteils der Begriff Goethes. Erst Max Weber weist in seinem Vortrag »Wissenschaft als Beruf« (1918)[12] nachdrücklich auf die geforderte Weltanschauungsabstinenz des wissenschaftlichen Habitus hin, der eine Distanz auch zur Kunst mit einschließt. Doch gerade an Goethes Naturforschung wäre zu differenzieren. Desavouiert ein Pionier der Quantenphysik und Nobelpreisträger wie Max von Laue (1879–1960) Steiners Akasha-Erzählungen mit guten Gründen als fantastisch,[13] so bleibt sein

---

9 Andreas Daum, ›Das versöhnende Element in der neuen Weltanschauung. Entwicklungsoptimismus, Naturästhetik und Harmoniedenken im populärwissenschaftlichen Diskurs der Naturkunde um 1900‹, in: Volker Drehsen / Walter Sparn (Hrsg.), Vom Weltbildwandel zu Weltanschauungsanalyse. Krisenwahrnehmung und Krisenbewältigung um 1900‹, Berlin 1996, S. 203–215.

10 Edmund Husserl, ›Die Krisis der europäischen Wissenschaften und die transzendentale Phänomenologie‹, Den Haag ^{2}1976. Die Texte sind um 1935 entstanden.

11 Edmund Husserl, ›Philosophie als strenge Wissenschaft‹, in: ›Logos‹, Band I, 1910/11, S. 289–341.

12 Max Weber, ›Wissenschaft als Beruf‹, in: ›Geistige Arbeit als Beruf. Vorträge vor dem Freistudentischen Bund. Erster Vortrag. Prof. Max Weber (München). Wissenschaft als Beruf‹, München/Leipzig 1919, S. 3–37.

13 Max von Laue, ›Steiner und die Naturwissenschaft‹, in: ›Deutsche Revue. Eine Monatsschrift‹, Band 347, 1922, S. 41–49; von Laues frühe Kritik an Steiner bringt die Differenzen zwischen dessen Ansatz klar auf den Punkt, etwa auch Behauptungen Steiners zur Erdgeschichte (S. 46 f.), die falsch sind. Umso deutlicher wird das Profil dessen, was Steiner *anders* macht. Für uns zu erwähnen bleibt von Laues Kritik an der Rolle der Siebenzahl (S. 47), wo die Physik ein Kontinuum von Farbunterschieden ausmacht, die menschliche Sprache und die entsprechend gelenkte Wahrnehmung aber eine überschaubare Anzahl einführt und damit vereinfacht,

Hinweis darauf, dass dessen wissenschaftliches Vorbild Goethe ohnehin überholt sei, pauschal und fordert erst recht heute genauere Unterscheidung, die das Urteil zumindest mit wissenschaftlicher Absicht in die Revision fordert: was physikalische Optik und biologische Evolutionslehre bei Goethe angeht, bleibt erneut zu prüfen.[14]

Es sind die Umstände von Steiners Sozialisation als Autor, als Redner, als Disputant, als Lehrer, als Herausgeber von Goethes naturwissenschaftlichen Schriften vor 1900, die so aussehen. Vom Goetheforscher und vielseitig gebildeten Kulturredakteur, vom Autor philosophischer Schriften wurde Steiner nach 1900 überraschend Lehrer und Generalsekretär der deutschen Sektion der Theosophischen Gesellschaft und begann eine Karriere, die bis heute ihre Wirksamkeit zeigt. Zweierlei hat sich aber geändert: Erstens: Die Wissenschaften selber sind diskursiver, rationaler aber auch lebensferner geworden. Geändert hat sich der Stil des Umgangs mit Wissen, das sich von der Alltagserfahrung entfernt, aber doch auf sie wirkt. Zweitens ist Steiners Werk nicht mehr die Sache seiner persönlichen Wirksamkeit, sondern ergibt sich aus den Spuren in Schriftform, künstlerischen Gestaltungen und

---

aber auch ordnet und orientiert. Hier hat Steiner die Funktion der Sprache nie ausreichend reflektiert, den Status seiner Aussagen, wie ich in diesem Buch zeigen möchte, aber schon. Bemerkenswert an von Laues feinsinnigem Text ist auch die Tatsache, dass er sein Urteil, dass Steiner ein Phantast sei, mit Steiners eigenen Worten, also einem Zitat ausspricht (S. 49, der Schluss). Für uns öffnet sich damit der Spagat, in den wir hinein fragen. Wie kann es sein, dass sich Steiner seiner Wirkung als Phantast so sehr bewusst ist, und dennoch auf der Vernünftigkeit seiner Lehre besteht? – Die Struktur dieser Einwände war Steiner bekannt, etwa am Beispiel des Buches von Maurice Maeterlinck, ›Das große Rätsel‹, Jena 1924, auf dessen Beobachtung des Wirkungs-Kontrasts zwischen der Vernünftigkeit von Steiners Einleitungen und der Phantastik seiner späteren inhaltlichen Darstellungen Steiner bald nach Erscheinen des Buches gelegentlich eingeht (vgl. GA 239, 73 f., GA 240, 181 f., GA 308, 33 f.).

14 Zur Optik bringt mit einer Parteinahme für Goethe wieder Bewegung in die Diskussion: Olaf L. Müller, ›Mehr Licht. Goethe und Newton im Streit um die Farben‹, Frankfurt am Main 2015; in der Evolutionsbiologie zeigt Bernd Rosslenbroich, ›On the Origin of Autonomy. A New Look at the Major Transitions in Evolution‹, Heidelberg u.a. 2014, wie im Anregungsbereich sowohl Goethes wie Steiners plausiblere Erklärungsmuster gefunden wurden.

immensen praktischen Anregungen, die er hinterlassen hat und ist damit bei sich auflösenden Traditionen dezentrisch geworden. Und so muss die Substanz seines Werks unter neuen Voraussetzungen neu geschöpft werden.

In der Diskursgemeinschaft der Anthroposophen – all jener, die sich mit dem Werk Steiners mit Engagement beschäftigen – kann es nicht lediglich um die Deutung von Steiners Werk und der Welt aus dessen Perspektive gehen. Sie muss sich öffnen. Bei allem Anspruch auf neutrale Nachvollziehbarkeit ist das Wissen der Anthroposophie immer interessiert an Entwicklung und Veränderung. Insofern kann dieses Wissen kein registrierendes, kein summatives, kein zu referierendes Wissen bleiben. Immer geht es zugleich um Bildung, Selbst-Bildung, Verwandlung, Überschreitung, ja, Neuschöpfung. Anthroposophie verändert und sie muss sich ändern, um ihren Impulsen treu zu bleiben. Ihr Wissenschaftsanspruch setzt zu Verwandlung an, fordert diese und setzt sie paradox voraus. Eine prekäre Situation. Worin also besteht dieser Eigensinn, der Wissenschaft zu sein beansprucht, aber mit Wissenschaft oft nicht konform ist? Zumindest in dreifacher Hinsicht überschreiten Steiners Aussagen das uns geläufige Areal der Wissenschaftlichkeit.

Kriterien der Nachprüfbarkeit

Erstens bleiben Steiners Aussagen zwar am *Ideal der Nachprüfbarkeit und Nicht-Beliebigkeit* orientiert, betreten aber in ihren Inhalten oft Bereiche, die nicht einfach nachprüfbar sind. Was Steiner erzählt und denkt, ist nicht selten ungewöhnlich und mit dem alltäglichen Verstand schwer vereinbar oder im Sinn avancierter Vernunft kritisch in Frage zu stellen. So spricht er zum Beispiel von Phasen der Weltentwicklung, die mit den uns bekannten, naturwissenschaftlich erforschten Phasen nicht übereinstimmen oder überholt sind (»Atlantis«, »Lemuris«). Er verwendet Rassenbegriffe, die wir entschieden ablehnen. Er ergänzt die Darstellungen der Evangelien eigenständig. Er spricht von Engelwesen und schildert die menschliche Wesenheit in Begriffen und Aspekten, die esoterischen Überlieferungen übernommen sind. Soll das alles trotzdem Wissenschaft sein? Ist das Gefälle zwischen dem esoterischen Sonderwissen Steiners und dem entsprechenden Nicht-Wissen seiner Zuhörenden – wenn wir es denn gelten lassen – überhaupt überbrückbar? In welchem Sinn ist es möglich, Steiner zu kritisieren, Aussagen differenziert zurückzuweisen ohne damit die Gesamtheit des Werkes abzulehnen und auf die von ihm gebotenen Chancen zu verzichten? Wie wäre bei solchen Themenbereichen, in denen Steiner über ein Sonderwissen zu verfügen beansprucht, »Augenhöhe« – wenn wir sie denn als notwendige Voraussetzung sinnvoller Kritik erachten – möglich?

Diese Fragen hat zuletzt der Autor und Filmemacher Rüdiger Sünner angesprochen und er hat vorgeschlagen, Anthroposophie »als eine mythologisch-künstlerische Weltsicht« zu verstehen, »in der vieles offenbleiben und auch manches kritisiert werden muss,« eine Weltsicht, »die eher imaginative Experimente anbietet als unangreifbare Wahrheiten.«[15] Diese Vorschläge, nach den mythologischen, künstlerischen und imaginativen Dimensionen der Anthroposophie zu fragen, greife ich in den folgenden Studien auf. Allerdings scheint mir aus den aufgeworfenen Fragen nicht zwangsläufig zu folgen, dass dabei der Wissenschaftsanspruch aufgegeben werden muss. Eine Rückbindung an Wissenschaftlichkeit, so meine These, bleibt gleichwohl bestehen, aber sie muss genauer bestimmt und erörtert werden. Das tue ich in den folgenden Studien, indem ich die Begriffe *Dogma* und *Hypothese* genauer untersuche und die Felder der *Performativität* und *Narrativität* als neue, zur Zeit Steiners noch nicht gegebene Forschungsfelder eine

---

15 Rüdiger Sünner, ›Geheimes Europa. Reise zu einem verborgenen spirituellen Erbe‹, Berlin 2017, S. 147 und 166.

wenig beackere und zugänglich zu machen versuche. Ich führe auch, als einfaches Grundelement, die Denkform der *Umkehr* an, allein um zu zeigen, inwiefern esoterisches Denken im Feld der Wissenschaftlichkeit im Sinne starker begrifflicher Kohärenz zwar ansetzt, um es – in sich nachvollziehbar – zu überschreiten. Es wird sich zeigen, dass insbesondere die Forschungen der letzten Jahrzehnte wertvolle Beiträge liefern, auf deren Grundlage wir diesen Fragen solide nachgehen können. Die Begriffe von Wissenschaftlichkeit haben sich geändert. Wenn selbst die ›harten‹ Naturwissenschaften in großen Teilen als Erzählungen verstanden werden (müssen), dann ist mit dem Begriff der Narrativität eine Schnittmenge gegeben, die sowohl esoterische wie naturwissenschaftliche Aussagen trägt. Narrativitätsforschung hat selbst ›härtere‹ Naturwissenschaften in sich aufgenommen und gezeigt, wie ihre Strukturen bis in den Kern wissenschaftlicher Forschung reichen. Um es salopp zu sagen: Das dogmatische Narrativ von der Anthroposophie als Wissenschaft muss Federn lassen und sich als Erzählung verstehen, so wie der Kollektivsingular Wissenschaft bei genauem Hinsehen aus vielfältigen Forschungsansätzen besteht, die keine Einheit bilden und die in der Selbstreflexion Kritik walten lassen und – auch für sich selbst – einen anspruchsvollen Begriff von Erzählung zur Verfügung stellen. Hier gilt es hin zu schauen.

Hier, auf diesem ersten Feld, fragen wir nach den *Kriterien,* nach denen werden könnte, was wir einerseits unter Wissenschaftlichkeit verstehen, in welchem Verhältnis sie sich zu mythologischen, künstlerischen, imaginativen Diskursen findet und wie wir auf diesem Hintergrund wiederum Steiners Werk kritisch und zugleich angemessen verstehend nachvollziehen können. Es geht in diesem Sinne darum, Proben durchzuführen. Es geht um das Verstehen der Aussagen Steiners, um ein Verstehen auf aktuellem akademisch-wissenschaftlichem Hintergrund. Den Begriff der *Hermeneutik* verwende ich dafür in einem offenen, nicht festgelegten Sinn, der auch eine prähermeneutische Dimension mit meint, die nicht in Sprache aufgeht[16] oder eine posthermeneutische Situation[17] einschließt, die eingesteht, dass versprachlichende Sinnbildung nicht vollkommen möglich ist. Der Ausdruck »Hermeneutik« steht hier für die schlicht jeweils neu sich stellende Frage: Wie können wir Steiner angemessen verstehen? Mit ihm geht die Voraussetzung einher, dass es da etwas womöglich Lohnendes zu verstehen gebe und dass das Nachvollziehbare zu unterscheiden sei von dem kritisch zu Scheidenden. Bekanntlich kann sich »die Angemessenheit des Verstehens [...] keinesfalls am Grad des Einverständnisses bemessen.«[18]

Überschreitung von Gattungsgrenzen

Zweitens ist zu berücksichtigen, dass der Wissenschaftsanspruch nur einen Teil von Steiners Lehre darstellen kann. In ihrer Entwicklung tritt Anthroposophie zunehmend künstlerisch in Erscheinung. Und zwar so, dass der Kunst nicht ein ornamentaler Charakter zugewiesen wird, der die Erkenntnisse lediglich schön und angenehm einkleidet. Der *Kunstanspruch* gehört gewissermaßen von Anfang an im Kernprozess dazu und viele wissenschaftliche Aussagen sind zugleich künstlerische. Wenn wir in der Kunst lediglich einen Ort der Beliebigkeit sehen, stellt sich die Frage, wie diese ursprüngliche Verbindung mit dem Wissenschaftsanspruch vereinbar ist.

Die Frage stellt sich umso mehr, als Steiner eine *religiöse Vertiefung* für seine Aussagen beansprucht, dass ihm in gewisser Weise die säuberliche Trennung zwischen Wissen und Glauben, eine

---

16 Hans Ulrich Gumbrecht, ›Diesseits der Hermeneutik. Die Produktion von Präsenz‹, Frankfurt a. M. 2004

17 Dieter Mersch, ›Posthermeneutik‹, Berlin 2010

18 Heiner Ullrich, ›Waldorfpädagogik und okkulte Weltanschauung. Eine bildungsphilosophische und geistesgeschichtliche Auseinandersetzung mit der Anthropologie Rudolf Steiners‹, Weinheim / München 1986, S. 7.

Errungenschaft unserer Kultur, als zu einfach erscheint. Denn es gehört zum Beispiel für ihn zur spirituellen Entwicklung – sie soll zu »höheren Erkenntnissen« führen – die Pflege religiöser Gefühle wie Ehrfurcht oder Devotion.

Eine weitere Grenzüberschreitung ist darin zu sehen, dass große Teile von Steiners Anthroposophie als *Esoterik* einzuordnen sind. Was den Wissenschaftsanspruch angeht, hätten wir es mit einem ähnlichen Verhältnis zu tun, wie es die Alchemie zur Chemie darstellt. Tatsächlich kann Steiner sowohl im Sinne der Chemie wie der Alchemie sprechen und tut dies auch.

Auf diesem zweiten Feld haben wir es mit dem Thema der *Gattungsgrenzen* zu tun. Um was für eine Gattung von Diskurs handelt es sich bei der Anthroposophie? Ist sie eine Form des künstlerischen Ausdrucks, bei dem Wahrheitsfragen im Hintergrund stehen? Ist sie letztlich doch eine Religion? In welchem Sinn kann die neuere Esoterikforschung über ihre Besonderheiten aufklären? Immerhin sind es renommierte Vertreter der westlichen Esoterikforschung, nämlich Wouter J. Hanegraaff und Egil Asprem, die Vorworte zu der neuen Kritischen Ausgabe seiner Schriften schrieben.[19] Wichtig bleibt, dass die Felder der Kunst, der Religion und

---

19 Wouter J. Hanegraaff, ›Rudolf Steiner und die hellsehende Einbildungskraft‹, in: Rudolf Steiner, ›Schriften – Kritische Ausgabe‹ Band 8, 1. Teilband, ›Schriften zur Anthropogenese und Kosmogonie‹, Stuttgart-Bad Cannstatt 2018, S. VII–XXII; Egil Asprem, ›Steiner und die theosophische Strömung‹, in: Rudolf Steiner, ›Schriften – Kritische Ausgabe‹ Band 6, ›Schriften zu Anthropologie‹, Stuttgart-Bad Cannstatt 2017, S. VII–XVII. Die philosophischen Schriften werden von einem Philosophen, die Schriften zur Mystik und esoterischen Schulung jeweils von Theologen eingeleitet. – Während Hanegraaff die Geschichte der westlichen Esoterik vorwiegend unter dem diskurstheoretischen Gesichtspunkt des verdrängten oder zurückgewiesenen Wissens untersucht (Wouter J. Hanegraaff, ›Esotericism and the Academy. Rejected Knowledge in Western Culture‹, Cambridge 2012), nehmen die Arbeiten von Asprem, der einer jüngeren Generation als Hanegraaff angehört, einen komparatistischen Gesichtspunkt ein, von dem aus er untersucht, wie unterschiedliche Diskursformen (die theosophische Chemie zum Beispiel in Abgrenzung zur gleichzeitigen akademisch-materialistischen) auf ein und dasselbe Problem (die »Entzauberung« im Sinn von Max Weber) antworten (Egil Asprem, ›The Problem of Disenchantment. Scientific Naturalism and Esoteric Discourse‹, 1900–1939, Leiden 2014). Asprem ist insofern inhaltlich ergiebiger, geht aber hermeneutische Fragen nur indirekt an. Sehr aufschlussreich zum sehr unterschiedlichen

der Esoterik nicht miteinander oder mit anderen verwechselt oder vermischt werden, sondern dass Klarheit über die jeweiligen Regeln bestehen bleibt und deutlich ist, in welchem »Wahrheitsprogramm«[20] wir uns jeweils befinden.

Der Althistoriker Paul Veyne versteht das von ihm vorgeschlagene Konzept der Wahrheitsprogramme analog zu Radioprogrammen, die auf einer bestimmten Frequenz gesendet werden im Unterschied zu anderen Programmen, die andere Frequenzen oder Wellenlängen benötigen. So kann er verständlich machen, dass die Griechen zwar an ihre Mythen glaubten, dass es ihnen aber niemals in den Sinn gekommen wäre, zu erwarten, dass einer der Götter ihnen leibhaftig auf der Straße begegnet wäre. Es geht um das kohärente Gespür für die Seinsebene (das Programm, die Wellenlänge) bestimmter »Wahrheiten«, die in einem Kontext richtig, in einem anderen aber falsch sein können. »Unser Alltagsleben besteht aus einer Vielzahl verschiedener Programme, [...] unablässig gehen wir von einem Programm zum anderen über, so wie man im Radio die Wellenlänge wechselt, aber wir tun es, ohne es zu wissen. Die Religion ist nur ein einziges dieser Programme und wirkt sich kaum auf die anderen aus.«[21] Das heißt, »dass die Wahrheit in der Mehrzahl existiert und analogisch ist. [...] wir befinden uns immer im Wahren, selbst wenn wir, ohne es zu bemerken, die Wellenlänge wechseln [...] Die verschiedenen Wahrheiten sind in unseren Augen alle wahr, aber wir denken sie nicht mit dem selben Teil unseres Kopfes.«[22] Veynes Beispiel für die unkomplizierte

---

Habitus der beiden sich entwickelnden esoterischen Lehren ist der typologische Vergleich bzw. die Kontrastierung des etwas jüngeren Okkultisten Aleister Crowley (1875–1947) mit Rudolf Steiner (ebd., 485 ff.).

20 Paul Veyne, ›Glaubten die Griechen an ihre Mythen?‹, Frankfurt am Main 1987. Albrecht Koschorke greift das Konzept in seinem umfassenden Versuch, eine allgemeine Erzähltheorie zu begründen, auf und entwickelt es für den Umgang mit ›kognitiven Dissonanzen‹ im sozialen Raum weiter: Ders., ›Wahrheit und Erfindung. Grundzüge einer allgemeinen Erzähltheorie‹, Frankfurt a. M. 2012, S. 193–196).

21 Op. cit., S. 106.

22 Ebd., S. 107.

Vereinbarkeit verschiedener Wahrheitssysteme ist ein mit ihm befreundeter Arzt, der sowohl begeisterter Homöopath ist, aber in schwierigen Fällen auch Antibiotika verordnet. Er vermag offenbar die verschiedenen Wahrheitsprogramme, mit denen er arbeitet und die sich eigentlich ausschließen oder jedenfalls nichts miteinander zu tun haben, so zu verbinden, dass er weiß, wann er in welches Programm wechseln muss. Eine Schwierigkeit bestünde nur, wenn er eines der Programme verabsolutieren würde.

Veynes prägnant ausgearbeitete Idee der Wahrheitsprogramme hat zwei bemerkenswerte Seiten. Zum einen bietet es die Möglichkeit, unterschiedliche Aussagesysteme wie die Überzeugung des Virologen (er sendet auf einer teilchenorientierten Wellenlänge) und jene des Immunologen (seine Wellenlänge ist systembasiert) oder des Evolutionsbiologen und des Christen oder eines dezidiert fiktionalen und eines nüchtern faktualen Textes jeweils für sich *gelten zu lassen*, ohne sofort Einwände zu erheben, die aus einem anderen Programm sozusagen illegitim kommen. Es ist die Haltung des Zuhörers, der eine Erzählung aufmerksam verfolgt, um sie zunächst für sich zu verstehen, der sich für das Programm interessiert und sich auf es einlässt. Veyne unterlässt es aber zu fragen, welche Dynamik im Spiel ist, wenn wir zwischen den Programmen wechseln, ohne sie im selben Moment auch zu vergessen. Wo liegen die Berührungspunkte oder -flächen zwischen den Programmen und was passiert, wenn wir vom einen ins andere übergehen und dieses Übergehen denken und nicht ausblenden?

Paul Veyne hat seine Idee vom Anfang der 1980er-Jahre später eingeschränkt und als unausgereift bezeichnet[23] und er ist gerade jüngst kritisiert worden dafür, dass er Wahrheitsansprüche aufgebe und keine qualitativen Unterschiede im Sinne von faktual

23 In seiner 2008 erschienenen Monographie über das Werk Michel Foucaults spricht der 1930 geborene Paul Veyne sehr selbstkritisch von »dem inzwischen überholte[n] Büchlein aus seiner Jugend, […] in dem es viele echte Bäume gibt, während der Wald ein Hirngespinst ist.« Paul Veyne, ›Foucault. Der Philosoph als Samurai‹, Stuttgart 2009, S. 196.

und fiktional zwischen den Programmen mache.[24] Die Kritik ist richtig, sofern sie sich auf sein überzogenes Phantasma der »Paläste der Einbildungskraft«[25] richtet, in dem alle Diskurse fiktiv wären. Wertvoll aber sind die Wahrheitsprogramme als heuristische Idee, durch die wir bemerken, wie wir mit unterschiedlichen Wahrheitssystemen umgehen; so sind sie klare Vorübungen zu ungetrübter Ambiguitätstoleranz und zum Verstehen unterschiedlicher Denksysteme. Eine besondere Bedeutung erhalten sie dann, wenn wir die Übergänge, die möglichen Interdependenzen und Analogien und die Dynamiken zum Thema machen, die sich in den Rand-, Konflikt- und Schwellenbereichen zwischen Denksystemen zeigen.

Rudolf Steiners vielleicht prägnanteste Adaption der Wahrheitsprogramme *avant la lettre* ist seine Unterscheidung zwischen sinnesbasierter und übersinnlicher Wissenschaft in der Schrift »Von Seelenrätseln« (GA 21, 32 f.). Beide Wissenschaften – es geht in der Konsequenz um das Verhältnis der Anthroposophie zu den Naturwissenschaften bzw. den akademischen Wissenschaften im Allgemeinen – verhielten sich zueinander, wie das Positiv und das Negativ einer Fotoplatte. Diese Idee, dass sie vollkommen identisch seien, nur auf verschiedenen Wellenlängen liefen, ist eine Utopie, sofern sie ganz wörtlich genommen wird. Es kann sich nicht um zwei gleich große Landkarten handeln, die nur übereinanderzulegen wären. Die Analogie ist anders gemeint.[26] Aber auch hier hat die Idee der Wahrheitsprogramme ihren heuristischen Wert und wie Steiner im Kontext auch ausführt, gewinnt gerade die Übergangsdynamik *zwischen* den Feldern die eigentlich forscherische Bedeutung.

---

24 Françoise Lavocat, ›Fait et ficition. Pour und frontière‹, Paris 2016, S. 90–101.

25 Paul Veyne, op. cit., S. 145 f.

26 »Doch stehen die Wahrheiten nicht wie Sterne am Firmament geschrieben; sie sind das kleine Lichtscheibchen, das am Ende des Fernrohrs eines Programms erscheint, d.h. zwei verschiedene Programme entsprechen auch zwei verschiedenen Wahrheiten, selbst wenn ihr Name der selbe ist.« Paul Veyne, op. cit., S. 105.

Das Charisma Rudolf Steiners

Drittens tritt uns die Anthroposophie Steiners gesellschaftlich nicht in jener Form entgegen, wie wir es von Wissenschaften gewohnt sind, auch wenn Steiner sich konzeptuell um eine Hochschul-Struktur bemüht hat. Die Anthroposophie ist nicht – oder höchst selten – Teil jener akademischen und öffentlichen Institutionen, in welchen die Lehrpersonen auf der Grundlage von Expertise prinzipiell austauschbar sind. Vielmehr treffen wir auf eine *Institution* (und auf Institutionen), in der sich von Anfang an Menschen um ihren Lehrer Rudolf Steiner herum gruppiert haben, dessen Wort nach ihrer Entscheidung den Maßstab der Erkenntnissuche darstellt. Auch in rein gesellschaftlicher Hinsicht bleibt Steiners Wissenschaft zentriert auf seine Person. Faktisch ist hier zwar stark zu differenzieren, gleichwohl entspricht das nicht grundlos dem starken äußeren Bild. Steiner sprach in erster Linie zu seinen Schülern und er sprach selten von Gleich zu Gleich und wurde wohl noch seltener so angesprochen. Insofern ist für das in Frage stehende Wissenschaftsverständnis seine Rolle als charismatischer Lehrer zu reflektieren, eines Lehrers, der von seinen damaligen Schülern schon rein erkenntnisökonomisch als überragende Gestalt gesehen wird und unter dessen Führung als Generalsekretär die Theosophische Gesellschaft als Organisation entschieden wächst und unter dessen Anleitung ein wunderbarer Bau wie das erste Goetheanum entsteht – finanziert und aufwändig erbaut durch eine größere Gruppe von Menschen. Können die Schüler eines stark charismatischen Lehrers frei sein? Oder stehen sie lediglich unter seinem Einfluss, dem es wesentlich darum geht, seine Machtposition zu erhalten? Das Moment der Erzählung, wie auch immer erfolgreich, war für Steiner das Mittel, unangemessene Einflüsse des Charismas zu brechen.

Der Historiker Helmut Zander hat in einer der umfangreichsten Studien, die zum Werk Steiners bisher vorliegen, Steiner im

Sinne von Max Webers Konzept der charismatischen Herrschaft verstanden und damit seiner Untersuchung starke und nicht angemessen reflektierte Grenzen gezogen.[27] Zwar ist Steiner eindeutig eine charismatische Gestalt. Zander reduziert aber Steiner auf dessen herrschaftssoziologische Effekte. So untersucht er – um ein Beispiel zu nehmen – die Bedeutung des Geheimnisses lediglich unter machtpolitischen Vorzeichen, sieht in der »vereinskonstitutiven Funktion die zentrale Bedeutung des theosophischen Geheimnisses«[28], während der machtpolitische Blick blind zu sein scheint für die bewusstseinsevolutive Bedeutung von Geheimnis und Geheimnisstimmung, einer Geheimnisökonomie des langsamen Verstehens und Entdeckens. So gerät hermeneutisches Fragen und herrschaftssoziologisches Traktieren in Konflikt. Die Gestalt des Erzählers ist es indessen, nicht die des Charismatikers, die es vermag, mit Geheimnissen so umzugehen, dass sie sich zusehends lüften, dass sie Elemente eines *Bildungs*prozesses sind, dass sie eine Wissensstruktur verbürgen, die stärker auf Entwicklung als auf Wissenszuwachs aufbaut, dass sie als unabdingbares Einsprengsel einer Didaktik gesehen werden, die Begeisterung nicht ausschließt. Von Geheimnissen zu erzählen bedeutet, neue Erfahrungen zu ermöglichen und seltene, besondere Erfahrungen auszutauschen. Die Geheimnisatmosphäre

---

27 Helmut Zander, ›Anthroposophie in Deutschland. Theosophische Weltanschauung und gesellschaftliche Praxis 1884–1945‹, Band 1, S. 403 ff.. Kritisch dazu Rahel Uhlenhoff, Einleitung in: Dies. (Hrsg.), ›Anthroposophie in Geschichte und Gegenwart‹, Berlin 2011, S. 18 f.. Im Übrigen muss berücksichtigt werden, dass die vergemeinschaftende und anregende Wirkung beispielsweise auch von dem Charisma eines kritischen Denkers wie dem Begründer der »Kritischen Theorie« Max Horkheimer ausgehen kann. Vgl. dazu instruktiv Günter C. Behrmann, ›Charisma und Vergemeinschaftung im George- und Horkheimer-Kreis. Gemeinsamkeiten und Gegensätze‹, in: Gert Mattenklott/Michael Philipp/Julius H. Schoeps (Hrsg.), ›»Verkannte brüder«? Stefan George und das deutsch-jüdische Bürgertum zwischen Jahrhundertwende und Emigration‹, Hildesheim/Zürich/New York 2001, S. 247–264. – Zur eingeschränkten historischen Geltung des Max Weber'schen »Großbegriffs« vgl. Carolin Dorothée Lange, ›Genies im Reichstag. Führerbilder des republikanischen Bürgertums in der Weimarer Republik‹, Hannover 2012. Der Ausdruck »Weber'sche Großbegriffe« dort S. 281.

28 Zander, op. cit., S. 726.

einer Erzählung lockt zwar, aber sie macht nicht abhängig, wohl aber reicher.[29]

Der Erzähler Rudolf Steiner

Aus diesen Überlegungen ergibt sich das von mir vorgeschlagene *Konzept*, Rudolf Steiner als einen *Erzähler* zu verstehen. Zu Punkt eins bedeutet das: Das Ideal der Nachprüfbarkeit findet in der Erfahrungsbezogenheit der Erzählung ein Medium. Denn jede Erzählung ermöglicht und vermittelt Erfahrungen, die nicht und schon gar nicht vorab als Überzeugungen akzeptiert sein müssen. Erzählung verbürgt Kohärenz, die Überprüfung möglich macht und einen Zwang zur Zustimmung genauso wie zur Ablehnung aussetzt. Ein klarer Begriff des Dogmas und der Hypothese sind dazu Voraussetzungen. Erzählung ist eine *Plausibilitätsform von Wissenschaft*, die nicht überdehnt, aber auch kein Schindluder mit dem Wissenschaftsanspruch treibt. Zu Punkt zwei: Erzählung ist ein weiter Begriff, welcher Diskursfelder übergreift; erzählend kann Steiner Diskursfelder überschreiten. Also erlaubt der Begriff, sowohl über Naturwissenschaften nach deren Regeln, über Ästhetik nach ihren Regeln, ebenso über Religion und Esoterik zu sprechen und nicht nur von einem Diskursfeld aufs andere zu wechseln, aber Verwechslungen zu vermeiden und Vergleiche anstellen zu können. Zu Punkt drei: Erzähler ist *ein plausibles Konzept der Person Rudolf Steiners* als einem Wissenschaftler, von dem man mehr erwarten darf als bloße Wissensvermittlung. Ein Erzähler vermittelt Erfahrung, die innerlich reicher macht, die berührt, verändert und die doch zugleich einen sachlichen, neu-

29 Eine Hermeneutik des Geheimnisses als Bildungsmoment mit Blick auf Steiners Werk wäre ein eigenes Thema, das ich hier nicht durchführe und bei dem die kritischen Töne auch nicht fehlen würden.

tralen Ton anschlagen kann, der frei lässt, einen Spielraum der Distanz und Distanzierung eröffnet und insofern befreien kann.

Das Konzept des Erzählers bürstet jenes des Charismatikers, der etwas erreichen will, indem er Herrschaft ausübt, gegen den Strich, weil es die Freiheit derjenigen, die zuhören, nicht nur voraussetzt, sondern fordert. Und das Konzept des Erzählers setzt jenes des Charismatikers nicht aus, schließt es vielmehr ein, insofern von der Erzählung bzw. dem Erzähler zwar Faszination und Begeisterung ausgehen, das Gewicht der Verantwortung für das Erzählte sich aber auf die Zuhörenden, die Anerkennenden, die Rezipienten der Erzählung verlagert. Der Erzähler führt zwar, indem er es ist, der die Geschichte erzählt. Aber ebenso sind es in einem umgekehrten Gestus die Lauschenden, die führen, weil sie es sind, die die Geschichte hören, d.h. sich entschieden haben, sie anzuhören, sie möglicherweise anzuerkennen und wertzuschätzen, die zustimmen, abwägen, zurückweisen, weitererzählen, bewusst anders erzählen, sich des Ursprungs ihrer Erzählung vergewissern, ihre Erfahrungen umsetzen.

Die Wirkung des Erzählers ist per definitionem eine gebrochene, eine spielerische, eine im Zuhören ausgehandelte, während die des Charismatikers unmittelbar und direkt durchschlägt. Während der Typus des Charismatikers Gefolgschaft nach sich zieht, verlangt jener des Erzählers Offenheit und Verständnis. Der charismatische Erzähler, der verstanden wird, wird von den Zuhörenden *selbstbestimmt* verstanden.[30] Bei allem nicht zu leugnenden Charisma Rudolf Steiners bleiben sein Werk und seine Wirkung ohne das Konzept des Erzählers unvollständig und unzureichend expliziert. Sein in einem Moment der Ungeduld und vielleicht der

30 Insofern verstärkt das Konzept des Erzählers die Anerkennung durch die »Beherrschten«, hier wäre zu sagen die »Angeregten«, die nach Max Weber für jede charismatische Wirkung Vorausetzung ist. »Über die Geltung des Charismas entscheidet die […] *freie*, […] *Anerkennung* durch die Beherrschten.« Max Weber, ›Wirtschaft und Gesellschaft. Grundriss der verstehenden Soziologie‹, 5. rev. Aufl. von Johannes Winckelmann, Tübingen 1985, S. 140, meine Hervorhebung.

Verzweiflung gesprochener Satz, er wolle nicht *verehrt*, sondern *verstanden* werden[31], könnte als Trennmaß zwischen dem Charismatiker einerseits und dem Erzähler andererseits herhalten, sofern wir überhaupt so strikt trennen wollen. Denn was spricht gegen charismatische Erzähler? Wie auch immer, hier geht es um die Kunst nicht so sehr des Verehrens als des *Verstehens* Steiners.

Überblick über dieses Buch

Die Gesamtheit dieser Studien gliedert sich in drei Teile, die wiederum zusammen fünf Grundbegriffe bzw. Begriffsfelder entfalten. Der erste Teil widmet sich den beiden Grundbegriffen Dogma und Hypothese. Der zweite, mittlere Teil stellt einen Begriff bzw. eine Denkform dar, mit der sich ein Einstieg in esoterisches Denken vollzieht. Er steht in der Mitte dieser Studien und verbindet sich mit einem exemplarischen, stärker historisch orientierten Text zu Max Dessoir, der die schwierige Situation beleuchtet, eine einerseits souverän-kritische und zugleich verstehende Haltung zu entwickeln und durchzuhalten. Der dritte Teil stellt zwei neuere kulturwissenschaftliche Forschungsfelder vor, das der Performativität und das der Narrativität, die, im Unterschied zu den Begriffen Dogma und Hypothese, erst in den letzten Jahrzehnten Teil einer allgemein kulturwissenschaftlichen Forschung geworden sind. Sie werfen ein spannendes, aktuelles Licht auf Steiners Werk und ermöglichen ein neues Verständnis.

Die Begriffe Dogma und Hypothese stehen zueinander komplementär, insofern sich Dogma auf überliefertes Lehrgut richtet und einen freien oder weniger freien Umgang nach sich zieht. Im Gegensatz zum Dogma ist die Hypothese von vornherein erfah-

---

31 Nach Adelheid Petersen, ›Dornach in den Jahren 1914/1915‹, in: Erika Beltle und Kurt Vierl (Hrsg.), ›Erinnerungen an Rudolf Steiner. Gesammelte Beiträge aus den »Mitteilungen aus der anthroposophischen Arbeit in Deutschland« 1947–1978‹, Stuttgart 1979, S. 184–196, hier S. 189.

rungsorientiert, sie muss nur in ihrem vorläufigen Charakter ernstgenommen werden. Während das Dogma vergangenheitsorientiert ist und sich eher mit Texten beschäftigt, ist die Hypothese an der je zukünftigen Erfahrung interessiert und hat ihre eigentliche Domäne in der Natur. Gleichwohl verbinden sich beide darin, dass erfahrungsgeleitete genauso wie überlieferungsorientierte Erkenntnis tendenziell Horizontüberschreitung, Neues, Verwandlung, Entwicklung bedeuten können. Die Hypothese könnte dem Dogma zeigen, dass es eine vorläufige Funktion hat, prinzipiell hinfällig ist und erfahrenden Nachvollzug fordert; das Dogma würde der Hypothese erklären, dass sie Studium und Wissen voraussetzt und – wie es selbst – behauptet, aber dabei enorm sensibel sein muss.

Auch wenn der von Steiner als Selbstbezeichnung gebrauchte Begriff des »Hellsehers« vermuten lässt, dass es sich bei Theosophie und Anthroposophie um vorwiegend erzählerische, mitteilende Texte und Kontexte handelt, ist doch der Einstieg in die Theosophie für den Philosophen Rudolf Steiner fundamental eine Transformation des Denkens. Deshalb ist es wichtig, Denkformen zu erkunden, die spezifisch anthroposophisch sind bzw. die Steiners denkerische Transformation der Theosophie vor allem in den ersten Jahren aufzeigen. Insofern handelt es sich bei dem Kapitel über die *Umkehr als Denkform* um eine Studie zu Steiners »bricolage«[32] im Aneignungsprozess der Theosophie, die ich im engeren Sinn als Arbeitsbegriff »kohärente Verformung« nenne. *Umkehr* ist hier ein Übergangsbegriff, der noch in der Philosophie wurzelt und zwar interessanterweise im künstlerischen Denken von Novalis, aber bereits ein das Begriffliche überschreitendes Denken ist

32 Vgl. Katharina Brandt & Olav Hammer: ›Rudolf Steiner and Theosophy‹, in Olav Hammer & Mikael Rothenstein (Hrsg.): ›Handbook of the Theosophical Current‹, Leiden 2013, S. 113–133, hier S. 129 f.. Bricolage heißt vordergründig Bastelei, meint aber vor allem im Kontext der Mythologie das Vermögen, bestehenden Ideen eine neue, eigene Gestalt zu geben. Vgl. Claude Lévi-Strauss: ›Das wilde Denken‹, Frankfurt a. M. 1973.

und im spezifischen Sinn esoterisch wird, d.h. sich von der Sinneserfahrung in anderer Weise ablöst als der Begriff es tut. Während Dogma und Hypothese noch herkömmliche Begriffe sind, ist es die Umkehr nicht mehr. Hier wird es qualitativ übergängig. Die Studie zeigt indirekt auch, inwieweit der Ausdruck des »Hellsehens« eine terminologische Randerscheinung und unreflektierte Übertragung aus dem Kontext des Spiritismus auf den des esoterischen Denkens darstellt. Areale des »Hellsehens« wären als im engeren Sinn narrative Mitteilungen in Steiners Werk einzugrenzen und ins Verhältnis zu setzen zum Bereich der »Geistesforschung« oder der »Geheimwissenschaft«, die auf esoterischem Denken aufruht. »Das Denken des Geheimwissenschafters [sic]«, so Steiner in einem seiner frühen esoterischen Vorträge, *»ist ein anderes*, es ist ein solches, das Einheiten ergreift, große Zusammenhänge auf einmal überschaut, es ist durchlebte Erfahrung, ein Schauen von höheren Wirklichkeiten. Der Mensch macht sich einen gemeinschaftlichen Begriff aus Einzelheiten. Der Geheimwissenschaftler bekommt einen intuitiven Begriff auf einmal durch innere Erfahrung und ist nicht darauf angewiesen, soundso viele einzelne Erfahrungen zu machen.«[33] Mit dieser typologischen Unterscheidung, die das intuitive Denken dem empirischen gegenüberstellt, haben wir es zum einen genauer mit der Charakterisierung eines Übergangsfeldes zu tun, und zum anderen mit einer anfänglichen Erläuterung von Steiners Methode überhaupt. In diesem Feld ist Umkehr ein zentraler – oder möglicherweise der zentrale – Begriff.

Der Beitrag zu Max Dessoir und Rudolf Steiner, ein Exkurs in historischer Hinsicht, zeigt an einem prominenten Beispiel die

---

33 In einem esoterischen Lehrvortrag am 3. April 1905 in Berlin (GA 89, 289), meine Hervorhebung. Steiner greift hier das bei Louis Claude de St. Martin (1743–1803) vorgefundene Motiv des »zehnblättrigen Buches« auf und verwendet es als Ausgangpunkt einer Darstellung mit zahlensymbolischer Grundlage. Die Lehrstunde wäre ein Beispiel für das, was ich später als dogmatische Methode erläutern werde. Steiner greift ein Motiv aus der Tradition auf und nutzt und modifiziert es. Manchmal, wie hier, kann das nur einmalig der Fall sein.

Schwierigkeiten und Missverständnisse, die zwischen akademischer Forschung und anthroposophischem Selbstverständnis entstehen können. Es geht darum, sie besser zu verstehen: Kritik ist legitim und nötig, aber was sind ihre Grundlagen und Kriterien? Die dichte und gleichwohl verfehlte Auseinandersetzung zwischen Dessoir und Steiner ist in ihrer Detailliertheit selten und lehrreich. Ungesehen ist bislang, dass Dessoir mit seiner Typologie des »magischen Idealismus« den Ansatz der Esoterikforschung im Sinn von Antoine Faivre vorweggenommen hat. Dessoirs Provokation verdanken wir überdies das Buch »Von Seelenrätseln« (GA 21), zumindest in dieser Gestalt, in dem Steiner im Jahr 1917 eine grundlegende Neuorientierung seines Ansatzes vornimmt und das Verhältnis der Anthroposophie zu den akademischen Wissenschaften innovativ konzipiert.

Performativität und Narrativität ihrerseits sind in sich aufeinander bezogene Forschungsfelder (für die einen) oder Betätigungsfelder (für die anderen). Als mittlerweile gut etablierte kulturwissenschaftliche Konzepte geben sie uns Mittel an die Hand, genauer zu verstehen, was sich in und mit(hilfe) von Steiners Werk abspielt. Sie machen nämlich die ursprüngliche Verwindung von Tun und Verstehen, von Denken im Handeln und Handeln im Denken in Steiners Werk nachvollziehbarer als veraltete binäre Konzepte wie Theorie und Praxis oder theoretischer Überbau und machpolitische Basis. Sie sind deshalb wie kaum andere kulturwissenschaftliche Ansätze geeignet, das Eigene von Steiners Werk mit wissenschaftlichen Mitteln zugänglich und sichtbar zu machen.

Während sich die Performativitätsforschung mehr auf die *Handlungsweisen* im Sprechen verlegt, richtet die Narrativitätsforschung ihren Blick stärker auf die Genese von *Sinnzusammenhängen* in den sprachlichen Äußerungen. Anthroposophie ist immer schon Performativität und Erzählung. Sie verlangt einen freien Umgang mit dem Dogma und übt im Blick auf das umfangreiche Werk Steiners die immer neu sich vergewissernde Selbstdisziplin hypothetischer Erfahrungsoffenheit.

Dürfte das Feld des Performativen zumindest im exemplarischen Sinn ausreichend dargestellt sein, bietet das Feld des Narrativen eine größere Zahl an Bezugspunkten und Motiven. Das Kapitel »Der Erzähler Rudolf Steiner« hat, mehr als die anderen, den Charakter eines Werkzeugkastens und der gedrängten Ansammlung von Motiven, die, bei reichhaltig vorliegender Forschungsliteratur im weitläufigen Umfeld, nach einer systematischen Ausarbeitung rufen, die aber den Rahmen dieses Buches sprengen würde. Auch das Thema des Erzählens aus der Akasha-Chronik, wozu andererseits kaum Forschungsliteratur existiert, steht hier als Torso. An diesen Stellen sollte die Arbeit weitergehen.[34] Dagegen ließ sich der Beitrag zu Goethes »Märchen« gut in die reichhaltige und ergiebige Forschungsliteratur einbetten und kann in seiner Thesenhaftigkeit für sich stehen. Und zwar auch als Ausgangpunkt für die weiter zu stellende Frage, wie »Märchen« und »Akasha-Chronik« ineinander vermittelt sind.[35]

Ort und Eigenart dieser Studien

Bei allem Anspruch auf eine systematische Ergründung der Themen sind die folgenden Studien in erster Linie Essays. Die systematische Ordnung der Textsammlung, die gleichwohl besteht, hat sich schlicht sachgemäß durch das Verfolgen der Fragestellungen ergeben. Die Studien sind um gründliche Recherche bemüht, in systematischer Hinsicht aber nicht an Vollständigkeit oder geschlossener Darstellung orientiert. Ihr Weg ist nicht immer linear, dafür aber wohl wendig und anregend, denn Seitenblicke

---

34 In meiner ausführlichen Rezension der Neuauflage von GA 11 gehe ich bereits einen Schritt weiter: Kaiser, Ulrich, ›Das stille Gewicht der Anführungszeichen. Zur vollständig revidierten Neuausgabe von Rudolf Steiner: ›Aus der Akasha-Chronik‹ (GA 11)‹, erscheint in ›Die Drei‹.

35 »Wunderbar deutet das [das Reich der höheren Ursachen, U.K.] Goethe an in dem Märchen […], wo er von dem Flusse spricht – den wir vergleichen können mit dem Akasha-Strom […]« (GA 88, 104).

oder historische Nahperspektiven erschließen nicht selten mehr und anderes als der zielorientierte Blick in die Ferne oder nur geradeaus. Mir geht es um einen engagierten, wachen, sich wandelnden und im Habitus freien Umgang mit Steiners Werk, der tatsächlich am wissenschaftlichen Diskurs (wie immer er im Einzelnen aussieht) teilnehmen will, von ihm angeregt wird, aber auch mit der Hoffnung auf Rückfluss verbleibt.

Eine Vorableserin dieses Buches kommentierte, dass es sich doch wohl eher um Antipasti denn um ein solides Vollwertgericht handle. Damit muss ich wohl leben. Aber es gefällt mir. Antipasti sind vielfältig und sie regen an. Sie schließen auf für neue Aromen und Geschmacksnuancen und bieten gelegentlich eine Überraschung. Sie eröffnen den Appetit und schließen den Genuss nicht ab. Und sie wirken leicht. Das mag vielleicht helfen, auf der anderen Seite die Disziplin aufzubringen, es auszuhalten, wenn sich aufwerfende Fragen nicht beantwortet werden (können) und die Arbeit trotzdem weitergeht, vielleicht nur an anderer Stelle.

Der Weg dieser Studien weist in zwei Richtungen. Die eine wendet sich an die Kritiker und skeptisch Neugierigen, welchen ich vorschlage, die Maßstäbe ihrer Kritik oder Vorbehalte zu überdenken. Die andere an die engagierten Vertreterinnen und Vertreter der Anthroposophie, die sich die Gesichtspunkte und Grundlagen ihres Engagements auf dem Hintergrund aktueller akademischer Horizonte auffrischen mögen. Stehen auf der einen Seite Aufräumarbeiten im eigenen Haus an, werden auf der anderen Seite akademische Anschlussmöglichkeiten sichtbar gemacht. Beide Richtungen treffen sich in der Frage: Auf welcher Grundlage ist Kritik am Werk Steiners möglich, ohne dabei das dafür nötige Verständnis zu verschenken?

Die mittlerweile geläufige Unterscheidung zwischen einer Steiner scheinbar verklärenden »Binnenperspektive« und einer einzig zum unabhängigen Urteil fähigen »Außenperspektive« bleibt oberflächlich und unscharf. Vermag ein Blick auf die Binnenperspektive einzig eine lebenspraktische Nähe zum Werk Steiners zu bezeichnen, die im Zweifelsfall für den Angeklagten votiert, ist der Blick aus der Außenperspektive, der in der Kritik nichts zu verlieren hätte, nicht deshalb schon unabhängig und kompetent. Die eigentlich für das Verstehen des Werks Steiners relevante Unterscheidung ist nicht die soziologische zwischen »Innen« und »Außen«, zwischen Zugehörigkeit und Nicht-Zugehörigkeit. Es ist vielmehr die Unterscheidung zwischen einer *aktiven* Nähe des Verstehen-Wollens und der *selbstverantworteten* Distanz eigenen Urteils, sogar wechselweise in einer Person. Für diese Unterscheidung, die immer eine dynamische ist und die Fähigkeit zum Standort- und Perspektivwechsel mit einschließt, nehme ich in diesem Buch einige Präzisierungen vor. Für die daran Interessierten ist dieses Buch gedacht.

Der Ausdruck »das Werk Rudolf Steiners«, den ich gerne verwende, schließt Missverständnisse, Irrtümer und Fehler im Werk und dessen Überlieferung mit ein. Gut ist, wenn wir uns darüber im Klaren sind. Der Ausdruck schließt ebenso »Kontingenz« mit ein. Damit meine ich zum Beispiel das Fragwürdige[36] aber auch die bemessbare Verlässlichkeit der Ausgabe seiner Werke, die zum größten Teil gar keine Schriften sind, sondern frei gesprochenes ephemeres Wort in verschriftlichter Form, die Architektur sind und soziale Kunst und Handlungskonzepte bergen sowie Selbstformung fordern. Da wir Steiners Werk in erster Linie aber in Form von Texten rezipieren und es weitgehend diese Texte sind, die uns den Zugang ermöglichen, sehe ich die Gesamtausgabe seiner Schriften selbstverständlich als Teil von Steiners Werk an, bei aller denkbaren Ungenauigkeit. Im Einzelnen ist zu differenzieren. Wenn eine starke Deutung von einer Textstelle abhängt, ist es ratsam, sich über deren Überlieferung und Authentizität im Klaren zu werden, dichte Beschreibung zu aktivieren oder schlicht eine

36 Vgl. Karl Ballmer, ›Philologin Marie Steiner‹, Besazio 1952; ders., ›Editorin Marie Steiner‹, Besazio 1954; Irene Diet, ›Ist die »Rudolf Steiner Gesamtausgabe« das Werk Rudolf Steiners?‹ Eine historische Studie, Berlin 2013.

Interpretation investigativ zu riskieren. Ansonsten ist eine gewisse Unschärfe überlieferter Worte einkalkuliert. Natürlich ist die Gesamtausgabe seiner Schriften nicht Steiners Werk, sondern das Werk derjenigen, die sie zustande gebracht haben. Aber eben das umgreift Steiners Werk, das mehr ist, als das Werk einer Einzelperson. Im Übrigen verweise ich, was das Verhältnis der Ausdrücke »das Werk Rudolf Steiners« und »Anthroposophie« angeht, auf den »Epilog« des Kapitels »Das Performative als ursprüngliche Dimension der Anthroposophie«.

Dekonstruktion des Dogmas

»Dringlich wird, für den Begriff, woran er nicht heranreicht, was sein Abstraktionsmechanismus ausscheidet, was nicht bereits Exemplar des Begriffs ist.«

»Ein wie immer fragwürdiges Vertrauen darauf, dass es der Philosophie doch möglich sei; dass der Begriff den Begriff, das Zurüstende und Abschneidende übersteigen und dadurch ans Begriffslose heranreichen könne, ist der Philosophie unabdingbar und damit etwas von der Naivität, an der sie krankt. Sonst muss sie kapitulieren und mit ihr aller Geist.«
Theodor W. Adorno[37]

Die Ausdrücke »Dogma« oder »dogmatisch« gehören zu den Reizwörtern in anthroposophischen Kreisen. Steiners Darstellungen, so der Konsens, seien keineswegs als »Dogmen« im Sinne unverrückbarer Meinungen oder Lehren zu verstehen. Und als »dogmatisch« eher verpönt gelten Ansichten oder Überzeugungen, die nicht aus eigenem Erleben oder eigener Erfahrung stammen, sondern unbeweglich und intolerant vertreten werden. Ist der Anspruch, undogmatisch zu sein, im Kern ein anthroposophischer, so begegnet gegenläufig dazu doch wiederkehrend der Vorwurf, es würde »gläubig« oder dogmatisch am Wort Steiners

37 Theodor W. Adorno ›Negative Dialektik‹, Gesammelte Schriften Band 6, Frankfurt a. M. 2003, S. 20 f.

festgehalten.[38] Schlägt eine antidogmatische Einstellung hier um in Dogmatismus? Wie dem konkret auch sei, es gilt: Antidogmatismus als Programm schützt vor dogmatischen Verfestigungen keineswegs. Aber: Worin liegt der Reiz antidogmatischer Einstellungen und warum sind sie immer in Gefahr zu scheitern?

Im Folgenden möchte ich – auf dem Hintergrund dieser prekären Situation – mit einigen Momentaufnahmen aus der Entstehungszeit der Steiner'schen Theosophie zeigen, dass den jeweiligen »Dogmen« im Sinn von Lehrdarstellungen eine in sich widersprüchliche Funktion innewohnt: Sie sollen akzeptiert, aber auch wiederum nicht akzeptiert werden. Verbindet sich mit dieser ambivalenten Forderung gar ein systematischer Sinn und wenn ja, welcher? Im Anschluss an die Erörterung dieser Frage schlage ich drei hermeneutische Regeln vor, die Steiners vorliegendem Werk aus einem mittlerweile in Jahresringen fortschreitenden hundertjährigen Abstand und unter Einbeziehung einer historisch-kritischen Perspektive gerecht werden sollen. Ich beginne indessen, als Ausgangspunkt, mit einer Begriffsbestimmung in drei Schritten, die in ein Gravitationszentrum des Steiner'schen Denkens, Kant und den Deutschen Idealismus, hineinführen.

38 Helmut Zander spricht von einer »*faktisch* dogmatisierten Bindungswirkung von Steiners Werk« in: ›Rudolf Steiners Rassenlehre. Plädoyer, über die Regeln der Deutung von Steiners Werk zu reden‹, in: Uwe Puschner/G. Ulrich Großmann (Hrsg.), ›Völkisch und national. Zur Aktualität alter Denkmuster im 21. Jahrhundert›, Darmstadt 2009, S. 145–155, hier S. 154: Vgl. für unseren Kontext besonders den Abschnitt ›Vorschläge zum hermeneutischen Umgang mit Steiners Werk‹, S. 150–152. Die Ausbeute bleibt hier freilich mager. Pointiert ist die Einschätzung von Iris Radisch zu Steiners theosophischen (Lehr-) Aussagen: »Entscheidend ist: Es handelt sich dabei um einen Glauben. Nicht um modernes Wissen«, in: ›Der letzte Prophet. Rudolf Steiner ist der einzige deutsche Idealist, der den Praxistest überlebt hat‹, in: ›Die Zeit‹ Nr. 8 (2011), S. 71.

Erste Differenzierungen: begriffliche, symbolische und narrative Form

Als Steiner nach 1900 seine Aufgaben als Kulturredakteur und philosophischer Schriftsteller mit der des Vortragsredners, Lehrers und Generalsekretärs der Theosophischen Gesellschaft tauscht, bedeutet das auch einen Wechsel in der Ausdrucksweise. War diese bislang vorwiegend begrifflich-kritisch gewesen, so ziehen mit den Lehrinhalten der angelsächsischen Theosophie zunehmend Ausdrücke und Themen in seine Darstellungen ein, die traditionell eher der Religion oder der Mythologie entstammen und einen vorwiegend bildlich-affirmativen Charakter haben. Im Unterschied zur begrifflichen Weitergabe »auf Augenhöhe« gelten letztere, wenn nicht als pure Traditionen, so doch als Offenbarungen oder Glaubensinhalte, die gewissermaßen »asymmetrisch« rezipiert, also auf Autorität hin *geglaubt*, nicht *gedacht* werden.[39]

---

39 Zum theologischen Aspekt des Begriffs Dogma orientieren kompakt Ulrich Wickert/Carl Heinz Ratschow, ›Dogma – I. Historisch, II. Systematisch-theologisch‹, in: ›Theologische Realenzyklopädie‹, Band 9 (1982), S. 26–41. – Lohnend ist neuerdings die Arbeit von Michael Seewald, ›Dogma im Wandel. Wie Glaubenslehren sich entwickeln‹, Freiburg i. Br. 2018; zur Begriffsgeschichte dort insbesondere S. 22–51, ferner zu aktuellen Definitionen S. 271–275. Unter Dogmen bzw. dem Kollektivsingular Dogma werden hier Aussagen mit Wahrheitsanspruch verstanden (= propositionale Aussagen), die sich deutend auf das Evangelium richten. »Das Dogma ist auf das Evangelium bezogen, indem es versucht, das Evangelium propositional immer präziser zu fassen.« (ebd., S. 15) Dogmen sind demnach Vermittlungsinstanzen und wandeln sich entsprechend der historischen Situation. Diesem Wandel versucht Seewald mit seinen Überlegungen zu einer »Theorie der Dogmenentwicklung« gerecht zu werden. Aber auch die Evangelien selber sind in der Ereignishaftigkeit ihrer Erzählungen von einem untilgbaren Moment des Wandels durchzogen. Dieser Wandel im substanziellen Sinn ist in der Form dieser Erzähltexte enthalten. Der (wie Seewald) katholische Dogmatiker Bertram Stubenrauch formuliert es in seiner Schrift ›Dialogisches Dogma. Der christliche Auftrag zur interreligiösen Begegnung‹, Freiburg i. Br. 1995, S. 52–54, so: »Weil die Christenheit einen Gott bekennt, der als Mensch mit der Geschichte dieses und jenes *getan*, Wahrheit also *gelebt* hat, bleibt in ihrem Glaubensbekenntnis die Erinnerung an dessen geschichtliche Existenz ›aufgehoben‹ gegenwärtig. Sie ist eingesenkt in die Sprachform der Erzählung, oder treffender: in ein Ensemble von Erzählungen, die als je einzelne unvollständig und ergänzungsbedürftig, aber auch im Zueinan-

der immer nur approximativ sind.« Da die Evangelientexte eine »unüberbietbare Dichte der Begegnung mit Gott« böten, sei die gottgewollte Konsequenz aus einer solchen Begegnung »nicht die Rezitation von Glaubenssätzen, sondern die Zustimmung zu seiner Epiphanie.« (Hervorhebungen im Original) – Was in der Konsequenz die beiden Kirchenvertreter und Steiner im Begriff des Dogmas gemeinsam haben, ist die eindeutige Funktionsbestimmung, die sich im einen Fall auf das Evangelium beschränkt, im anderen sehr viel mehr spirituelle und philosophische Texte als gehaltvoll gelten lässt. »Das Dogma«, so führt Seewald aus, »ist […] Mittel zum Zweck, kein Selbstzweck. Als Mittel ist es unerlässlich, muss sich zugleich aber befragen lassen, ob es auch im Wechsel der Zeiten seinem Zweck – der propositionalen Darstellung des Evangeliums, die erst dann gelingt, wenn das Evangelium als Evangelium nicht nur ausgesagt, sondern auch verstanden wird – noch entspricht. Entspricht es ihm nicht mehr, wird das Dogma dadurch nicht falsch, aber […] womöglich irrelevant, und damit für den Zweck, dem es dienen soll, nutzlos.« (ebd., S. 18) Wie sich oben im Text noch zeigen wird, entwickelte Steiner bei allen Differenzen ein vergleichbar pragmatisches Verständnis von Dogmen im Sinn von anthroposophischen Lehrinhalten. Allerdings ist sein Ansatz – einmal von den Inhalten abgesehen – primär philosophisch gedacht und auf das Individuum hin orientiert und weniger institutionell (Kirche gegenüber eher vereinsmäßigen Organisationsformen bis hin zum extremen Versuch einer »Stiftung für anthroposophische Art und Kunst«) gefasst. Was den Blick auf die Kirche angeht, sieht er den Kristallisationspunkt einer intoleranten und dann auch verbrecherischen Dogmatik in der zeitlichen Folge der Hochscholastik, »wo noch alles über das Dogma flüssig ist, diskutiert wird« und die Kontrahenten gegensätzlicher Anschauungen einerseits die intellektuellen Dominikaner und andererseits die gemütvollen Franziskaner seien. In dem frei gesprochenen Vortrag vom 6. Juni 1920, aus dessen edierter Mitschrift ich zitiere, geht Steiner nicht auf die konkreten Inhalte ein, will aber »aufmerksam darauf machen, was das zum Beispiel heute wäre, wenn noch so intensiv Dominikaner und Franziskaner kämpfen würden miteinander um den Inhalt der Lehre, wie sie im Mittelalter gekämpft und die Dogmen frei diskutiert haben.« (GA 198, 123 f.; vgl. ferner GA 237, S. 174 und GA 51, S. 182 f.) Eine sachte Ähnlichkeit der heutigen Annäherung an einen Wandel im Verständnis der kirchlichen Dogmen mit der von Steiner skizzierten »flüssigeren« Situation während der Hochscholastik zeichnet sich in den genannten Publikationen ab. Bemerkenswert ist ferner, dass Steiner in seiner kurzen Skizze ohne weitere Namen, Details oder Quellen zu nennen, präzis eine Situation bezeichnet, die in der philosophischen Mediävistik der letzten Jahrzehnte als eines ihrer Hauptthemen eingehend erforscht wurde. Im Zentrum steht dabei die Verurteilung »falscher« Lehren durch den Bischof von Paris Étienne Tempier mit seinem Brief vom 7. März 1277, den er den 219 Thesen des »Symbolum Parisinum« voranstellte, das bei Androhung der Exkommunikation die von einer Expertenkommission zusammengestellten Lehrmeinungen verbot. (Vgl. dazu Jan A. Aertsen/Andreas Speer (Hrsg.), Censure et liberté intellectuelle à l'université de Paris (XIIIe–XIVe siécles), Paris 1999, S. 165–224) Damit war der lebendigen philosophischen Diskussion, von der Steiner spricht, ein Ende gesetzt, jedenfalls, was die religiösen Fragen anging. Eine knappe, exzellente Rekonstruktion der philosophischen Problemlage bis in aktuelle Fragen sowohl kirchlicher Dogmatik als auch nach einem zeitgemäßen Vernunftbegriff bietet der Mediävist Andreas Speer, ›Sacrificium intellectus‹ in: ›Archivio Di Filosofia‹ no. 1/2 (2008), S. 57–70, hier besonders S. 65 f.

Gleichwohl ist hier zu beachten, dass spezifisch theosophische Inhalte wie die Wesensgliederlehre, die Hierarchien- oder die planetarische Weltentwicklungslehre zwar symbolische oder theologische / esoterische Ausdrucksformen und Themen wie Engel oder (esoterisch verstandene) Planeten verwenden, aber ihrem Gehalt nach begrifflich gedacht werden sollen. Steiner hört nach 1900 nicht auf zu denken. Der theosophische löst den philosophischen Steiner nicht einfach ab, sondern beide durchdringen, überblenden sich. Steiner lässt seine philosophischen Ansprüche keinesfalls hinter sich, sondern weitet sie auf neue Inhalte aus, die mythischer oder religiöser Herkunft sind und oft mit symbolischer Ausdrucksweise einhergehen.

Des Weiteren muss im Feld der Steiner'schen Aussagen differenziert werden: Manche Passagen oder Gruppen seines theosophischen Werks sind vorwiegend begrifflich-symbolisch strukturiert wie seine Schrift »Geheimwissenschaft im Umriss« oder viele »Esoterische Stunden«.[40] Andere wiederum sind in der Darstellung vorwiegend *narrativ* gehalten und setzen stärker auf die erzählten Inhalte, weniger auf begriffliche Dynamik und Kohärenz. Die Aufsatzfolge »Aus der Akasha-Chronik« (GA 11) aus der Zeitschrift »Luzifer-Gnosis« mit der signifikanten, weitgehend aus der Literatur referierenden Schilderung »atlantischer Flugzeuge« ist dafür ein prominentes Beispiel.[41] An solchen Stellen ist das Symbolische oder Bildhafte der Form, wenn man so will, vorwie-

---

40 Im eigentlichen Sinn symbolisch sind die »Esoterische Stunden« (GA 264, GA 265 und GA 266 mit drei Teilbänden) sowie in anderer Form später die »Klassenstunden« (GA 270, vier Teilbände), was sich schon darin zeigt, dass sie zahlreiche graphische Darstellungen und ritualisierte Elemente sowie lyrisch geformte Sprache (Mantren) enthalten und performativ vorgetragen werden, während die »Geheimwissenschaft« (GA 13) ein purer Text ist, also sich in seiner Bildlichkeit bloß des Wortes bedient und ohnehin in der eher erratischen Form des Buches vorliegt.

41 Auf diese Form der Narrativität, die wiederum Binnenformen von Narrativität enthält, gehe ich im letzten Text dieser Studien weiter ein sowie in meiner Rezension ›Das stille Gewicht der Anführungszeichen. Zur vollständig revidierten Neuausgabe von Rudolf Steiner: ›Aus der Akasha-Chronik‹ (GA 11)‹, erscheint in: ›Die Drei‹.

gend narrativ, kaum noch begrifflich. Es ist also auch kaum in sich begrifflich nachvollziehbar und in der Bewertung eher vom autoritativen Status des Erzählers abhängig als von der Frage: Habe ich Gründe, (einer Person, einem Text, einer Aussage, einer Institution) zu glauben, oder eher nicht?[42]

Dogma und Kritik

An dieser Stelle gewinnt das problematisch verstandene Wort des Dogmas seine Bedeutung und zwar zunächst im Sinne einer persönlichen Haltung. Dogmatisch bin ich dann eingestellt, wenn ich auf Autorität hin glaube, nicht aber eigenständig denke. Auf Autorität hin zu glauben impliziert bereits meine Zustimmung. Eigenständig und kritisch zu denken würde aber Zustimmung oder Ablehnung zunächst offenlassen. Zwischen Aussage und Zustimmung besteht keine Kontinuität, sondern ein Bruch, der Offenheit anzeigt. Genau diese Offenheit ist interessanterweise in der philosophischen Begriffsgeschichte des Wortes »Dogma« anfangs zu finden. Seiner Herkunft nach beinhaltet das Wort nämlich einen Doppelsinn, den zwischen einer Meinung einerseits und dem Dafürhalten oder Geltendmachen dieser Meinung andererseits.[43]

---

42 Dass der (religiöse) Glaube sehr wohl rational motiviert sein kann, zeigt der Philosoph und Theologe Friedo Ricken, ›Erfahrung, Interpretation, Zustimmung. Zur Rationalität des religiösen Glaubens‹, in: Wolfram Hogrebe (Hrsg.), ›Grenzen und Grenzüberschreitungen‹, Berlin 2004, S. 222–233. Umgekehrt setzt auch das (wissenschaftliche) Wissen Elemente des (nicht spezifisch religiösen) Glaubens voraus, was etwa aus den wissenstheoretischen Beobachtungen eines Michael Polanyi hervorgeht (darauf geht ein Albert Bagood, ›The role of belief in scientific discovery. Michael Polanyi and Karl Popper‹, Rom 1998), sodass die Unterscheidung zwischen Wissen und Glauben eine eher typologische ist und tatsächlich viel mehr deren starke Verflechtungen in den Blick zu nehmen wären.

43 »Zum griechischen Verbum δοκεῖν gehörend, hat δόγμα an dessen doppelter Bedeutung teil als das, was jemand meint, und das, was jemanden gut dünkt.« Martin Elze, Artikel ›Dogma‹, in: ›Historisches Wörterbuch der Philosophie‹, Bd. II, Basel 1974, S. 275–277, hier S. 275. Der Doppelsinn findet sich im deutschen Wort *Meinen* wieder als Unterschied zwischen dem, *was* ich meine und der Tatsache, *dass* ich etwas meine. – Weitere Fundstellen zur philosophischen Begriffsgeschichte in

Während sich der eine Bedeutungsaspekt auf den Inhalt einer Meinung richtet, geht der andere auf die *Geltung* des Gemeinten oder den Akt der Zustimmung. In der Begriffsgeschichte, insbesondere in der heutigen Alltagsverwendung des Wortes, hat sich der zweite Aspekt verselbstständigt: Dogma ist, was unbedingte Geltung beansprucht. Demgegenüber ist an den vergessenen Bedeutungsaspekt einer neutralen »bloßen« Meinung oder neutraler Aussagen zu erinnern.

Philosophiehistorisch bekommt das Wortpaar »Dogma – dogmatisch« mit Kants kritischer Wende ein besonderes Gewicht. Damit nämlich verabschiedet Kant sich in einem Gestus der »Aufklärung« von alten dogmatischen, d.h. ungeprüften Überzeugungen und vergleicht diesen Vorgang rückblickend mit dem Prozess des Erwachens aus »dogmatischem Schlummer«.[44] Einerseits beschreibt Kant mit seinen Überlegungen zu einer schlummernd-dogmatischen Haltung und dem Aufwachen durch Kritik eine, nämlich seine historische Situation. Aber gleichwohl beinhaltet das Moment der Aufklärung eine prinzipielle, wohl immer geltende Situation. Denn insofern wir im Prinzip jederzeit zu neuen Einsichten »erwachen« können, sind wir, potenziell auch immer von dogmatischen Überzeugungen umgeben, deren dogmatischen Charakter wir allerdings erst dann bemerken, wenn wir eine kritische Prüfungen, einen Moment des Erwachens, vollziehen und ihn als solchen erkennen.[45] Insofern steht das denkerische, aufklärerische, kritische Wachwerden der dogmatischen, unhinterfragten, bloß geglaubten Meinung gegenüber. Dogma ist das Gegenteil von Kritik.

---

den Einträgen ›Dogma‹, ›Dogmatiker‹, ›Dogmatismus‹ in Rudolf Eisler: ›Wörterbuch der philosophischen Begriffe‹, Bd. 1, Berlin 1904, S. 229–241.

44 Immanuel Kant, ›Prolegomena zu einer jeden künftigen Metaphysik, die als Wissenschaft wird auftreten können‹, Riga 1783, A 13 (Ausgabe Weischedel Bd.V, S. 11 f.).

45 Kants Metaphern in der zweiten Vorrede zur ›Kritik der reinen Vernunft‹ sind weiterhin die der »Läuterung« durch Kritik und des »grundlosen Tappens und leichtsinnigen Herumstreifens« der Vernunft ohne Kritik, B XXIV und B XXXI (Ausgabe Weischedel Bd. III, S. 29 und 33).

Aber bei Kant hat das Wort keine bloß pejorative Funktion. Viel mehr noch ist es Terminus für eine *philosophische Methode,* die nicht von der Sinneserfahrung ausgeht, sondern von nicht-sinnlichen Begriffen und deren Beziehungen.[46] Kant vergleicht die dogmatische Methode insofern mit der Mathematik, setzt sie aber nicht mit ihr gleich. Für unseren Zusammenhang heißt das: Ein dogmatisches Verfahren in »reinen« Begriffen kann sehr wohl kritisch und selbstverantwortet sein.

Selbstverantwortung und dogmatische Methode

Im Anschluss an Kant führt Fichte aus, dass es überhaupt nur zwei philosophische Systeme gebe, das dogmatische und das kritische. Das kritische sei dem dogmatischen darin überlegen, dass es dem Ich nicht »völlig willkürlich« einen Begriff des Dinges »als de(n) schlechthin höchste(n)« entgegensetze, sondern vom Ich als dem kritischen Prinzip einer selbstverantworteten Philosophie ausgehe.[47] Die Verantwortung des Denkens also, eine Selbstverständlichkeit, liegt beim denkenden Ich, nicht beim gedachten Ding oder Satz. Im Anschluss wiederum an Fichte bringt Schelling diesen Gedanken in Fluss, wenn er als einen Dogmatiker denjenigen bestimmt, »der alles als ursprünglich außer uns *vorhanden* (und nicht als *aus* uns *werdend* und *entspringend)* voraussetzt«[48] und bestimmt damit umgekehrt als eine kritische Philosophie dieje-

---

46 Vgl. in Kants ›Kritik der reinen Vernunft‹ innerhalb der Transzendentalen Methodenlehre den Abschnitt »Die Disziplin der reinen Vernunft im dogmatischen Gebrauche« (Ausgabe Weischedel Band IV 612 ff.). Kant definiert: »Ein direktsynthetischer Satz aus Begriffen ist ein *Dogma*« (ebd. 629). Zum »dogmatischen Verfahren« im Unterschied zum »Dogmatism« vgl. die zweite Vorrede, B XXXV f. (Ausg. Weischedel Bd. III 36 f.).

47 Johann Gottlieb Fichte, ›Grundlage der gesamten Wissenschaftslehre‹, 1794/1802, 40ff./43ff. (Ausgabe I. H. Fichte, Bd. I, S. 119–121, zitiert aus S. 119).

48 Friedrich Wilhelm Joseph von Schelling, 'Ideen zu einer Philosophie der Natur als Einleitung in das Studium dieser Wissenschaft‹, 1787 /1803 (Ausgabe K. F. A. Schelling 1/2, S. 40).

nige, die auf das Werden und Entspringen des Denkens in uns achtet und dem systematisch den gebührenden Stellenwert zuweist.

So können wir als *Dogma* etwas uns von außen Gegebenes (etwas Gesagtes, eine Behauptung, eine Sinneswahrnehmung, eine Offenbarung etc.) verstehen, als *Dogmatismus* die Absolutsetzung dieses Gegebenen »ohne Einsicht in die Welt, der die Behauptungen entspringen«,[49] welche bei Schelling wie bei Steiner im eigenen Denken zu finden ist. In dieser Konstellation verweist ein Dogma als etwas Vorhandenes immer zurück bzw. weiter auf eine Prozessualität des Werdens und Entspringens, die aber im »Inneren« – und das heißt auch: selbstverantwortet – zu finden ist. Das Verhältnis von Dogma und Kritik entspricht damit auch der Qualität von Gewordenem und Werdendem. Des Weiteren können in diesem Kontext als Dogmen alle Begriffe verstanden werden, die nicht sinnesbezogen sind. Und: Auf Dogmen können wir – auf diesem allgemeinen begrifflichen Niveau – genauso wenig verzichten wie auf vieles andere, was uns von außen zukommt. Wichtig aber bleibt im Sinn der idealistischen Philosophie der Verweis auf den inneren Vollzug und die Fundierungsordnung: das innere, tätige Werden und Entspringen hat Vorrang. – Als Dogmen im Sinne Steiners sind demgemäß nicht-sinnlich gemeinte begriffliche, symbolische oder narrative Aussagen zu verstehen. Nun scheint es aber Unterschiede zu geben, je nachdem, welche Ausdrucksform im Vordergrund steht.

49 (GA 2, 82; vgl. SKA 2, S. 386, hier die Varianten von ›Dogma‹ im Register) In dieser Bedeutung erscheint das Wort »Dogma« in Steiners frühen erkenntnistheoretischen Schriften.

Begriffssprache gegenüber »blindem Dogmenglauben«

Vom Januar bis zum Mai 1904 veröffentlicht Steiner in seiner theosophischen Zeitschrift »Luzifer-Gnosis« Schriften aus dem Nachlass des Philosophen Paul Asmus (1843–1876), die er von dessen Schwester Martha Asmus (1844–1909) erhalten hatte.[50] Steiner war mit Martha Asmus gut befreundet. Beide nahmen Leitungsfunktionen im *Giordano Bruno-Bund* wahr und sie gehörte zu den wenigen, die Steiner auch nach jenem denkwürdigen kontroversen Vortrag, in dem er die scholastische Philosophie als Monismus darstellte – den Atheismus seines Umfeldes also mit der Philosophie der katholischen Kirche in Verbindung brachte – in Schutz nahmen.[51] Die Texte des idealistischen Philosophen Paul Asmus nun erschienen genau in dem Zeitraum in Steiners Haus-Zeitschrift, in dem er seine ersten theosophischen Vorträge zu esoterischen Themen wie »Atlantis« und »Akasha-Chronik« gehalten hatte und kurz bevor er darüber in der Zeitschrift in großen Teilen in narrativem Stil zu publizieren begann.

Steiner legte seinem theosophischen Publikum die Schriften dieses Philosophen sehr ans Herz, weil das von ihm praktizierte Denken nicht nur Grundlage spiritueller Erkenntnis sei, sondern vor allem auch zwei typische theosophische Gefahren vermeiden helfe:

> »Solches Denken allein kann innere, selbstsichere Festigkeit und Forschergewissheit geben, die den Theosophen zwischen der Skylla einer nebelhaften Schwärmerei und der Charybdis eines blinden Dogmenglaubens hindurchleiten in die hellen Lichthallen der Weisheit« (GA 34, 492).

---

50 Zu Martha Asmus (GA 28, 384–387), (GA 34, 489), ›Beiträge zur Rudolf Steiner Gesamtausgabe‹ (= ›Beiträge‹) 79/80, S. 16–20; zu Paul Asmus (GA 34, 488 ff. und 641 f.).

51 Christoph Lindenberg, ›Rudolf Steiner. Eine Chronik‹, Stuttgart 1988, S. 185; ›Beiträge‹ 79 / 80 17ff.; (GA 28, 386 f.).

Mit dem hehren Pathos auf die bestimmt von allen Theosophen angestrebten »Lichthallen der Weisheit« verbindet sich der pragmatisch-aufklärerische Duktus Steiners, der an die eigenständige und selbstständige Erkenntnis appelliert, vor Gefahren der »nebelhaften Schwärmerei« und des »blinden Dogmenglaubens« warnt und eine bodenständige Arbeitshaltung empfiehlt:

> »Heute fordert das Denken Bequemlichkeit, und zum Verstehen von Paul Asmus' Ideen ist volle *arbeitende Hingabe* erforderlich. Doch der Theosoph weiß, dass nicht die Forschung sich nach dem Menschen, sondern der Mensch sich nach der Forschung zu richten habe, und dass nur volle Hingabe an *ihre* Forderungen zur Erkenntnis führen kann« (ebd., 489, Hervorhebungen im Original).

Steiner führt das abstrakte, kritische, begriffliche Denken sogar drastisch als eine notwendige Bedingung für Theosophie an:

> »Wer dazu nicht gelangen kann, bleibt entweder in den Fesseln einer *trüben Mystik* hängen, [...]; oder aber er muss sich mit einem bloßen *Glauben* an die theosophischen *Dogmen* begnügen.« (ebd., 492, Hervorhebungen im Original)

Die »Forderung nach Erkenntnis« wird angesichts der ganz anders wirkenden Inhalte, die neben diesen philosophischen Texten noch in der Zeitschrift stehen, vor eine Probe gestellt. Wie verhält sie sich gegenüber »Mitteilungen« über »Unsere atlantischen Vorfahren«, die weitgehend narrativ gehalten sind und die um 1900 naturwissenschaftlich noch recht unscharf bekannte Vorgeschichte in einer ganz eigenen Bilderwelt und Terminologie vorstellen? Angesichts der publizistischen Vorgehensweise Steiners entsteht der Eindruck, begriffliche und narrative Darstellungsweisen sollen sich gegenseitig ergänzen oder »durchwachsen«. Steiner baut offenbar auf ein Wechselverhältnis.

»Wann wird das symbolische Gewand fallen?« (Martha Asmus)

Martha Asmus, die kritische Denkerin, hat Steiners Veröffentlichungen ab Juni 1904 wohl kaum noch verfolgt. Aber sie dankt ihm sehr bald (am 6. Februar 1904) lebhaft dafür, dass er sich ihres Bruders Werk in der Zeitschrift »Luzifer-Gnosis« angenommen hat. Und der Dank ist ihr Anlass, kritisch auf die Diskrepanz hinzuweisen, die ihr zwischen dem philosophischen Duktus ihres Bruders und dem übrigen Inhalt der Zeitschrift (vorwiegend aus Steiners Feder) auffällt. Es ist die symbolische Ausdrucksweise, an der sie sich stößt und die sie auch im Widerspruch zu dem sieht, was sie von Steiner sonst kennt. Sie erinnert an ein Gespräch, das sie beide während einer Bahnfahrt über die maßgeblichen Frauen der Theosophischen Gesellschaft, Elena Petrowna Blavatsky (1831–1891) und Annie Besant (1847–1933) gehabt hatten, in dem es um deren symbolische Ausdrucksweise gegangen war. Steiner hatte diese Ausdrucksweise nach Asmus' Worten damals so erklärt, dass »diese Frauen alle solche Lehren, die gegen dic Wissenschaft stritten ... als Symbole ihrer Vernunft-Erlebnisse der Masse darböten, der die Mysterien nicht anders zugänglich werden können.«[52]

Symbolische Ausdrucksweisen wären demnach strenge Begriffe fürs Volk.[53] Dem widerspreche allerdings Steiners eigene Position, wie Asmus sie aus Vorträgen Steiners kannte, in der dieser unter anderem Buddha und Christus als »große Initiatoren«

52 Der Brief ist ebenfalls abgedruckt in ›Beiträge ...‹ 79/80, S. 20, daraus auch die folgenden Zitate.

53 Ein Gedanke, der im sogenannten ›Ältesten Systemprogramm des Deutschen Idealismus‹ erscheint, das aber erst 1917 aufgefunden bzw. publiziert wurde. Auch Ernst Cassirers ›Philosophie der symbolischen Formen‹ wäre für eine solidere Grundlegung einzubeziehen. Sie erscheint ab 1923. – In diesen Studien vertiefe ich lediglich den Aspekt der narrativen Ausdrucksweise Steiners. Den im eigentlichen Sinn symbolischen Ausdrucksweisen, für deren Untersuchung das Werk Cassirers Pate stehen sollte, muss eine eigene Untersuchung vorbehalten bleiben.

dargestellt hatte: »Danach war es die Mission dieser Initiatoren, die esoterischen Lehren den Exoterikern zu bringen und so die Weisheit unsymbolisiert zu verbreiten.«

Die Symbolisierung hat demnach etwas Verschleierndes, die unsymbolisierte Form einen aufklärerischen Duktus. Diesen vermisst Asmus aber jetzt bei Steiner, nachdem er sich offensichtlich der Linie von Blavatsky und Besant angeschlossen hat. Deshalb mündet ihr Brief in die beiden Fragen:

> »Haben Ihr Denken [=Begriffe, Begriffssprache, U.K.] und Ihre Lehre [=Dogmen, symbolische Ausdrucksweise, U.K.] verschiedene Formen? Und wenn es so ist, wann wird das symbolische Gewand fallen?«

Die beiden Fragen formulieren in aller Deutlichkeit zwei Probleme bzw. eine innere Spannung, der sich Steiner offensichtlich in diesen Jahren nicht entziehen kann. Das eine ist, wie die starke und gezielte »Verbildlichung« (GA 28, 447) der Erkenntnis, die Steiner in jenen Jahren auf unterschiedlichen Ebenen vollzieht, im Verhältnis steht zum begrifflichen Denken. Es betrifft die symbolischen Formen der Darstellung, egal, ob sie nun auf ausgeprägte Metaphorik, Mythologie, figuratives Wissen oder performative Handlungen und Rituale zurückgreift. Das andere ist die Frage der autoritativen Geltung bei diesem Wissenstyp theosophischer Aussagen, zu denen eben auch die theosophischen Atlantis-Darstellungen gehören.

Die symbolischen Formen bei Blavatsky und Besant wertet Asmus negativ als eine Verschleierung, während sie Steiner als Möglichkeit oder Chance der Mitteilung an »die Masse« beim Gespräch im Bahnabteil angesehen haben wird. Formuliert Asmus einen unaufhebbaren Widerspruch zwischen »Denken« und »symbolischem Gewand«, lässt sich Steiner auf deren Spannung wie auf einen immanenten Widerspruch, eine unvermeidbare Beziehung ein, die nur angemessen gehandhabt werden müsse.

Wie Steiner an seiner Einschätzung von Goethes »Märchen« deutlich macht (GA 28, 391–393), gehört der bildhafte Ausdruck essenziell zur Darstellung esoterischer Themen. Aber er ersetzt das Denken in Begriffen nicht, verwandelt es allenfalls und setzt es immer voraus.

Das symbolische Gewand, so füge ich hinzu, kann nur durchsichtiger werden, aber nicht fallen, weil es mit seinem »Träger« eine Einheit bildet. Deshalb kann, um Martha Asmus' treffende Frage zu modifizieren, das symbolische Gewand nicht zu einem bestimmten Zeitpunkt fallen, es muss gewissermaßen permanent fallen. Es fällt immer dann, wenn die Figur in Bewegung ist. Es ist das Fallen des Kleides, die Bewegung der Falten, das Changieren des Stoffes, was die Erkenntnis ermöglicht, nicht aber das Gefallen-Sein. Nur der *Moment* des Fallens ist der der Erkenntnis. Und Erkenntnis wird, als Kultivierung des Fallens, zur Bewegungskunst, wenn Anschauen des Kleides und Bewegen des Kleides – zusammen fallen.[54] Wie ist das genauer zu denken?

»Kleider und Hüllen vom Wesen der Sache.« (Marie von Sivers)

Nur einige Monate nach dem besprochenen Brief holt Steiner die vermutlich versäumte Antwort auf die Frage von Martha Asmus an anderer Stelle nach. In einer »privaten Lehrstunde« in Berlin-Schlachtensee vom 7. Juli 1904 schließt er an eine esoterische Betrachtung zu den drei (symbolisch-mythologisch zu verstehenden) Elementen Feuer, Luft und Wasser und den Begriffen des Seins, des Lebens und des Bewusstseins eine kleine *Methodologie der theosophischen Dogmatik* an, die wie eine systematisch entwickelte Antwort auf die Frage von Martha Asmus wirkt.

54 Vgl. συμβάλλω (symbállo) = zusammentreffen, -werfen, -fallen, -fügen; daraus ist etymologisch der Symbol-Begriff abgeleitet.

Zugleich macht er an dieser Stelle deutlicher, was er noch 1892 mit der gegenüber dem Pionier der Theosophie in Deutschland, Wilhelm Hübbe-Schleiden (1846–1916), luftig hingeworfenen Metapher von einer »geistigen Schwimmkunst« (GA 30, 511) praktisch meinen könnte. Hatte Steiner an dessen Buch »Das Dasein als Lust, Leid und Liebe«[55] vor allem auszusetzen gehabt, dass Hübbe-Schleiden darin »Bilder« und »Sache« verwechsle (GA 30, 511), so stellt er andererseits Bilder als notwendige Mittel dar, die, tätig ergriffen, zu spiritueller Erfahrung hinführen. Dafür nutzt er die mit dem Element des Wassers verbundene Metaphorik, mit der er ein distanziertes, mäßig engagiertes Klassifizieren einerseits einer tätigen und existenziellen Auseinandersetzung mit Esoterik andererseits gegenüberstellt. Die Tiefe des Wassers sowie das Schwimmen (im Sinne des Einsteigens: in das Element und den Verlust des festen Bodens sowie die Notwenigkeit, tätig zu sein) sind dabei Leitmetaphern.[56]

> »Die intuitive Weisheit des Orients strömt in einem tiefen Bette. Nur der Forscher, der sich in das für die Erkenntnis gefährliche Element wagt, kann den Grund erreichen … Man kann ohne geistige Schwimmkunst bei dem Werke auskommen. Das Wasser der mechanischen Naturerklärung, zu dem der Verfasser … uns führt, reicht kaum bis an die Knöchel« (GA 30, 511).

Die damit verbundene qualitativ-dynamische Metaphorik des Flüssigen und der Bewegung wird Steiner in dem Moment, in dem er selber nun auf das theosophische Gedankengut zurückgreift, explizit wieder aufnehmen. Allerdings bleibt die Leitmetaphorik hier nicht das Wasser, an dieser Stelle wird es das Feuer.

---

55 Braunschweig 1891. Vgl. zum ganzen Kontext die Darstellung von Robin Schmidt, ›Rudolf Steiner und die Anfänge der Theosophie‹, Dornach 2010, S. 107–122.

56 Das ›Wörterbuch der philosophischen Metaphern‹ (Hrsg. Ralf Konersmann), Darmstadt 2007, bietet lesenswerte Einträge zu den Stichworten »Fließen,« »Tiefe« und »Meer«, aber nicht zu »Schwimmen«. Dafür ist ein begrenzter Ersatz wohl das »Schweben.«

Der Inhalt der besagten esoterischen Stunde ist von einer ihrer drei Teilnehmerinnen, Marie von Sivers (1867–1948), der wesentlichen Initiatorin von Steiners theosophischer Arbeit und seiner späteren Frau,[57] in stichwortartigen Notizen aufgezeichnet worden. Wegen ihrer grundsätzlichen Bedeutung gebe ich sie in einem größeren Auszug wieder.

> »Wir haben uns bemüht, von den verschiedenen Standpunkten den Dingen nahezukommen und Begriffe flüssig zu erhalten, anzuheften an die Dinge. In jeder Form des Begreifens nur eine Hülle für das Wesen zu sehen, ist ein wichtiger okkulter Satz. Das Wesen muss in uns leben. Wir müssen uns fortwährend Kleider und Hüllen vom Wesen der Sache machen, uns aber bewusst sein, dass in diesen Hüllen und Kleidern das Wesen der Sache gar nicht enthalten ist. In dem Augenblick, wo wir eine Ausdrucksform für das innere Wesen der Sache gefunden haben, haben wir das Esoterische exoterisch gemacht. Niemals kann also das Esoterische anders mitgeteilt werden als in exoterischer Form. Bilde fortwährend Formen des Begreifens, aber überwinde zugleich immer diese selbstgeschaffenen Formen des Begreifens …
>
> Es ist unmöglich, in einer Dogmatik-Lehre das Um-und-Um einer Wahrheit zu sehen; die Dogmatik ist nur der zweite Moment. Erst wenn man sie überwunden hat, hat man die Wahrheit der Dinge selbst eingesehen. Daher der wichtige Satz: Der Mensch muss, um die Wahrheit zu erkennen, dogmatisieren, aber er darf nie im Dogma die Wahrheit sehen.
>
> Und damit haben wir das Leben des Wahrheit suchenden Menschen, der das Dogma umschmelzen kann im Feuer des Begriffs. Daher schaltet der Okkultist in freiester Weise mit dem Dogma« (GA 89, 253 f.).

---

57 Vgl. Hella Wiesberger, ›Marie Steiner von Sivers. Ein Leben für die Anthroposophie. Eine biographische Dokumentation‹, Dornach 1989.

Aus dieser kleinen »Dogmatik-Lehre«, die einerseits theosophische Dogmen fordert und sie andererseits als sekundär situiert, hebe ich die folgenden Merkmale hervor:

1. Zunächst wird auf die Beweglichkeit und in eins damit auf die Mehransichtigkeit (d.h. umgekehrt immer auch Perspektivität) einer esoterischen Darstellung hingewiesen; eine Aussage (genauer: ihr Gehalt) ergibt sich nur aus dem Durchgehen durch einzelne Standpunkte oder Ansichten. Die qualitativen Metaphern »flüssig« und »umschmelzen« deuten auf substanzielle Beweglichkeit und Metamorphose hin. (Vgl. meine Ausführungen zum Unterschied von Definieren und Charakterisieren in der Einleitung)
2. Zwischen der symbolischen Ausdrucksform oder dem Dogma und dem damit intendierten Prozess, dem Wesen, besteht eine Differenz und sogar Distanz. Sie dürfen nicht miteinander verwechselt werden. Anders gesagt: Theosophische Dogmen oder Aussagen sind nicht mit (der) Wahrheit identisch, wenn sie auch in einem heuristischen Bezug zu ihr stehen. Wahrheit steht zunächst lediglich für Differenz gegenüber dem Dogma.
3. Das Verhältnis zu den einzelnen Dogmen ist eines der De-Konstruktion: Sie sollen einerseits gebildet, konstruiert werden, andererseits aber auch fortwährend überwunden, d.h. destruiert werden.[58] Das Verhältnis zu den Dogmen ist in bestimmtem Sinn ambivalent und paradox.

58 Der Terminus der ›Dekonstruktion‹, den ich hier verwende, geht einerseits zurück auf Martin Heideggers (1889–1976) Idee, die Grundbegriffe der antiken Ontologie, insofern sie noch das zeitgenössische Denken bestimmten, einer ›Destruktion‹ »auf die ursprünglichen Erfahrungen« hin zu unterziehen, »in denen die ersten und fortan leitenden Bestimmungen des Seins gewonnen wurden.« Die Absicht ist dabei eine positive, denn zwar trifft »ihre Kritik [...] das ›Heute‹ und die herrschende Behandlungsart der Geschichte der Ontologie,« aber dennoch besteht ihre »*positive* Absicht [...] zunächst die Frage zu stellen, ob und inwieweit im Verlauf der Geschichte der Ontologie überhaupt die Interpretation des Seins mit dem Phänomen der Zeit thematisch zusammengebracht und ob die hierzu notwendige Problematik der Temporalität grundsätzlich herausgearbeitet wurde und werden konnte.« (Martin Heidegger, ›Sein und Zeit‹, Tübingen 1979, § 6, die Zitate auf

4. Der Umgang mit der Dogmatik geschieht denkend – nicht »schwärmerisch« oder »gläubig« (s.o.). Darauf deutet die Metapher vom »Feuer des Begriffs«. Das Feuer verrichtet Arbeit und verwandelt Substanzen durch einen längeren Prozess, ganz anders als der ephemere »Blitz«, der für momentane Einsicht steht und der natürlich auch in solchen zusammenhängen prominent ist, etwa in Platons siebtem Brief.
5. Die Beziehung zum Dogma ist eine freie; die Geltung des Dogmas darf insofern nicht vorausgesetzt werden.
6. Es gibt im Prinzip keine esoterische Form; alle Ausdrucksformen sind bereits exoterisch. Von daher und aus Punkt 4 ergibt sich, dass das Verhältnis von Denken und symbolischem Gewand demjenigen von Esoterik und Exoterik entspricht, die

---

S. 22 f.) Heideggers Destruktion verfolgt also den Zweck, die richtige, tieferliegende Fragestellung zu gewinnen und den verkrusteten Begriffsbestand der Ontologie abzuschütteln. In der Konsequenz heißt das, die Zeit könne nicht vom Sein her bestimmt werden, sondern umgekehrt sei das Sein ursprünglich von der Zeit her bestimmt und zu bestimmen. Ein dynamisches Prinzip (Zeit) ist also grundlegender als ein statisches (Sein). Darin besteht zunächst die Parallele mit Steiner. – Der nun andererseits von Jacques Derrida (1930–2004) im Französischen verwendete Ausdruck Dekonstruktion (*déconstruction*), auf den ich mich eigentlich beziehe, versteht sich zum Teil als eine Übersetzung des Terminus ›Destruktion‹ von Heidegger und verweist mit dem Doppelsinn Destruktion-Konstruktion auf die positiven, konstruktiven Aspekte des Verfahrens, das bei Derrida freilich radikalisiert aber auch im Ergebnis begrenzt wird, nicht als Methode verstanden werden kann sondern allenfalls als vollzogene Praxis, im Verlauf seines Werks Veränderungen durchmacht und als Dekonstruktivismus selber nicht vor einer dogmatischen Behandlung gefeit ist. (Zu letzterem vgl. Jacques Derrida, ›Einige Statements und Binsenweisheiten über Neologismen, New-Ismen, Post-Ismen, Parasitismen und andere kleine Seismen,‹ Berlin 1997, S. 43.) Das ursprüngliche Anliegen Derridas bestand allerdings darin, »metaphysische Voraussetzungen« (*présupposition métaphysique*) in der philosophischen Sprache im Sinne naiver »dogmatischer Abhängigkeit« (*adhérence dogmatique*) aufzuspüren, sichtbar zu machen und durch Begriffsumkehrungen (*renversement*) und Verschiebungen (*déplacement*) in Bewegung zu bringen. Vgl. Jacques Derrida, ›La voix et le phénoméne. Introduction au problème du signe dans la phénoménologie de Husserl‹, Paris 1967, S. 3 und ders., ›Marges de la philosophie‹, Paris 1972, S. 392. So wie bei Steiner gibt es der metaphysischen Sprache/dem Dogma gegenüber keine bessere, eigentlichere, wahrere Sprache, es gilt vielmehr, die Beschränktheiten der Sprache immer neu durch Aktivität und unterschiedliche Strategien (Verbildlichung, Verräumlichung, Performanz) zu überschreiten, – gegebenenfalls eben aber doch ›auf ursprünglichere Erfahrungen hin‹ wie bei Heidegger, oder noch mehr und anders bei Steiner (s.o.).

damit notwendig aufeinander bezogen bleiben. Esoterik und Exoterik sind ineinander verwunden.

7. Esoterik wird nicht institutionell verstanden, sondern individuell und persönlich, wie bereits 1892 in der Hübbe-Schleiden-Rezension: »Vertiefung in sein Inneres« (GA 30, 511). Sie, die persönliche Vertiefung, ist der Angelpunkt, nicht die Institution.

Gandhi und das Motto der Theosophischen Gesellschaft

Mit dem wohl aus dem »Mahabharata« stammenden Motto »Keine Religion höher als die Wahrheit«[59] geben die Vertreter der 1875 begründeten Theosophischen Gesellschaft, an die Steiner anschließt, nicht nur ihrer kosmopolitischen Haltung Ausdruck. Sie formulieren zugleich einen Grundsatz, demgemäß jede Lehrmeinung einer bestimmten Konfession überschreitbar sei auf eine (?) Wahrheit hin, die allen Religionen zugrunde liege bzw. sich in ihnen finde. Damit wird Wahrheit zu einem Gegenbegriff von Dogma (als Lehrmeinung einer Konfession), allerdings nicht in der Form des Gegensatzes,[60] sondern im Sinn der überschreitenden Tendenz auf ein Höherstehendes hin, das auch wiederum ein Vermittelndes sein muss. Die Religionen in diesem Sinn enthalten zwar Wahrheit, aber sie verkörpern sie nicht in ausschließlicher Form; demnach ist Wahrheit immer mehr oder noch etwas anderes als sie. Wir finden uns in einer ähnlichen begrifflichen Konstellation wieder wie in dem Verhältnis von Bild und Sache, Hülle und

59 Vgl. ›The Theosophist‹, Vol XI., No. 132, 1890, 665; Elena Petrowna Blavatsky, ›Die Geheimlehre‹, Bd. 1, Übersetzung Robert Froebe, Den Haag o. J., S. 25; Josephine Ransom, ›A Short History of The Theosophical Society‹, Madras 1938, S. 150 f.

60 So versteht Helmut Zander in ›Anthroposophie in Deutschland. Theosophische Weltanschauung und gesellschaftliche Praxis 1884–1945‹, Göttingen 2007, S. 93 das Motto, insofern es einen »Wahrheitsanspruch gegenüber den etablierten Religionen« artikuliere. Bei aller Kritik an den etablierten Religionen bei Blavatsky ist der formulierte Wahrheitsanspruch jedoch nicht zwangsläufig exklusiv.

Wesen, Exoterik und Esoterik, Dogma und eigener Erfahrung, die zwar wie Wahrheit und Wahrhaftigkeit[61] unterschieden werden müssen, aber nicht ohne einander existieren.

Offensichtlich spielt dieses Motto im Denken des charismatischen indischen Aktivisten der Gewaltlosigkeit und Freiheitskämpfers Mohandas Karamchand Gandhi (1869–1948) eine initiale Rolle. Seine Lehre von (der) »Wahrheit« (sanskr. *Satya)* orientiert sich an dem genannten Motto und spiegelt dessen Formulierungen wieder.[62] Gandhi selber war mit der Theosophie seit seiner Studienzeit in England wohl vertraut. Biographisch hatte ihm die Theosophie den Wert der eigenen hinduistischen Tradition erkennen lassen. Seine Einstellung zu den Religionen zeigt sich in der Folge in ausgesprochener Toleranz. »Für mich sind alle Hauptreligionen in dem Sinn einander gleich, dass sie alle wahr sind.«[63] Ähnlich hieß es bereits bei Blavatsky: »Es … kann nur eine absolute Wahrheit im Kosmos geben … wir wissen: wenn sie absolut ist, so muss sie auch allgegenwärtig und universal sein; und in diesem Fall muss sie jeder Welt-Religion zugrunde liegen … «[64] An den nachbarschaftlichen Formulierungen lässt sich freilich auch erkennen, dass zwischen Toleranz und dem Überlegenheitsanspruch auf »absolute Wahrheit« nur eine schmale Grenze gezogen ist. Absolute Ansprüche machen, insofern sie Wahrheit oder Wahr-

61 Der Philosoph Bernard Williams argumentiert in seinem Buch ›Wahrheit und Wahrhaftigkeit‹, Frankfurt am Main 2003, dafür, dass es keinen Sinn macht, den einen ohne den anderen Titelbegriff zu verwenden.

62 Ich folge hier der Darstellung von Michael Bergunder, ›Ghandi, Esoterik und das Christentum‹, in: Michael Bergunder/Daniel Cyranka (Hrsg.), ›Esoterik und Christentum. Religionsgeschichtliche und theologische Perspektiven‹, Leipzig 2005, S. 129–148, besonders S. 140 f.

63 Mohandas Karamchand Gandhi, ›How Do You Pray?‹ in: ›Harijan‹, 6.4.1934, zitiert nach: ›The Collected Works‹, Band 57, New Delhi 1976, S. 353 [eigene Übersetzung]; ähnliche Äußerungen sind zahlreich in Gandhis Werk, vgl. etwa die Zusammenstellung in ›The Selected Works of Mahatma Gandhi‹, Vol. VI, Ahmedabad 1968, S. 263 ff.

64 Elena Petrowna Blavatsky, ›Editorial‹ zu: ›Lucifer‹, Vol. 1, No. 5, 1888, S. 342, zit. nach: ›Collected Writings‹, Bd. IX, Wheaton/Madras 1950, S. 8 [eigene Übersetzung].

heiten verdinglichen (s.o. Fichte und Schelling), tendenziell intolerant. Mit dem Anspruch auf absolute Wahrheit entsteht eine Dogmatisierungswirkung. Das gilt selbst, wenn nicht ein ›Besitz‹ dieser Wahrheit, nur deren ›Kenntnis‹ in Anspruch genommen wird. Vermieden wird diese Wirkung, wie wir schon seit Lessing wissen, wenn von einem dynamischen Bezug auf Wahrheit, konkret von Wahrhaftigkeit gesprochen und eine entsprechende Haltung kultiviert wird. Das scheint schon der alte Sanskrit-Satz, den das Motto aufgreift, gewusst zu haben: »Satyannasti paro dharmah«. Als beste Übersetzung des Satzes gilt dem Indologen Helmuth von Glasenapp zufolge: »Es gibt keine höhere Pflicht als die Wahrhaftigkeit.«[65]

Meinung, Wahrhaftigkeit, Forschung

Für seine Zeitschrift »Luzifer-Gnosis« eignet sich nun Steiner das theosophische Motto in der folgenden Form an: »Keine menschliche Einzelmeinung stehe über der Erforschung der Wahrheit.«[66] Damit greift Steiner die Form des Mottos der Theosophischen Gesellschaft auf, aber er profanisiert es, indem er an die Stelle der Religion die Meinung setzt. Und er ersetzt auf der anderen Seite des Satzes die Wahrheit durch die Erforschung der Wahrheit. Nicht nur hat er so eine Dynamisierung vorgenommen, einen »Prozess« auf etwas hin (Erforschung) anstelle des bloßen »Ziels« (der Wahrheit) gesetzt, er hat diesem Prozess als »Erforschung« auch eine Gediegenheit verliehen, welche die bloße »Suche« nach Wahrheit zum Beispiel nicht hätte. Gleichzeitig, so scheint es, evoziert er ein Muster, das am Beginn der abendländischen Rationalität steht, nämlich die Unterscheidung zwischen der Doxa

65 Helmuth von Glasenapp, ›Das Indienbild deutscher Denker‹, Stuttgart 1960, S. 196.

66 Zitiert nach Lindenberg, Chronik, s.o., S. 214. – Diese Umformulierung und Modifikation ist übrigens ein Beispiel für die »kohärente Verformung«, von der noch die Rede sein wird.

(δόξα) als bloßer »Meinung« und der Episteme (ἐπιστήμη) als Erkenntnis, Wissenschaft oder Erforschung.[67] Damit nimmt er stillschweigend eine Verschiebung vor vom östlich orientierten weltreligiösen Kontext der Theosophischen Gesellschaft in den philosophischen Kontext der westlichen Tradition, die sich auf das antike Griechenland bezieht. Religion wird zu Forschung, absolute Wahrheit zur Erforschung der Wahrheit.

Auch hier gibt es wiederum die Gefahr der Verdinglichung von Wahrheit (oder dessen, der sie vertritt[68]) und der Unterschätzung des diskursiven Prinzips der vielen und als solchen anerkannten Meinungen. Faktisch hat Steiner mit seiner Editionspraxis in der Zeitschrift auf das diskursive Prinzip großen Wert gelegt, indem er heterogene Autoren zu Wort kommen ließ. Mit dem Stichwort der »Erforschung« setzt er einen bestimmten Akzent: Forschung (der Prozess) steht über der (festen) Meinung. Und die Autorität von Personen, wie berechtigt sie sein mag, steht nicht über dem Wahrheitsanspruch – im Sinn jenes anderen, verwandten Mottos: »Amicus Plato, sed magis amica veritas.«[69] Die Autoritätszuschreibung

67 Vgl. etwa von Platon Phaidon 78 b 4–9, Theaitet 210 a, Politeia V 475 e 6-480 a 13; von Aristoteles Nikomachische Ethik VI 3, 1139 b 17, Zweite Analytik I 33. Der geläufige Ausdruck für das Tätigsein in der Wissenschaft ist bei Aristoteles übrigens »die Erforschung der Wahrheit«, Metaphysik, Zweites Buch, 993 a 30.

68 Vom Gesichtspunkt der charismatischen Herrschaft her gilt, dass die Zeitschrift Steiners natürlich auch die Funktion hatte, unter den Abonnenten bzw. Mitgliedern Gemeinschaft zu stärken. Die dort gedruckten Texte sollten der Erforschung der Wahrheit dienen, ihre Ergebnisse auch vermitteln. Da Steiner hier der maßgebliche Forscher, Geistesforscher war, wäre hier auch die Richtschnur zur Aufhebung von Streitigkeiten zu finden. Steiner würde sich dann mit seinen Forschungen über die Einzelmeinungen der Mitglieder stellen. – Diese vielleicht überspitzte herrschaftssoziologische Deutung des Satzes halte ich durchaus für plausibel. Sie hätte eine indirekte Dogmatisierungswirkung von Steiners Aussagen zur Folge. Da ich in diesen Studien einen texthermeneutischen Gesichtspunkt einnehme, ist das, was Steiner inhaltlich tut, allerdings wichtiger. Er setzt nämlich den Akzent auf die Auflösung dogmatischer Bindungswirkung.

69 Etwa: »Platon ist mein Freund, eine größere Freundin aber ist mir die Wahrheit.« Das Motto findet sich in einer ersten Form in der ›Nikomachischen Ethik‹ des Aristoteles (1096a 15) und wird später insbesondere durch Cervantes ›Don Quixote‹ popularisiert. Zur Motivgeschichte Henry Guerlac, ›Amicus Plato and Other Friends‹, in: ›Journal of the History of Ideas‹, Vol. 39, No. 4 (1978), S. 627–633, und

von Personen bis hin zur Dogmatisierung ihrer Aussagen ist nämlich ein allgemeines Phänomen, auch in Philosophie und Wissenschaften.

Was nun die praktische Konstitution einer gesellschaftlichen Organisation angeht, ist man mit einem solchen antidogmatischen Motto gewissermaßen schlecht beraten. Denn eine gesellschaftliche Form verlangt ein Maß an Festigkeit und Identität, das durch bestimmte Bekenntnisse wie das eines Glaubens an Reinkarnation und Karma oder an die Existenz unsichtbarer Meister festgeschrieben werden könnte. Nun hat sich aber Steiner wie schon die frühen Theosophen solchen Festschreibungen verweigert. Gerade aber weil das Motto keine Festschreibung ist, sondern eine Handlungsanweisung, hängt es von der persönlichen Haltung jeder einzelnen Person ab, ob und inwieweit sie einen undogmatischen, offenen Habitus und eine entsprechende Erkenntnishaltung einnehmen kann und der Grad einer undogmatischen Haltung der Einzelnen wird ebenso von der entsprechenden Kultur in einer Gesellschaft gefördert oder gehemmt. Gleichwohl sind es immer bestimmte Inhalte, diese und nicht jene, die einer Beschäftigung, einem Studium, einer Forschung zugrunde liegen. Das geht nicht ohne Verbindlichkeit. Zugleich aber soll diese Verbindlichkeit, wie ich in der Folge und in diesen Studien insgesamt zeigen möchte, eine möglichst freie sein. Und frei heißt nicht beliebig oder willkürlich. Um ein Motto handelt es sich also, das die Lektüre eines jeden Satzes muss begleiten können.

Die Schwierigkeiten eines solchen Anspruchs auf Offenheit haben Helmut Zander zur Formel eines »Dogmas der Dogmenfreiheit« inspiriert.[70] Der besprochenen Fundierungsordnung zwi-

---

Leonardo Taran, ›Amicus Plato, sed magis amica veritas: From Plato and Aristotle to Cervantes‹, in: ›Antike und Abendland‹ 30 (1984), S. 93–124.

70 Zander, ›Anthroposophie in Deutschland‹, S. 615, vgl. ebd. S. 136, 169, 246 u.ö.. Mit dieser Form der Kritik ist übrigens Zander nicht der erste. »Der Leipziger Arzt Max Haedicke, der im Jahre 1910 der Theosophischen Gesellschaft beigetreten war, begründete im Januar 1912 seinen Austritt damit, dass die Theosophische Gesellschaft mit der Behauptung, sei kenne keine Dogmen, die Unwahrheit sage. Steiner

schen Dogmen im Sinne von (inhaltlichen) Lehraussagen und den Formen ihrer (methodischen) Überschreitung und der beschriebenen Aufgabe eines undogmatischen Umgangs damit wird er mit seinen Ausführungen indessen nicht gerecht. Auch konfundiert er in seinem retorsiven Argument die Bedeutungsebenen von *Dogma* im Sinne einer inhaltlichen Aussage inklusive des Geltungsanspruchs mit der eines *Mottos* im Sinne einer (regulativen, aber tendenziell offenen und immer prekären) Handlungsanweisung – der Aufforderung zu Beweglichkeit, zur Selbstständigkeit, zur Selbstverantwortung. Motto und Dogma sind nicht das selbe und die beiden Begriffe bewegen sich nicht auf derselben Ebene.

Gesellschaften wie die Anthroposophische indessen sind mit solchen Ansprüchen prinzipiell Gesellschaften an der Grenze zwischen Scheitern und Gelingen. Für Steiner jedenfalls bleibt die »Dogmatik« ein notwendiger Gegenbegriff, den er als Widerhalt braucht, von dem er sich aber unentwegt abstoßen muss.[71] Und Dogmen im Sinn von Lehraussagen verstehen sich in seinem Kontext als Voraussetzungen, Mittel, Vehikel, aber nicht repetitiv zu zitierende Inhalte vermeintlich eigenständiger Erkenntnis.[72]

---

spreche von theosophischen Dogmen und bezwecke eine esoterische christliche Lehre. Dies aber widerspreche den Statuten. Um die Dogmenfreiheit als Kennzeichen der Theosophischen Gesellschaft herausstellen zu lassen, hatte Haedicke wenige Tage zuvor bei der Generalversammlung der Deutschen Sektion im Dezember 1911 einen Antrag eingereicht, in dem er forderte, dass Steiner wegen seiner mangelhaften Geschäftsführung sein Amt als Generalsekretär niederlege und es vor allem unterlassen solle, Mitglieder zu exkommunizieren.« Norbert Klatt, ›Theosophie und Anthroposophie. Neue Aspekte zu ihrer Geschichte‹, Göttingen 1993, S. 52. Dort auch die Nachweise.

71 Das zeigen viele vor allem mündliche Darstellungen Steiners über die Jahre, in denen Kriterien wie *Lebendigkeit* (sowie eine entsprechende Metaphorik des Feuers, der Wärme, des Flüssigen) oder *Selbstverantwortung* der Dogmatik entgegengestellt werden.

72 Dogmen werden in diesem Sinn für einen Erkenntniszweck *eingesetzt,* wie Hypothesen als Hilfsmittel zur Erkenntnis *verwendet,* ähnlich wie die Wittgenstein'sche Metapher von der *Leiter,* die uns an einen neuen Ort von Erkenntnissen bringt (›Tractatus logico-philosophicus‹, 6.54) und damit ihre Aufgabe erfüllt hat und ›weggeworfen‹ werden kann, die aber auch verwandelt. Allerdings muss bei Steiner die Leiter immer wieder benutzt werden. Den Moment des Wegwerfens der Leiter gibt es nur graduell, nicht einmalig wie in Wittgensteins Idee.

Ästhetische Differenz, hermeneutische Distanz, dialogische Konstellation

Die bisherigen Darstellungen zusammenfassend und zugleich weiterführend, skizziere ich drei Lektüreregeln zu Aspekten der Darstellungsform, der Geltung und des Kontextes von Steiners (Lehr-)Aussagen, die sich in der Konsequenz weniger im Sinne von bloßer Ambiguitätstoleranz als einer explizit geforderten methodischen Auseinandersetzung ergeben. Es handelt sich gewissermaßen um Leseanweisungen, Lektüreregeln, die ich in Steiners Werk vorfinde und die den ambivalenten Status des Dogmas berücksichtigen, ja, von ihm gefordert werden, vielleicht kann man auch sagen: ihn erlösen.

Ästhetische Differenz: Darunter verstehe ich das Absehen vom semantischen Gehalt einer Aussage und die Aufmerksamkeit auf ihre Art oder Form. Da es besonders in Steiners Werk sehr unterschiedliche Arten oder Formen von Aussagen gibt, spreche ich sehr allgemein von einer Differenz, also einem »Absehen von« und einem heuristischen »Hinsehen auf«. Es ist ein Achten auf den Unterschied, bei dem zunächst offenbleibt, was die Art der Aussage jeweils ausmacht. Die Regel bedeutet in ihrem Kern einen Vorrang des *Wie* vor dem *Was*, wobei das *Was* nicht bedeutungslos wird. Dafür gibt es im anthroposophischen Kontext verschiedene Vorarbeiten,[73] in konkreten Arbeitszusammenhängen wird Goethes Satz »Das *Was* bedenke, mehr bedenke *Wie?*«[74] als Motto

73 Ich verweise exemplarisch auf Herbert Witzenmanns Werk ›Die Philosophie der Freiheit als Grundlage künstlerischen Schaffens. Die Philosophie der Freiheit als Gedankenkunstwerk. Die Philosophie der Freiheit als Schulungsweg des Künstlers‹, Dornach 1980

74 Faust II, 6992; in seiner Ästhetik reformuliert Steiner den Satz Goethes so: »Das was bedenke, mehr bedenke Wie, denn in dem Wie liegt es, worauf es ankommt. Das Was bleibt ein *Sinnliches*, aber das Wie des Auftretens wird eine *Ideelles*.« (GA 30, 43, Hervorhebungen im Original) Daraus lässt sich schließen, dass der ideelle oder spirituelle Gehalt von Steiners Schriften in der Art der Darstellung zu suchen ist, in der Ausdrucksweise, der künstlerischen Form, auch wo diese ganz nüchtern wir-

oder Orientierung gerne zitiert. Grundlegende Studien stehen aber aus.

Im konkreten Kontext einer historisch-kritischen Vorgehensweise, die ich in diesen Studien auch im Blick habe, findet die Regel ihre Anwendung beispielsweise darin, dass ich darauf achte, was Steiner aus einer bestimmten belegbaren literarischen Quelle (also etwa Scott-Elliots Schrift »The Story of Atlantis«) »gemacht« hat, also *wie* er sie aufgreift, verarbeitet, verwandelt, »kohärent verformt«.[75] Ich komme auf das Beispiel in der letzten dieser Studien zurück. In der Differenz ist im Unterschied zur Quelle das Eigenständige zu finden, nicht in einer naiv prätendierten Kontextlosigkeit oder überzeitlichen »Schau« oder »Hellsichtigkeit«. Dies gilt, sofern es sich um historisch-quellenkritische Arbeiten im Kontext von Geschichte handelt. – Für die Philosophie gilt ähnliches, aber in anderer Art, nämlich als Erfahrung im Denkprozess, auf die folgendermaßen hingewiesen werden kann: »Worauf es vor allem ankommt, ist die daran [an der Bewegung des Begriffs, U.K.] gemachte Erfahrung, dass etwas im Bewusstsein vorkommt, welches dadurch, wie es auftritt, über das Bewusstsein hinausweist.«[76] – Inwieweit historisch-quellenkritische Forschung und immanent-begriffliche Philosophie miteinander vermittelbar sind, ist eine eigene Frage, die bislang nicht systematisch bearbeitet wurde, durch Steiners Verständnis esoterischer historischer Forschung aber aufgeworfen wird.[77]

---

ken mag. Das setzt voraus, dass jede Darstellung Steiners immer schon durch einen Aspekt des Wie geprägt ist und dass sich dieser Aspekt herausarbeiten, differenzieren lässt.

75 Zum Stichwort der »kohärenten Verformung« vgl. Bernhard Waldenfels, ›Ordnung im Zwielicht‹, Frankfurt am Main 1987, S. 153–157 und die Hinweise S. 230.

76 Eckart Förster, ›Eine systematische Rekonstruktion?‹, in: Johannes Haag/Markus Wild (Hrsg.), ›Übergänge – diskursiv oder intuitiv? Essays zu Eckart Försters ›Die 25 Jahre der Philosophie‹, Frankfurt am Main 2013, S. 347–364, hier 352.

77 Es geht also um mehr als um das von Eckart Förster überzeugend behandelte Verhältnis von diskursivem und intuitivem Denken. Ich gehe darauf in diesen Studien am Beispiel von »Lemurien« und des »Lesens in der Akasha-Chronik« weiter ein. – Was den von mir eingeführten Begriff der »ästhetischen Differenz« angeht, ist mitt-

Wohlgemerkt handelt es sich um eine Leseanleitung, also eine methodische Maxime, keine ontologische Aussage. Über den genauen Zusammenhang zwischen Darstellung und Gehalt etwa im Sinn des Satzes *form follows function* den man auch verstehen könnte als *form shows meaning* ist damit noch nichts gesagt. Das Wahre und das Schöne sind zwei unterschiedliche Kategorien und es muss einer eigenen Untersuchung vorbehalten bleiben, wie Gehalt und Darstellungsart in Steiners Werk und grundsätzlich ineinander vermittelt sind.

Hermeneutische Distanz: In einer bekannten Formulierung aus Steiners »Philosophie der Freiheit« ist die Rede davon, man müsse sich der Idee (in unserem Kontext, nicht identisch damit: den Dogmen) »erlebend gegenüberstellen«, sonst gerate man unter ihre »Knechtschaft« (GA 4, 271, *Ausgabe 1918²).*[78] Es ist also nicht die Rede von einem erlebenden ›Eintauchen‹ oder einem Verlust der Distanz, sondern einer dezidierten Distanzierung, die gleichwohl den *erlebenden Bezug*, die Verbindung nicht aufgibt.[79] Die Distan-

---

lerweile der Begriff der »différence herméneutique« bekannt geworden. Die ähnliche Prägung geht wohl aus der gemeinsamen Orientierung am Denken von Emmanuel Levinas hervor: die »différence herméneutique« findet sich bei Marc-Alain Ouaknin in seiner Schrift ›Méditations érotique. Essai sur Emmanuel Levinas‹, Paris 1992, S. 92 f.

78 In der Erstformulierung hatte es noch geheißen: »Man muss sich der Idee als Herr gegenüberstellen, sonst gerät man unter ihre Knechtschaft.« (Erstausgabe 1894, S. 8). Steiners Einstellung der Idee gegenüber wandelt sich also vom Beherrschen zum Erleben auf Distanz. Die erste, vor-theosophische Formulierung hätte mir als Ausgangspunkt nicht dienen können.

79 Der Prototyp für dieses Verhältnis kann auch in einer elementaren Übung Steiners entdeckt werden, der sogenannten »Rückschau«. Auch sie wird im Selbstverhältnis entwickelt. Nur ist es nicht die (angestrebtermaßen gleichzeitige) Beobachtung des (eigenen) Denkens, sondern die nachträgliche Beobachtung der Tagesereignisse. Dabei ist die Vermittlungsinstanz eines anderen Menschen notwendig für die Distanzierung. »Denn mit dem, was man selbst tut und erlebt, ist man verwoben; das Erlebnis oder die Tat eines anderen *betrachtet* man nur. Was man in den ausgesonderten Augenblicken anzustreben hat, ist nun, die eigenen Erlebnisse und Taten so anzuschauen, so zu beurteilen, als ob man sie nicht selbst, sondern als ob sie ein anderer erlebt oder getan hätte.« (GA 10, 31, Hervorhebung im Original) Später wird dann auch die Umkehr der Zeitordnung ein Mittel der ablösenden Distanzie-

zierung schafft Abstand, macht insofern sichtbar und setzt zugleich im Sinne der stoischen oder phänomenologischen »Epoché« (= Enthaltung der Zustimmung oder Ablehnung) die Geltung einer Aussage außer Kraft. Der erlebende Bezug wiederum ist Grundlage des Verstehens, aber zugleich auch der Eigenständigkeit und Selbstverantwortung, die einer Aussage Geltung aus sich verleihen können. Er unterscheidet sich von einer unbeteiligten oder gar zynischen Distanziertheit oder Teilnahmslosigkeit. Er unterscheidet sich genauso vom distanzlosen Zitat, blinder Bestätigung. Das Stichwort der Knechtschaft bezeichnet den nicht gewünschten dogmatisch-abhängigen Bezug.

Dialogische Konstellation: Einen großen Teil seiner Aussagen trifft Steiner dezidiert in lauschender, antwortender, möglicherweise sogar *responsiver*[80] Haltung gegenüber seinen Zuhörern. »Ich höre auf die Schwingungen im Seelenleben der Mitgliedschaft, und in meinem lebendigen Drinnenleben in dem, was ich da höre, entsteht die Haltung der Vorträge.« (GA 28, 444, vgl. 451). Vermutlich gilt diese Abhängigkeit vom Kontext weit mehr, als Steiner explizit deutlich macht. Viele, wahrscheinlich alle der praktischen Gründungen etwa in der Pädagogik, der Medizin oder der Landwirtschaft gehen auf die Initiative oder Anfrage anderer zurück, auf die Steiner dann erst »sprudelnd« antwortet. Selbst die theosophische Karriere Steiners ist ohne die Initiative und permanente Unterstützung von Marie von Sievers, später Marie Steiner oder anderer wie Michael Bauer oder Carl Unger nicht denkbar.

---

rung, des sich Betrachtens »wie von außen«. (GA 13, 338 f.) – Weil diese Form der Distanzierung und Ablösung durch Umkehr keinesfalls nur den Mikrobereich der Übung betrifft, sondern genauso wichtige Themen der Hermeneutik sind, gibt es in diesem Buch sowohl ein Kapitel über den Durchgang durch den anderen Standpunkt am Beispiel Max Dessoirs als auch ein Kapitel über die Denkform der Umkehr.

80 *Responsivität* ist ein von Bernhard Waldenfels entwickelter und stark gemachter Begriff, den ich hier eher bemühen würde als den von Hartmut Rosa ausgearbeiteter Begriff der *Resonanz*, weil er in sich widerständiger ist. Responsivität setzt Resonanz voraus.

Steiners Werk ist deshalb in eminenter Form eingelassen in sein Umfeld, Teil von persönlichen *Konstellationen*[81] und weitgehend nur von da her verstehbar. Konstellationsforschung in diesem Sinn ist ein Desiderat, weil sie die Konstellationen aufzuweisen vermag, in welchen sich Steiner bereits befindet. Das gilt schließlich nicht nur auf Personen bezogen, sondern ebenso auf das kulturelle Umfeld und die Bildungsinfrastruktur (also Steiners Bibliothek zum Beispiel).

Im Feld dialogischer Konstellationen allerdings, auf die es mir hier hermeneutisch ankommt, ist insbesondere der Situation Steiners als eines (je) Anderen Rechnung zu tragen. Jeder Andere nämlich, im Sinne der Philosophie von Emmanuel Levinas (1906–1995), steht hermeneutisch prinzipiell höher als ich, in *Asymmetrie*[82] zu mir, insofern ich, was von ihm kommt, grundsätzlich nicht berechnen kann. In diesem Sinn bereits ist Steiner ein Anderer. Mit seinem starken Werk ist er das sogar in besonderer Weise. Der Andere im Sinne von Levinas freilich zeichnet sich nicht in erster Linie durch seine Stärke aus, sondern durch seine Verletzlichkeit. Die verletzlichen Seiten am Werk Steiners zeigen sich zwar in der möglichen Kritik, mehr aber noch in der allgegenwärtigen Möglichkeit des Nicht-Verstehens. Das Nicht-Verstehen kann darauf zurückgehen, sich nicht auf einen verwandelnden Standpunkt begeben zu wollen; es kann aber auch darin bestehen zu meinen, das Werk, die Worte, die Sätze in der bloßen Wiederholung verstanden zu haben. Die Worte Steiners dürfen nicht in der Art eines Echos wiederholt werden, das als Antwort leer bleibt. Sie müssen

---

81 Der Philosoph Dieter Henrich hat im Entstehungszusammenhang des Deutschen Idealismus ein Konzept der *Konstellationsforschung* entwickelt, das modifiziert auch übertragbar ist. Eine erste Konstellationsstudie im anthroposophischen Feld bietet Roland Halfen, ›Was sie gemacht hat, habe ich gemacht.‹ Rudolf Steiner und die bildenden Künste – eine konstellationsgenetische Studie‹ in: Rahel Uhlenhoff (Hrsg.), ›Anthroposophie in Geschichte und Gegenwart‹, Berlin 2011, S. 387–422.

82 Emmanuel Levinas, ›Totalité et Infini. Essai sur l'Extériorité‹, La Haye 1971^4, S. 24, 190 f., und ders., ›Autrement qu'être au au-delà de l'essence‹, La Haye 1974, S. 152, 201.

verantwortet werden, indem sie sich in der Antwort zu einem Eigenen verwandeln. Indem sie Möglichkeiten aktivieren. Auch Steiners Werk muss gegebenenfalls unbequem befragt werden. Es bedarf unserer Fragen. Es muss sich durch unsere Fragen weiterentwickeln.

Auch insofern sind dialogische Konstellationen immer asymmetrisch strukturiert. Allerdings wechselweise asymmetrisch, nicht festgefroren. Steht das Ideal der Augenhöhe für den zwangslosen Zwang besserer Argumente und eines entspannten Austausches, für das gegenseitige sich frei lassen und sich frei fühlen im Gespräch, so birgt es die Gefahr der Nivellierung und des bequemen Einverständnisses. Tiefer und grundlegender als Augenhöhe liegt Asymmetrie. Vielleicht wird Augenhöhe durch Asymmetrie erst ermöglicht. Asymmetrie: das Bemerken des Andersseins, das Geltenlassen von Diversitäten, die Sphäre der Möglichkeiten, der Irritation und Anziehung, der allmählichen Entwicklung, der tastenden Suche, der Angewiesenheit auf Inspiration, der Mühsal des Verstehenwollens, der überraschenden Einsicht: der dialogischen Konstellation. Das freie und gleichwohl nicht willkürliche *bilaterale Spiel*[83] dieser Konstellation lässt, wo es nicht festhakt, Dogmatisierungswirkungen nicht zu und löst, wo es kultiviert wird, die Verkrustungen vorhandener Dogmatisierung auf. Dann freilich ist es ein Feld der Konstellationen, in dem Steiner nicht der einzige Bezugspunkt sein kann und nicht die einzige Person ist, die erzählt.

---

83 Vgl. Gaston Bachelard, Die Bildung des wissenschaftlichen Geistes. Beitrag zu einer Psychoanalyse der objektiven Erkenntnis, Frankfurt am Main 1987, S. 352.

Schema 1

Die drei aktiven Beziehungsformen zum Werk Steiners

Hermeneutische Distanz

- sich erlebend gegenüberstellen
- offene Reflexion der Erfahrung
- Spiel des Sich-Einlassens
- keine kalte Distanz

Ästhetische Differenz

- vom *Was* zum *Wie*
- Absehen vom Inhalt
- künstlerisch verstehen
- Zwischenräume, Prozessualität, Umkehr

Dialogische Konstellation

- Responsivität
- keine einsinnige Kommunikation
- Wechsel von Zuhören und Sprechen
- wechselnde Asymmetrie

Dogmen, pejorativ verstanden

Gegen Lebendigkeit und Selbstverantwortung wirkend – einige Fundstellen dazu im Werk Steiners[84]:

»Die Theosophie hat keine Dogmatik. Sie will nur spirituelles Leben sein.« (GA 34, 552); »Nicht ein Buch haben wir in der Hand und verkünden die Lehrsätze des Buches, Leben sind wir, und Leben wollen wir mitteilen. Und so viel Leben wir mitteilen, soviel

84 Die Ausdrücke »Dogmen«, »Lehren« und auch »Wahrheiten« sind in diesem Kontext synonym zu verstehen.

wird die Theosophie wirken.« (GA 52, 419); ähnlich (GA 53, 43 und 447); Gegenbegriffe zur Dogmatik (»mit ein paar Rezepten aus der Gedankenfabrik«): Hingabe, Erkenntnis, »gesundes, tiefes, eingehendes Denken« (GA 56, 232); Theosophie als positive Lebenshaltung, nicht kalter Dogmatismus (GA 53, 86); »Vertiefung unseres ganzen geistigen Lebens«, nicht »Summe von Lehren und Dogmen« (GA 54, 334); Gegenbegriff: »Vertiefung«, bloße Dogmen ergeben »Phantasterei« (GA 101, 81); »ungeprüft soll nichts einfach wiederholt werden« (GA 126, 59), »individueller Einschlag« als Profil der deutschen Sektion der Theosophischen Gesellschaft (GA 126, 59); theosophische Lehren »nicht als Dogmen hinnehmen« sondern als »Anfeuerungsmaterial für die Seele« einsetzen (GA 127, 151); sie sind »Heizmaterial für den Menschen« (GA 106, 173); Theorien vs. geistiger »Lebenssaft, Lebenstrank, Lebenselixier« (GA 116, 53); statt Dogmen »fließendes Leben« (GA 109, 267); »Mitteilungen nicht wie Dogmen aufnehmen« (GA 60, 219); »festgestellte, starre, erstarrte Dogmen« (GA 168, 102); nicht »abgeschlossene Dogmen« (GA 198, 91); »nicht bloß leere Dogmen, ... sondern im eminentesten Sinn Leben« (GA 284, 125); gegenüber dem »Dogmengezänke ... ins Leben eintreten« (GA 303, 10); eine faktische Schwierigkeit innerhalb der Theosophischen Gesellschaft sei gewesen: »ein großer Teil der Mitglieder schwor auf Dogmen.« (GA 28, 412); vgl. auch den Bericht von dem Kongress der Föderation europäischer Sektionen der Theosophischen Gesellschaft in Paris 1906: »Es wurde gesagt, dass vor allem eine gewisse Art des Denkens und Fühlens den Theosophisten [sic] mache, weniger aber die Aufnahme bestimmter Dogmen und Lehren« (GA 34, 581). – »Dem Okkultisten geht es niemals darum, Dogmen aufzustellen. Er erzählt, was er gesehen hat, was er erforscht hat ...« (GA 94, 66).

Dogmen, affirmativ verstanden

Vehikel der Erkenntnis und der Verwandlung des Lebens – weitere Fundstellen im Werk Steiners:

Es käme darauf an, »zu *verlernen,* in der Anerkennung eines Lehrsatzes das Richtige zu suchen« (GA 52, 422, meine Hervorhebung). »Nicht bloß, um mit dem Verstande theosophische Dogmen zu begreifen, werden diese Lehren erteilt, sondern um mit dem Herzen sie zu erfassen« (GA 109, 249). Die Theosophische Gesellschaft sei »nicht nur Stätte der Verbreitung von diesen oder jenen Dogmen«, sondern wolle » tief ein[zu]greifen in das ganze Leben des Menschen « (GA 284, 89). Bemerkenswert ist der methodische Ansatz, »Dogmen und abstrakte Bilder … in Bilder [zu] verwandeln« (GA 98, 22 f.). Die Theosophie »predigt« nicht einzelne Dogmen (GA 34, 506), es geht nicht um »Propagierung irgendwelcher Dogmen« (GA 53, 43). Dogmatik »kann durchaus Wahrheit enthalten«, es komme allerdings darauf an, sie zu verstehen und erkennen (GA 97, 169). Von »großen Lehren der Anthroposophie« ist die Rede (GA 174b, 23). Es gibt auch die Vokabel »verkünden« – die verkündeten Lehren sollen aber vom Allgemeinen zum Besonderen hin verstanden werden, wozu auch gehört, dass »wir dann in gewisser Weise das *modifizieren* müssen, was … noch dahinter liegt« (GA 108, 318, meine Hervorhebung). Steiner erläutert unter dem Motto »unsere anthroposophische Überzeugung« die Devise, ins praktische Leben hineinzuwirken (GA 192, 12). Zentrale Aufgabe des Theosophen sei es, »Vernunft auf die Lehren an[zu]wenden, die ihm zufließen« (GA 264, 223). »Bei der theosophischen Bewegung handelt es sich darum, dass die Lehren, die wir verbreiten, das *Mittel* sind, um das innere Leben im Menschen zu entzünden« (GA 264, 370, meine Hervorhebung). Eine exoterische Lehrstunde unterscheide sich von einer esoterischen darin, dass in ersterer Lehren »aufgenommen« würden, in letzterer aber »erlebt« (GA 266/I, 251). Ein »gründliches Studium« der Lehren sei nötig, um »andere Menschen« zu werden (GA 266/II, 142). Es »können unsere Lehren nur geistig aufbauen« (GA 266/III, 56). Affirmativ erwähnt werden »unsere geisteswissenschaftlichen Lehren« auch in (GA 286, 70).

Lob der Hypothese

> »Gewiss, jeder kann das nachprüfen ... Da werden gewiss mancherlei Irrtümer drinnen sein, selbstverständlich, aber das ist genauso wie bei anderen Forschungen.«[85]

Im Umgang mit dem Werk Rudolf Steiners sind es oft unausdrückliche Konzepte, die unsere Rezeption leiten. *Ein* solches Konzept ist das des »Hellsehens«. Damit ist etwa gemeint, dass Steiner mehr und anderes sieht oder weiß als wir selber und dass wir uns deshalb auf Steiners »Mitteilungen« oder »Angaben« als eine besondere Wissensquelle beziehen können. Dieses Wissen ist unantastbar, weil wir selber als Rezipienten nicht mitvollzogen haben, wie es zustandekommt und über die entsprechenden Wahrnehmungen nicht aus eigener Hand verfügen.

Das unmittelbare Vorbild von Steiners Wissensgenerierung scheint die spiritistische Seance zu sein, also eine quasi experimentelle Situation, in der alles, was an Übersinnlichem mitgeteilt wird, in genauer Analogie erscheint zur sinnlichen Welt oder mehr noch: *als* sinnliche, materielle Wirkung verstanden wird. Hierin liegt das *naturalistische Missverständnis,* das auch dann noch wirksam sein kann, wenn man sich dem spiritistischen Konzept fern fühlt. Übersinnliches wird dann mit Sinnlichem gleichgesetzt und Steiner verkommt so zum Lieferanten von »Mitteilungen« aus der »geistigen Welt«.[86]

---

85 Rudolf Steiner am 17. Juni 1920 an der Technischen Universität Stuttgart (GA 73a, 412 f.).

86 Dass es sich mit Steiners Anthroposophie um eine ins Kulturelle transformierte Form des Spiritismus handle, ist eine bemerkenswerte These in Helmut Zanders

Um dieses Missverständnis zu vermeiden möchte ich dem Konzept des »Hellsehers« dasjenige des »Geistesforschers« gegenüberstellen. Der Forscher, das versteht sich, wird nicht unvermittelt zu seinen Tatsachen kommen wie der Hellseher. Er wird vielmehr einen vermittelten Prozess durchlaufen, in dem deutlichere Erkenntnisse undeutliche ersetzen; der von Revisionen, Geduld, Studium, Hoffnungen und Enttäuschungen durchzogen sein wird; ein Prozess überdies, der sprachlich oder zumindest symbolisch vermittelt ist und der deshalb auch der Deutung bedarf und somit Mehrdeutigkeiten und Perspektivität einschließt. Auch hier spielt als Erfahrungsprinzip die »Schau« eine unverzichtbare Rolle. Aber sie ist unreduzierbar eingebettet in den Forschungsprozess im Sinne der jeweiligen Überschreitung des diskursiven Vorgehens und des Rückbezugs auf dieses. Im Unterschied zum Hellseher arbeitet ein Forscher mit Hypothesen.

Wenn ich den Typus des Geistesforschers im Folgenden anhand von Steiners Verwendung des Begriffs der Hypothese erläutere, dann treten vor allem drei Konsequenzen in Erscheinung. Zunächst wird die jeweilige und nicht bloß an den Forscher delegierte *Erfahrungsbezogenheit* aller geisteswissenschaftlichen Aussagen angesprochen: Hypothesen sind keine simplen Mitteilungen, sondern zu bestätigende, nachzuvollziehende und in diesem Sinn problematische Aussagen. Sodann wird ihr unsicherer und *provisorischer Status* deutlich: Hypothesen sind keine unverrückbaren Grundsätze, sondern immer vorläufige, unsichere und revidierbare Aussagen. Und schließlich wohnt ihnen ein mehr oder weniger subtiler *Aufforderungscharakter* inne. Er sagt: Überprüfe uns, mache mit uns Erfahrungen, verlasse dich nicht auf uns! Hypothesen sind also auch performativ. Es sind *sensible*

Werk ›Anthroposophie in Deutschland. Theosophische Weltanschauung und gesellschaftliche Praxis 1884–1945‹, Göttingen 2007, hier besonders S. 936 und passim. Man beachte die Nuance: Während bei Zander mit der Spiritismus-These das Werk Steiners *als solches* gemeint ist, spreche ich von einer möglichen und durchaus auch gegebenen *Rezeptionsweise* des Werks.

Behauptungen, deren Status sich als unsicher und irritierbar, deren Eigenart sich als erfahrungsoffen und empfänglich zeigt. Im semantischen Feld, das sich für die Übersetzung des Ausdrucks »Hypothese« anbietet, bevorzuge ich damit das Wort *Behauptung* mit seiner willentlichen Komponente. Die ebenfalls mögliche, eher »apollinische« Rede von *Annahme* oder unbewiesener *Voraussetzung* zeigt diese Komponente weniger.[87] Sie wird indessen in der zeitgenössischen Literatur in Steiners Umfeld bevorzugt.[88] In der dynamischen Willensbezogenheit tritt kontrastiv ein für Steiner spezifischer Zug zum Vorschein.

In der folgenden Darstellung und Diskussion der Funktion der Hypothese im Werk Steiners werfe ich zunächst einen Blick in die Entstehungsgeschichte der Steiner'schen Theosophie nach der Jahrhundertwende, innerhalb derer der Begriff der Hypothese als hermeneutisches Angebot in Erscheinung tritt. Von da aus verfolge ich einige prägnante Verwendungen des Begriffs in seinem Werk zwischen der frühen Goethe-Edition und späten Vorträgen. Dann erprobe ich den Begriff der Hypothese an einem Beispiel, dem theosophischen Topos »Lemurien«. Zum Abschluss führe ich aus, dass in den von Steiner beschriebenen drei spirituellen Erkenntnisstufen »Imagination«, »Inspiration« und »Intuition« das

---

87 Vgl. in der Literatur historisch zuerst und begrifflich grundlegend Platon ›Politeia‹ (VI 510 c-d), ›Menon‹ (86 e3) und ›Phaidon‹ (100a), wo allerdings der willentliche Aspekt der Behauptung auch anzutreffen ist; zur Begriffsgeschichte lohnend ist der Eintrag von A. Szabo und N. Rescher im ›Historischen Wörterbuch der Philosophie‹, Band II, 1260–1266.

88 Ich denke an Werke wie C. Sigwart, ›Beiträge zur Lehre vom hypothetischen Urtheil‹ (1879), Alexius von Meinong, ›Über Annahmen‹ (1902, 1910) und H. Vaihinger, ›Die Philosophie des Als-Ob‹ (1911) oder an E. Husserls Verfahren der *Epochè,* der *Einklammerung* oder der *Neutralitätsmodifikation,* deren Berücksichtigung den Gang meiner Überlegungen vermutlich nicht beeinflussen würde, wohl aber stützen könnte. Speziell zu Husserl vgl. Ulrich Kaiser, ›Das Motiv der Hemmung in Husserls Phänomenologie‹, München 1997, S. 168 f. und 135 f.. – Interessant und weiterführend ist an dieser Stelle auch das Motiv des Quantenphysikers David Bohm, im Dialogprozess »die Aktivität in der Schwebe zu halten.« David Bohm, ›Der Dialog. Das offene Gespräch am Ende der Diskussionen‹, Stuttgart 1998, S. 140 ff.

hypothetische Moment erscheint und dass es in diesem subtilen Kontext auch einer Hermeneutik des Irrtums bedarf.

Der Geltungsmodus der Erzählung

Ab November 1903 führte Steiner in seiner theosophischen Zeitschrift »Lucifer-Gnosis« die Rubrik Fragen und Antworten ein, in der er auf besondere Nachfragen oder Einwände einging, die sich regten oder die repräsentativ waren. Im Mai-Heft 1905 wurde die Frage des »Personenkultus in der theosophischen Bewegung« aufgegriffen. Personenkult könne nur ein Missverständnis sein, führt Steiner in seiner Antwort aus. Allerdings eine Art graduelles Missverständnis. Denn je weniger bei einem Okkultisten Personenkult zu finden sei, ein umso »besserer« Okkultist sei er (GA 34, 386). Es gebe immer »Mittel und Wege« zu *prüfen,* was ein Okkultist sagt und damit jeden Personenkult zu vermeiden. In diesem Sinn sei eine okkulte Mitteilung zunächst auch nicht anders denn als *Erzählung* zu verstehen. Eine Erzählung wird zunächst auf ihre Kohärenz hin verstanden, nicht aber auf ihren Wirklichkeitsgehalt hin geprüft, weil die Vergleichbarkeit der Erfahrung zunächst fehlt. »Derjenige, welcher die Mitteilungen macht, will ... nicht anders wirken als ein Erzähler. Er sagt: ich habe dies oder jenes erfahren, oder mir ist von solchen, die es wissen können, dies oder jenes mitgeteilt worden. Ein gesunder, gerader Verstand, eine wahre Empfindung im Zuhörer wird zunächst zuhören, das heißt weder blind glauben noch blind kritisieren« (386).

Hier ist, anders als in weiteren Passagen der Zeitschrift, nicht der aktiv denkende Nachvollzug angesprochen, sondern das stille, sensible *Zuhören,* das sich zunächst eines Urteils ganz enthält. Zuhören heißt, das Gehörte nicht sofort durch eine eigene Meinung zu verdrängen, sondern offen für die Geltungsmöglichkeit des Gehörten zu sein. Dem zuhörenden Raum-Geben als Form der Entgegennahme entspricht auf der anderen Seite als Genre die

Erzählung. Eine Erzählung ist nicht in erster Linie begrifflich-philosophisch strukturiert, sie wird vielmehr eine in sich zusammenhängende Geschichte entfalten. Auch die Erzählung in diesem Sinn verweist auf einen prüfenden inneren Mitvollzug. Auch sie hat eine Funktion. Sie will im Kontext Steiners nicht auf historische Fakten hinweisen, sondern auf eine Art von Lebenswahrheiten, die durch die Erzählung selber oft erst sichtbar oder denkbar werden. *In dieser heuristischen (= Finden machenden, orientierenden) Funktion wird die Erzählung, insofern sie nicht nur gehört, sondern geprüft wird, zur Hypothese.*

Theosophie als pragmatisches Provisorium

Denn auch wenn die erste Form der Rezeption theosophischer Aussagen das dezidierte Anhören sein soll, wird doch die Prüfung nicht endlos aufgeschoben, sie ergibt sich in der Folge. Nach welchem Kriterium aber wird geprüft? Und was für einen Wahrheitsbegriff legt Steiner dabei zugrunde? In der unmittelbaren Fortsetzung des oben angeführten Zitates setzt er ein Verständnis von dem, was wahr sei, bereits voraus: »Das Wahre wirkt einleuchtend und aufklärend, das Falsche stößt zurück und klärt nichts auf. Vom Wahren sagt sich der Zuhörer oder Leser: Ja, durch das, was mir da mitgeteilt wird, kann ich die Tatsachen der Natur und des Lebens begreifen; wenn das aber nicht wahr wäre, was da gesagt wird, bleiben mir diese Tatsachen unverständlich. Dieses Verhalten zu einer Lehre kennt auch die anerkannteste Wissenschaft; man nennt da solche Lehren *brauchbare Arbeitshypothesen*« (386f.).

Die Wahrheit theosophischer Sätze zeigt sich, indem sie angesichts der Tatsachen der Natur und des Lebens sich als plausibel und aufschlussreich erweist, die Falschheit aber darin, dass das nicht so ist. Dieser Wahrheitsbegriff Steiners ist stark empfindungsorientiert (»stößt zurück«). Vor allem ist er nicht primär wissenschaftlich, sondern lebenspraktisch gedacht. Steiner formuliert hier erneut jene pragmatische Einstellung gegenüber den Wissenschaften, die er wenige Jahre zuvor in den Diskussionen im Giordano Bruno-Bund, jenem naturwissenschaftlich-monistischen Debattierklub der Jahrhundertwende, vertreten hatte. Die »Frage nach der Gültigkeit der Weltanschauung«, resümiert er dort, sei »vor dem Forum des *Lebens*, nicht vor dem Forum der Erkenntnis zu entscheiden« (GA 51, 310). So wundert es nicht, dass Steiner das Wort von den Arbeitshypothesen in unserem Kontext auch sogleich ausweitet in das von den »brauchbaren Lebenshypothesen« (GA 34, 387).

Ein erfahrungsbezogener Begriff des Geistigen

In seinen Erläuterungen zu Goethes naturwissenschaftlichen Schriften definiert Steiner 1887 in Goethes Sinn: »Eine Hypothese ist eine Annahme, die wir machen und von deren Wahrheit wir uns nicht direkt, sondern nur durch ihre Wirkungen überzeugen können« (Kürschner II, S. XLIII). Das Kriterium, das zur Überzeugung führt, ist die eigene Wahrnehmung einer Wirkung bzw. die Wirkung einer Wahrnehmung. Steiner erläutert: »*Die Hypothese kann zwar nicht Wahrgenommenes, sie muss aber Wahrnehmbares voraussetzen … Nur* Hypothesen, die aufhören können, es zu sein, haben eine Berechtigung.« (ebd.; Hervorhebungen im Original) – In diesem Sinn findet sich der Begriff zehn Jahre später in Steiners Schrift »Goethes Weltanschauung« von 1897 (GA 6, 75) sowie noch im Oktober 1920 in einem Vortrag vor Medizinern (GA 314, 14 f.).[89] Der Begriff wird also in den verschiedenen Phasen von Steiners

89 Zu Goethes Begriff von Hypothese ist neuerdings instruktiv Jörg Soetebeer, ›Umbildende Erfahrung. Goethes Begriff von Selbstbildung‹, Köln / Weimar / Wien 2018, S. 320–324 und 268, wo der Hypothese im Sinn Goethes nicht nur der heuristische Wert für die wissenschaftliche Forschung zugeschrieben wird, sondern auch eine Funktion für die Selbstbildung, als «Möglichkeit, neue ›Elastizität‹ zu gewinnen.« (Ebd. S. 323)

Werk einheitlich verwendet. Hypothesen sind so verstanden provisorische Annahmen, die ihrer Intention nach sowohl etwas verständlich machen sollen als auch in dieser Funktion auf zu machende eigene Erfahrung verweisen und dafür einen Orientierungsrahmen vorgeben.

Auch im späteren Vortragswerk wird dieses Konzept der Hypothese verschiedentlich aufgegriffen und genau bedeutungsgleich im Feld der Esoterik verwendet. Damit wird er von der sinnlichen auf die übersinnliche Erfahrung übertragen und findet sich in Erfahrungsfeldern wieder, welche aber *in dieser Hinsicht* strukturell gleich sind.[90] Ich nenne zwei Beispiele. Am 14. Dezember 1911 hat die Hypothese in einem öffentlichen Vortrag in Berlin ähnlich wie in dem Text aus »Luzifer-Gnosis« Vermittlungsfunktion: »Die Zuhörer aber, welche sich auf einen solchen Boden (der geisteswissenschaftlichen Methode, U.K.) nicht stellen oder nicht stellen können, bitte ich, das, was über die wahre Geschichte gesagt wird, als eine Hypothese hinzunehmen, die eben der Prüfung unterliegt« (GA 61, 196, Wiederaufnahme des Motivs 218 f.). Am 13. Dezember 1911, dem Vortag, hieß es bereits in ähnlich vermittelnder Funktion, jetzt aber für esoterische Schüler gesprochen: »Wir nehmen das wenigstens theoretisch an, und es bleibt so für uns mehr oder weniger Hypothese. Wenn wir aber mit einer esoterischen Schulung anfangen, dann soll aus diesem Annehmen einer bloßen Hypothese immer mehr Wahrheit werden« (GA 266/II, 272).

90 Die entscheidende Grenzziehung, an der sich Steiner immer wieder gestoßen hat, das Verdikt nämlich, dass es nur sinnliche, nicht übersinnliche »Anschauung« oder »Erfahrung« geben könne, stammt von Immanuel Kant. Dazu ist systematisch wichtig Eckart Förster, ›Die 25 Jahre der Philosophie. Eine systematische Rekonstruktion‹, Frankfurt am Main 2012 [2011], S. 253–276 und 367–371.

Kritik an der Modellhaftigkeit

Umgekehrt kritisiert Steiner ein Verständnis von »Hypothesen«, durch welches anstelle der Wahrnehmbarkeit Modelle substruiert und damit Erkenntnisgrenzen festgeschrieben werden und jenseits dieser Grenzen Sinnliches postuliert wird. Im pejorativen Sinn spricht Steiner von Hypothesen dann, wenn sie nicht wahrnehmungsbezogen, sondern bloß theoretisch[91] oder modellhaft[92] verwendet werden. Weniger ist es der provisorische und unsichere Charakter von Hypothesen, den er kritisiert, als die Erfahrungsferne naturwissenschaftlicher Modelle.[93] Steiner weiß in diesem Sinn naturwissenschaftliche Hypothesen als solche einzuordnen und zu würdigen. Allerdings: Sowohl im Kontext der Goethe'schen Naturwissenschaft als auch in dem der Steiner'schen Esoterik gilt im Prinzip, dass die Wahrnehmungsfähigkeit auf »innere

91 »Ich will nicht theoretisieren, ich will eine Hypothese aufstellen, die eine Lebenshypothese werden soll« (GA 108, 43).

92 Beispiele aus der frühen Zeit beziehen sich auf die Atomtheorie (GA 28, 269) oder die Rede vom ›Ding an sich‹ als einer »unstatthaften Hypothese« (GA 6, 75), aus der Spätzeit auf die vielfachen Bezüge auf den Kant-Laplaceschen Ur-Nebel. – Steiners unterschiedliche und widersprüchliche Bezüge auf die Atomtheorie, die im erkenntnistheoretischen Bereich kritisch, im esoterischen sowohl kritisch (gegenüber Hübbe-Schleidens Suche nach dem ›permanenten Atom‹, vgl. (GA 264, 124 u.ö.) als auch affirmativ sind (im Kontext der Freimaurerei, GA 93, 112 f.), wären eigens zu untersuchen (vgl. GA 93, 354 ff. mit entsprechenden Quellenverweisen). Zu Steiners differenzierter Einstellung zur zeitgenössischen Entwicklung in der Atomtheorie der Physik vergleiche man den »Atomismusstreit«, der vor über 90 Jahren in dieser Zeitschrift ausgetragen wurde und in deren Verlauf sich Steiner teils mit heftiger Kritik gegen seine eigenen Mitarbeiter (und dogmatischen Verteidiger) wandte; dazu aufschlussreich Martin Rozumek, »›Gibt es Atome oder gibt es sie nicht?‹ Der ›Atomismusstreit‹ in der Zeitschrift ›Die Drei‹ 1922/23 – eine richtungweisende Auseinandersetzung« in ›Die Drei‹ 3/2013, 39–59.

93 Helmut Zander, ›Anthroposophie in Deutschland‹, 872, sieht Steiners partielle Distanzierung von naturwissenschaftlicher Hypothesenhaftigkeit als Ausdruck eines antihistoristischen Anliegens: »Steiner trat in Distanz zur prinzipiellen Hypothesenhaftigkeit naturwissenschaftlichen Theoriebildung und Ergebnisformulierung, um Sicherheit und Gewissheit an die Stelle von Fraglichkeit und Zweifel zu setzen.« Hier kommt ein weiteres, von Zander beschriebenes unausdrückliches Konzept von Steiner zur Geltung, das des charismatischen Religionsgründers, der Sicherheit und Gewissheit verspricht – auch hier handelt es sich nicht um den Typus des Forschers.

Entwicklung« (GA 34, 391) setzt. »Nicht um ›Beweise‹«, so heißt es wiederum in einem frühen theosophischen Text Steiners, »sondern um ›Weckung von Kräften‹ handelt es sich in der Theosophie« (GA 34, 403). Damit führt Steiner einen Gedanken, den er bei Goethe kennengelernt hat, in die Theosophie ein: »Jeder neue Gegenstand, wohl beschaut, schließt ein neues Organ in uns auf« (zitiert nach Kürschner II, S. 32). In diesem Sinne mag man eine Hypothese die Aufmerksamkeit auf einen Gegenstand nennen und den so verstandenen Gegenstand – die *umgekehrte Hypothese.*[94]

Zwischen Landbrückenhypothese und theosophischem Narrativ: »Lemurien«

Doch gehen wir nochmals einen Schritt zurück. Das Beispiel einer konventionellen Hypothese aus Steiners Zeit sei die wissenschaftshistorisch längst überholte, zu Steiners Zeiten aber noch weitgehend anerkannte Landbrückenhypothese des Biologen Philip Lutley Sclater (1829–1913), mit der dieser in einem Aufsatz aus 1864 das eigentümliche Vorkommen der »Lemuren« genannten Säugetiere auf Madagaskar zu erklären versucht hatte.[95] Die Ver-

---

94 Ein Motiv, das eigens aufzugreifen und zu vertiefen wäre. Auf der einen Seite stünde, was bei Goethe »gegenständliches Denken« genannt wurde, auf der anderen, was Steiner zur Funktion von »Grenzvorstellungen« (GA 21, 27, erläutert 20 ff.), »Grenzbegriffen« (GA 73a, 363), zum »Durchgehen durch den Grenzzustand« (GA 73a, 399) oder zur Hermeneutik des Nichtverstehens (GA 115, 140 ff.) oder des Irrtums (GA 115, 245 ff.) ausführt. Vgl. zum bei Steiner fruchtbar verstandenen Motiv der Erkenntnisgrenze der Forschungsbericht von Dietrich Rapp, ›Tatort Erkenntnisgrenze. Die Kritik Rudolf Steiners an Immanuel Kant‹, Heidelberg 2013. – Weitere Erläuterungen zum Denkmotiv der *Umkehr* im nächsten Kapitel.

95 Ich beziehe mich auf Ursula Marvin ›Continental Drift. The Evolution of a Concept‹, Washington 1973, 54f.; Martin Fichman, ›Wallace: Zoogeography and the Problem of Land Bridges‹, in: ›Journal of the History of Biology‹, Val. 10, No. 1 (Spring, 1977), pp. 45- 63; Janet Browne, ›The secular Ark. Studies in the History of Biogeography‹, New Haven 1983, 196ff.; Sumathi Ramaswamy, ›The Lost Land of Lemuria. Fabulous Geographies, Catastrophic Histories‹, Berkeley 2004, 21 ff.; Ted Nield, ›Superkontinent. Das geheime Leben unseres Planeten. Eine abenteuerliche Reise durch die Erdgeschichte‹, München 2008, 48–50, 53–58.

wandtschaft der Pflanzen- und Tierpopulationen Ostafrikas, Madagaskars und Südindiens sei nur dann nachvollziehbar, wenn man eine ehemals bestehende Landverbindung annehme, die heute versunken sei. Der Evolutionsbiologe Ernst Haeckel (1834–1919) griff die Idee auf und setzte an diese hypothetische – also im Sinne einer Vermutung spekulativ angenommene – geografische Stelle einer Landbrücke zwischen Ostafrika, Indien und dem Malayischen Archipel den mutmaßlichen Anfang der Menschengeschichte, das »Paradies« (siehe weiter unten Abbildung I). Über die mit Haeckel zeitgleiche theosophische Literatur[96] findet die Idee eines versunkenen Kontinentes »Lemuria« (anglophone Schreibweise) oder »Lemurien« (eingedeutschte Schreibweise) Eingang in das Werk Steiners und wird zu einer vorgeschichtlichen Entwicklungsphase der Erde und der Menschheit. In einer seiner ersten theosophischen Texte beschreibt Steiner diese Entwicklungsphase in narrativer, stimmungsvoller Weise (GA 11, 55 f.), bezieht sich pauschal auf die esoterische Literatur, übernimmt den theosophischen Begriff der (lemurischen) »Rasse«[97] und nennt auch den geografischen Ort, an dem »dieser Kontinent« gelegen habe.

---

96 Alfred Percy Sinnett, ›Die esoterische Lehre oder Geheimbuddhismus‹, Leipzig 1884 [1883]; Elena Petrowna Blavatsky, ›Geheimwissenschaft‹, Band II [o. J.], 7, 181, 342f., 718, 838 zu Sclater, Haeckel und Sinnetts ›Geheimbuddhismus«‹ als Quellen für ›Lemurien‹, die von Blavatsky parallel gelesen werden; William Scott-Elliot, ›The lost Lemuria‹, London 1904.

97 Zum theosophischen Begriff James A. Santucci, ›The Notion of Race in Theosophy‹, in: ›Nova Religio. The Journal of Alternative und Emergent Religions‹, Vol. 11, Issue 3 (2008), pp. 37–63 und Isaac Lubelsky, ›Mythological and Real Race Issues in Theosophy‹, in: Olav Hammer/Mikael Rothstein (Hrsg.), ›Handbook of the Theosophical Current‹, Leiden/Boston 2013, 335–355; eine kritisch-differenzierte Bestandsaufnahme des Rasse-Begriffes bei Steiner unternimmt im Durchgang durch dessen Werk Ansgar Martins, ›Rassismus und Geschichtsmetaphysik. Esoterischer Darwinismus und Freiheitsphilosophie bei Rudolf Steiner‹, Frankfurt am Main 2012. Das kritische Kernargument zu Steiners Rassentheorie hat solide ausgearbeitet Peter Staudenmaier, ›Race an Redemption. Racial an Ethnic Evolution in Rudolf Steiner's Anthroposophy‹, in: ›Nova Religio‹ 11 (2008), 4–36, in größerem, vor allem historischem Kontext dazu Maßstäbe setzend: Ders., ›Between Occultism an Nazism. Anthropsophy and the Politics of Race in the Fascist Era‹, Leiden 2014. – Es ist hier nicht der Ort, auf das komplexe Thema einzugehen.

Interessant dabei ist, dass sich Steiner auf diesen – wie man heute weiß – fiktiven geografischen Ort in seinen späteren mündlichen Darstellungen im Vortragswerk wie auf ein konstantes *Narrativ* bezieht, das er nicht selber befragt, sondern lediglich referiert und voraussetzt.[98] Steiner, so scheint es, hat das Thema nicht eigens erforscht, bleibt beim unscharfen Referat. Meist ist dann von einem »Kontinent«[99] die Rede, einmal auch von einer »Insel Lemuria« (GA 88, 56) oder von »Inselgebieten« (GA 103, 106), dann wieder finden wir die Darstellungstendenz, wonach »Lemurien« eine erdgeschichtliche Zeitphase ohne Lokalisierung sei.[100] Die entsprechenden Ungenauigkeiten und Abweichungen werden auf Variablen der mündlichen Sprechweise oder auf die Nachschriftvarianten und die nicht besonders zuverlässige Verarbeitung der Texte zurückgehen. Aber auch auf eine unpräzise Vorstellung von Steiner selbst.

Revisionen, Unklarheiten, offene Forschungsprozesse

In den wenigen öffentlichen, nicht speziell vor theosophischem Publikum gehaltenen Vorträgen, in denen er das Thema aufgreift, grenzt Steiner die theosophische Variante der Erdgeschichte ausdrücklich von derjenigen Haeckels ab, sieht bei Haeckel aber auch eine sachliche Bestätigung für die theosophischen Aussagen. In den öffentlichen Vorträgen ist der Tonfall weniger stimmungsvollmystisch, sondern nüchtern-diskursiv: »Wir werden … zu der Behauptung geführt, dass wir naturwissenschaftlich die frühesten Entwicklungsstadien des Menschen wahrscheinlich nicht mehr

98 Unter Narrativ verstehe ich hier eine ungeprüfte Hypothese, die wiederholt und unreflektiert wie eine Tatsache (nach)erzählt wird bzw. durch die ungeprüfte Wiederholung quasi zur Tatsache wird.

99 Vgl. (GA 88, 55); (GA 92, 38); (GA 93a, 191); (GA 94, 164); (GA 94, 238); (GA 109, 63); »Kontinente der Lemuria« (GA 109, 238); »kleine Kontinente, inselartige Gebilde« (GA 95, 93).

100 Vgl. (GA 94, 163); (GA 95, 93); (GA 105, 132 f.); (GA 109, 233 ff.); (GA 265, 204).

nachweisen können, vermutlich weil die Gebiete der Erde, auf denen sich der Mensch von heute damals entwickelt hat, von den Fluten des Ozeans bedeckt sind. Nur auf ein Gebiet weist uns die Naturwissenschaft immer wieder hin. Das ist das Gebiet im Süden von Asien, im Osten von Afrika und hinunter nach Australien. Ernst Haeckel vermutet, dass dort ein uralter, untergegangener Kontinent zu suchen ist und dass sich die Zwischenstufen zwischen Tier und Mensch dort einmal entwickelt haben. Er nennt diesen Kontinent Lemurien« (GA 54, 134) [1905]. »Die Naturwissenschaft gibt diesen Kontinent, der etwa an der Stelle des heutigen Indischen Ozeans lag, zu, obwohl sie als Bevölkerung auf demselben nicht Menschen annimmt, sondern niedere Säugetiere« (GA53, 300) [1905].

Noch 1910, als Haeckel seine Theorie bereits wieder zurücknimmt (vgl. Abbildung II), ist beiläufig bei Steiner immer noch vom »alten Lemurien« die Rede, »wie es die heutige Naturwissenschaft ja auch nennt« (GA 119, 146). Und noch 1924 setzt Steiner vor Arbeitern am Goetheanumbau die Landbrückenhypothese voraus (GA 354, 62 f., 65 ff.), allerdings geht es Steiner hier darum, im Prinzip deutlich zu machen, dass sich die Erdoberfläche in großen Zeitabschnitten bewegt und nicht statisch ist. Steiner greift zur Erläuterung auf das zurück, was ihm naturwissenschaftlich zur Verfügung steht: die Vorstellung, dass sich die Erde an unterschiedlichen Stellen hebt und senkt, dass Kontinente überflutet werden, weil sie sich senken und andere sich aus dem Meer heben.

Gleichwohl inszeniert er schon 1923 ansatzweise und in einer durchaus waghalsigen Variante[101] die von Alfred Wegener (1880–1930) erstmals im Herbst 1911 erwogene, ab 1912 publizierte, aber erst sehr viel später anerkannte Idee der *Kontinentalverschiebung*,

101 Er führt dort aus, dass die Kontinente quasi wie Eisschollen im Wasser schwämmen. In einer Lehrerkonferenz wird allerdings offengelassen, worin die Kontinente schwämmen, »gleich ob Wasser oder etwas anderes« (GA 300c, 42 f.). Es handelt sich um die Mitschrift der Stuttgarter Lehrerkonferenz vom 25.4.1923.

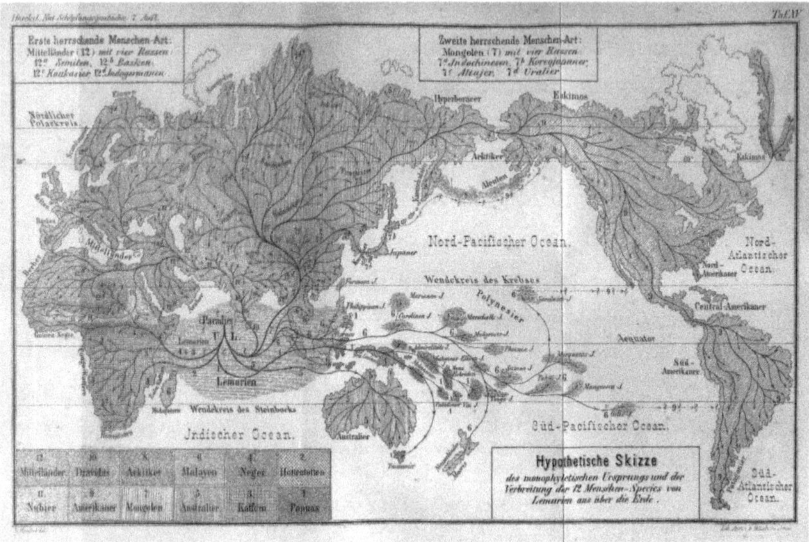

Abbildung I: Tafel XV aus der 7. Auflage von Haeckels »Natürliche Schöpfungsgeschichte« von 1879 [1. Aufl. 1868]; in den folgenden Auflagen wird das Paradies ins eurasische Festland versetzt und die Landbrückentheorie aufgegeben. Siehe Abbildung II.

eine neue Hypothese, welche die Landbrückentheorie ablöst (GA 349, 204 f.; GA 347, 145; vgl. GA 300c, 42 f.). 1919 interessiert er sich bereits wertschätzend für Wegener. Steiner erweist sich als progressiv und sensibel für einen sich ankündigenden, eingreifenden Fortschritt in den Naturwissenschaften – und zwar früher als viele Fachleute der Zunft,[102] belässt aber in seinen Erzählungen die

102 Steiners bereits 1919 geäußerter Wertschätzung für Wegener geht aus dem Bericht von Walter Johannes Stein anlässlich von Wegeners Tod in der Zeitschrift ›Anthroposophie‹ (1930), S. 173 hervor. Die Landbrückenhypothese wird auch nach Wegeners Publikationen in der Geologie weiter Bestand haben. Man werfe etwa einen Blick in das 1924 erschienene Lehrbuch von F. X. Schaffer, ›Lehrbuch der Geologie II. Teil, Grundzüge der Historischen Geologie (Geschichte der Erde, Formationskunde)‹, Leipzig/Wien 1924; der Biogeograf Van Steenis hält noch 1962 und später Landbrücken für plausibel: Van Steenis, C., G., G., J., ›The Land-Bridge Theory in Botany‹, in: ›Blumea‹ 11, No. 2 (1962) 235–372.

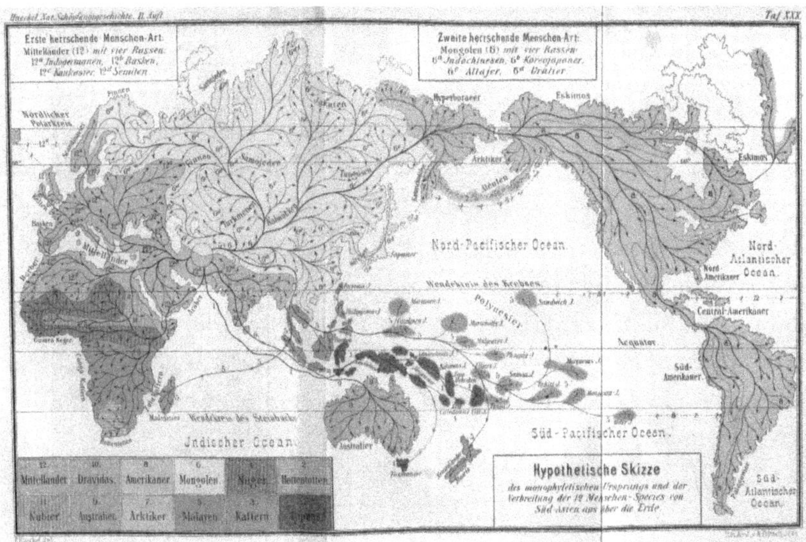

Abbildung II: Tafel XXX in der 11. »verbesserten« Auflage von Haeckels »Natürlicher Schöpfungsgeschichte« von 1911: die Landbrückenhypothese wird im Bild fallengelassen, wenn sie auch im Text (bis zur letzten Ausgabe) im Prinzip aufrechterhalten wird. Dort heißt es jetzt: »Wenn wir dieses Lemurien als Urheimat annehmen wollten, so ließe sich daraus am leichtesten die geografische Verbreitung der verschiedenen Menschenarten durch Wanderung erklären. Indessen sind in letzter Zeit gegen diese, auch von mir früher vertretene Hypothese erhebliche Bedenken, besonders von geologischer Seite geltend gemacht worden« (S. 757).

Details einer ungezügelten Phantasie, die man sich gewissenhafter wünschen würde. Hier waltet die pragmatische Haltung des Redners vor, der irgendwie in der Richtung richtig, aber sehr unpräzise erzählt.

Steiner weiß indessen – sich des unterschiedlichen Publikums wohl bewusst – zwischen einer naturwissenschaftlichen Hypothese und einer geisteswissenschaftlichen Schilderung klar zu unterscheiden. Dennoch werden aber besonders in seinen mündlichen Darstellungen die Ebenen allenthalben vermischt, wenn er sich auf theosophische Narrative bezieht, die wenig skrupulös als »Wahrheiten« geschildert werden. In der Tendenz will Steiner seelische, spirituelle Vorgänge schildern. Er legt Wert darauf, dass es sich zugleich um reale, keineswegs bloß symbolisch gedachte Vorgänge handle, »dass ich Lemurien für eine richtige Ortsbestimmung und kein Symbol halte« (GA 21, 41 ff.). Wie aber, wenn seine Geisteswissenschaft nachhaltig etwas behauptet, das den naturwissenschaftlichen Tatsachen nur als vorübergehende Hypothese bzw. nach heutigem Wissensstand *nicht* entspricht – wie der »Kontinent Lemuria«? Hier ist die aktuelle naturwissenschaftliche Aussage überzeugend, die theosophische oder »geisteswissenschaftliche« ist es nicht.[103]

Lockerung des Denkens

Die Hypothesenhaftigkeit naturwissenschaftlicher Theorien steht, auch für Steiner, außer Frage. Aufgrund sinnlicher Daten werden Theorien formuliert, errechnet und modelliert. Sie können sich im Prinzip ständig ändern, können modifiziert und verbessert werden. Daraus ergibt sich für Wissenschaftler und Forscher eine Haltung, die in Bezug auf ihre Ergebnisse umsichtig und diskursiv ist und mit Mehrdeutigkeiten leben kann: Es muss nicht zwangsläufig nur eine Wahrheit geben. Der Physiker Max Born (1882–1970) resümiert in diesem Sinn den positiven Aspekt der entsprechenden Unsicherheit: »Ich glaube, dass Ideen wie absolute Richtigkeit, absolute, endgültige Wahrheit usw. Hirngespinste sind, die in keiner Wissenschaft zugelassen werden sollten … Diese Lockerung des Denkens scheint mir als der größte Segen, den die heutige Wissenschaft uns gebracht hat. Ist doch der Glaube an eine einzige Wahrheit und deren Besitzer zu sein, die tiefste Wurzel allen Übels

103 Ich gehe auf dieses differenziert zu erörternde Verhältnis in der letzten dieser Studien weiter ein, ohne dass damit das letzte Wort gesprochen wäre.

auf der Welt.«[104] So ist der Hypothese auch im *Umgang mit* Steiners Werk (nicht nur *in* Steiners Werk) ein Verdienst zuzuweisen. Sie vermittelt nämlich eine Haltung der erfahrungsbezogenen Offenheit, die hinlänglich auf sich selbst vertrauend auch die nötige Lockerheit aufbringt, nicht verbissen am Wort Steiners festhalten zu müssen, sondern erfahrungsoffen und damit selbstständig seine Thesen zu überprüfen, zu verwerfen, zu vertiefen, wertzuschätzen. Eine in diesem Sinn lockere Haltung ist alles andere als beliebig oder gleichgültig, vielmehr ist sie die Voraussetzung für eine strenge und als solche immer offene Auseinandersetzung.[105]

Zwischen Fantasy und Naturwissenschaft

Wie verhält es sich mit der Hypothesenhaftigkeit geisteswissenschaftlicher Aussagen? Ihr Erfahrungsfeld findet sie nicht in der Natur, sondern im Feld des Spirituellen. Es geht primär um Denkprozesse und »innere« Vollzüge. Das Bilden von Hypothesen selber ist so ein Vollzug. Es ist Denken. Mit dem Bilden von Hypothesen befinden wir uns bereits im Feld geisteswissenschaftlicher Erfahrungen. Und Hypothesen haben den Charakter von Begriffsbeziehungen und Ideen, sind in sich figurativ und prozessual und wollen innerlich tätig erprobt werden. Von daher ist eine nüchterne Gleichgültigkeit nicht selbstverständlich, wird doch immer schon ein Anteil Wille zum Aufbau einer hypothesenhaften Vorstellung benötigt. Umso nötiger also das lockere, sachliche, erlebende Gegenüberstellen.

---

104 Max Born, ›Von der Verantwortung des Naturwissenschaftlers‹, München 1965, 183, zitiert nach: Thomas Bauer, ›Die Kultur der Ambiguität. Eine andere Geschichte des Islam‹, Berlin 2011, 15; in ähnlichem Sinn Steiner 1899 in Bezug auf Haeckel: »Unbedingte Wahrheiten gibt es nicht.« (GA 30, 394). Vgl. Steiners Beschreibung, »dass die Gedanken lockerer werden,« unter einem anderen Gesichtspunkt (GA 266/II, 359 f.).

105 Auf die Schwierigkeiten mit dieser Haltung und ihre Unumgänglichkeit gehe ich in dem Exkurs zu Max Dessoir ein.

Als ein Beispiel greife ich zunächst auf Steiners erste Schilderung von »Lemurien« zurück. Wenn ich mir die ab 1904 geschriebenen Texte durchsehe, dann fällt mir zunächst ihr erzählerisch-innerlicher Stil auf, der sich teilweise auf das Niveau der Evolutionsbiologie begibt (GA 11, 49 f.), größtenteils seelische Vollzüge wie die keimhafte Entstehung von Phantasie, Gedächtnis, erster Moralbegriffe und Sprache zu schildern versucht und zeitgebundene Gender-Themen aufgreift bei einer klaren Dominanz der Rolle der Frau gegenüber dem Mann (mit schlichten Stereotypen, in denen sich die theosophische Szene der Jahrhundertwende abbildet). Die starke Willenskraft und -schulung, die den »lemurischen« Menschen zugeschrieben wird, erinnert in der Schilderung an eine gesteigerte Darstellung der spartanischen Kultur (ebd. 46 f.) und stößt mich in ihrer triefenden Sentimentalität und Drastik ab. Auch die narrative Schilderung von Priesterinnengesang (ebd. 55 f.) wirkt wie eine Erzählung aus keltischem Kontext und erinnert an Werke der Fantasy-Autorin Marion Zimmer Bradley (1930–1999). Der »Untergang Avalons« in dem Bestseller von Zimmer Bradley[106] hat durchaus Ähnlichkeiten mit den theosophischen Narrativen von »Lemurien« und »Atlantis«. Immerhin verzichtet Zimmer Bradley konsequent auf naturwissenschaftliche Bezüge, hat aber für die Ausarbeitung ihrer fiktiven Erzählung intensive Studien der keltischen Kulturgeschichte und des Artus-Motivs betrieben.[107]

Indem ich diese Schilderungen so wiedergebe, erwähne ich also bereits die Grenzen der Plausibilität, die sie bei mir erzeugen. Unter dem Gesichtspunkt der Textsorten ist erneut darauf zurückzukommen. Aber ich habe immerhin, wie beim Lesen einer Partitur, einen inneren Prozess durchgemacht – insbesondere, wenn ich mich auf die Kerngedanken besinne. Er hinterlässt einen ge-

---

106 ›The Mists of Avalon‹, zuerst 1982 in New York erschienen.

107 Marion Zimmer Bradley, ›Die Nebel von Avalon‹, Frankfurt am Main 1983, S. 1117 f.

schmeidigen, beweglichen Charakter. Hypothetisch – d.h. jetzt: ohne dem einen Wirklichkeitscharakter zuzuschreiben – habe ich versucht, mir ein Stück der Menschheitsgeschichte innerlich vorzustellen, wie Steiner es meint. Ich bin in einen Dialog eingetreten. Ich verstehe etwas von dem, was Steiner sagen möchte. Gleichwohl ist es eine Erzählung, die ich wieder ablege und die mir insbesondere auch dann wenig plausibel erscheint, wenn ich sie mit der naturwissenschaftlichen Narration der Menschheits- und Erdgeschichte in Übereinstimmung zu bringen versuche. Denn eine Übereinstimmung ergibt sich nicht.[108] Es sind zwei heterogene Geschichten, über deren unterschiedliche Qualität und Genese ich mir im Klaren sein muss. Steiners Erzählung ist in diesem Kontext so etwas wie eine Serie von Behauptungen, die für eine andere Sichtweise sensibilisiert. Mehr nicht. Aber immerhin. Der Rest bleibt historische Kontextualisierung.

Ästhetik geisteswissenschaftlicher Hypothesen

Eine geistesforscherische Behauptung oder eine Serie von Behauptungen, so halten wir fürs erste aus den gemachten Beobachtungen fest, wird in sich einen ästhetischen, sensibel erfahrbaren Charakter haben.[109] Geisteswissenschaftliche Hypothesen sind in der

---

108 In kleinen Beiträgen und Rezensionen in der Zeitschrift ›Das Goetheanum‹ bringt Johannes Brakel aktuelle Forschungen in Beziehung zu Steiners esoterischen Darstellungen von Lemurien, die zwar in sich plausibel sind und für ein imaginatives Verständnis plädieren, allerdings auch Ungereimtheiten beiseitelassen und m.E. zu punktuell bleiben, um Steiners Gesamtdarstellung zu stützen. Vgl. Johannes Brakel, ›Wann lernte die Menschheit sprechen?‹ in: ›Das Goetheanum‹ 38 (2009); ders.: ›Lemuris – einst und jetzt. Brückenschlag‹, in: ›Das Goetheanum‹ 28 (2010) S. 6 f.; ders.: ›Vom geistigen Ursprung der Sprache‹, in: ›Das Goetheanum‹ 51 (2012) S. 12.

109 Die Ästhetik geisteswissenschaftlicher Darstellungen ist ein Thema, das es verdient, systematisch weiter aufgegriffen zu werden. Ansätze finden sich in der Literatur sporadisch. Meist stehen dann kompositorische Gesichtspunkte im Vordergrund. Wenn ich recht sehe, ist die erste Arbeit, die einen solchen Gesichtspunkt konsequent verfolgt, Herbert Witzenmanns Werk ›Die Philosophie der Freiheit als

Tat – auch wenn sie rein sprachlich formuliert werden – prozessual-figurativ und verweisen in ihrem sinnlichen Erfahrungsgehalt in sich über sich hinaus. Der spirituelle Erfahrungsgehalt ergibt sich aus der Konstellation des sinnlichen. Er ist in der Art der Formulierung einer geisteswissenschaftlichen Hypothese schon enthalten.[110]

Ich erlaube mir, das an zwei Fotografien aus dem Werk *Deduschka* des Fotografen Achim Hatzius zu zeigen. Es handelt sich um zwei Bilder einer Reihe von künstlerisch-dokumentarischen Fotografien, in der die in der Stalin-Ära entstandene Moskauer Lomonossov-Universität dem Dornacher Goetheanumbau gegenübergestellt wird. Ich wähle die beiden Bilder *dornach _19_41* und *moskau_28* aus, die Einblicke in Wissensräume gewähren, die sinnlich nicht direkt zugängliches Wissen versinnlichen und damit zwei verschiedene Arten von »Wissensmodellen« zeigen (siehe Abbildungen III/IV). Am Beispiel der Universität sieht man in und vor einem Schaukasten Atommodelle, also farbige Kugeln in Konstellationen, die kleinste, als solche unsichtbare Entitäten sichtbar und vorstellbar machen. Im Goetheanum dagegen sehen wir Wandreliefs, die nun hypothetisch keine »Atome« darstellen, sondern die im Prinzip ebenso wenig sichtbare Darstellung von esoterisch verstandenen »Planeten«, genauer gesagt: Bilder ihrer Wirksamkeit. Auch das sind Hypothesen, ja, sogar Modelle, aber in anderer sinnlicher und ästhetischer Qualität. Während der Blick

---

Grundlage künstlerischen Schaffens. Die Philosophie der Freiheit als Gedankenkunstwerk. Die Philosophie der Freiheit als Schulungsweg des Künstlers‹, Dornach 1980. Vgl. bereits oben meine Ausführungen zur ›ästhetischen Differenz‹.

110 Vgl. zum Thema der Versinnlichung und Ästhetisierung in der Anthroposophie Rosenberg, Raphael, ›Die Kartographie der Aura aus dem Geist der Wirkungsästhetik: Synästhesie und das Verhältnis von Kunst und Esoterik um 1900‹, in: Monika Neugebauer-Wölk, Renko Geffrath, Markus Meumann (Hrsg.), ›Aufklärung und Esoterik: Wege in die Moderne‹, Berlin 2013, S. 583–604. Im Unterschied zu Rosenberg sehe ich die Funktion ästhetischer Darstellungen bei Steiner nicht als kompensatorisch für spirituelle Erfahrungen. Vielmehr sehe ich ästhetische Erfahrung bereits in sich als spirituelle Erfahrung an. Dazu im Folgenden noch etwas differenzierter.

Abb. III/IV: dornach_19_41 *und* moskau_28. *Fotografien von Achim Hatzius aus dem Zyklus »Deduschka«.* © *Achim Hatzius*

auf das Atommodell lediglich sprunghafte und stereotype Blickbewegungen anregt, bringt das Relief – als *figurative Hypothese* verstanden – den anschauenden Blick in eine Art fließende, gesetzmäßige, keinesfalls leicht zu beherrschende Bewegung. Es verändert seinen Charakter von Relief zu Relief. – Das Beispiel wäre zu vertiefen.[111]

Regulative und darstellende Funktion von Hypothesen

In seinem Vortrag auf dem Internationalen Kongress für Philosophie am 8. Mai 1911 in Bologna nennt Steiner alle Darstellungen des Geistesforschers »Hypothesen, regulative Prinzipien (im Sinne der Kant'schen Philosophie)« (GA 35, 129), die sich – er ist optimistisch – in der »sinnenfälligen Welt« schon immer bestätigen würden. Gleichzeitig zeigen die Entwicklungsschritte oder

111 Einzubeziehen ist von anthroposophischer Seite Eugen Kolisko, vgl. dazu auch die Buchpublikation von Martin Rozumek, ›Hypothesenfreie Chemie. Der ›Atomismusstreit‹ in der Zeitschrift Die Drei 1922/23‹, Dornach 2012, ferner sind wissenschaftshistorische Arbeiten zur Verbildlichung in Forschungsprozessen wie beispielsweise Horst Bredekamp, ›Darwins Korallen. Frühe Evolutionsmodelle und die Tradition der Naturgeschichte‹, Berlin 2005 oder Lorraine Daston, Peter Galison, ›Objektivität‹, Frankfurt a. M. 2007 wichtig.

Stufen[112] der Erkenntnis, die er als imaginative, inspirative und intuitive schildert, selber den Charakter hypothetisch vollzogener Erkenntnis. Als erste Stufe nämlich fungiert das innerliche Leben in einer symbolischen, sinnlich-figurativen Vorstellung (hier vom Hermes-Stab). Eine Vorstellung, die im eben entwickelten Sinn eine Hypothese darstellt, weil sie selber noch keine Erfahrung vermittelt, wohl aber auf Erfahrung hin orientiert ist.

Wenn es nun gelingt, wie Steiner es als nächsten Schritt fordert, bei dieser imaginativ-hypothetischen Übung den sinnlichen Inhalt der Symbolvorstellung zurückzudrängen, dann tritt, so seine Schilderung, eine nächste Stufe des Erlebens ein, die Steiner hier »Selbsterfahrung« oder »inspirative Erkenntnis« nennt. Sie hat selbst wiederum eine hypothetische Vermittlungsfunktion, insofern sie noch keine eigene geistige Erkenntnis darstellt. Denn erst, wenn in einer weiteren Stufe auch dieses Kräfteweben selber zurückgedrängt werden könne, führe das zu einer Erfahrung. Sie sei möglich, trete aber nicht zwangsläufig ein. »Das Selbst wird nach dieser Unterdrückung entweder dem Leeren sich gegenüber finden ... Oder aber es wird sich dem Wesentlichen der übersinnlichen Welt noch unmittelbarer gegenübergestellt finden als bei der inspirierten Erkenntnis. Bei dieser erscheint nur das Verhältnis einer übersinnlichen Welt zum Selbst; bei der hier charakterisierten Erkenntnisart ist das Selbst vollständig ausgeschaltet« (ebd., 130). Das sei die »intuitive« Erkenntnisart.

---

112 Im Zusammenhang der ersten Formulierung hypothetischen Denkens findet sich auch bereits bei Platon eine Abfolge von ›Stufen‹ oder ›Aufgangsstützpunkten‹, vgl. ›Politeia‹ 509d–511e, 533 f., ferner im ›Siebten Brief‹ 342a–343e.

Vier Grundgesten spiritueller Erkenntnis

Ich möchte auf diesem Hintergrund der drei von Steiner immer neu geschilderten Erkenntnisgesten vier Aspekte des Begriffs einer geisteswissenschaftlichen Hypothese unterscheiden. Der erste ist der gewöhnliche, den Steiner auch anführt und der geisteswissenschaftliche Aussagen in der Welt der Sinne und des alltäglichen Lebens als plausibel erweisen oder auch nicht erweisen mag. Auf dieser Stufe des schlichten Verständnisses von Hypothese ist zwar kein Entdecken oder eigenständiges Darstellen geisteswissenschaftlicher Inhalte möglich, wohl aber ein Nachvollziehen oder Verstehen (vgl. GA 82, 115; GA 152, 16; GA 264, 39). Wir befinden uns auf der großzügigen, Raum gebenden Ebene der *Erzählung* (1.). Der zweite Aspekt meint die Hypothese als symbolische Vorstellung oder *Imagination* (2.) verstanden, die, als *aktive, tätige Annahme* in die Dimension des Spirituellen einführt. Die dritte Form der Hypothese besteht in der Steigerung der zweiten Form insofern, als dass die sinnlichen Stützelemente zurückgedrängt werden und nur noch die *innerlich strukturierte und strukturierende Tätigkeit* als hypothetische, d.h. erfahrungsorientierte Struktur oder *Abstraktion* (3.) zurückbleibt. Die vierte Stufe schließlich wäre das »Aufhören« der Hypothese in der geschehenden Erfahrung.[113] Sie entspricht (4.) dem aktiv vorbereiteten »Opfer des Intellekts« (GA 92, 23; vgl. GA 265, 27 ff.).[114]

---

113 Wir erinnern uns: »*Nur* Hypothesen, die aufhören können, es zu sein, haben eine Berechtigung« (Kürschner II, S. XLIII).

114 Auf das Motiv werde ich später zurückkommen. – Zu beachten bleibt vor allem bei der schematischen Darstellung, dass es sich gleichsam um eine Momentaufnahme eines *in actu* diffizilen, feinen und nicht so leicht als solchen zu beobachtenden Prozesses handelt, die auch ganz anders ausfallen könnte und trotzdem den selben Prozess im Auge hätte. Zu verstehen ist sie als strukturierende Beobachtungshilfe, nicht mehr. Die dynamische Schematisierung des Prozesses nach unten ist aus wohl nachvollziehbaren Gründen bewusst gewählt. Man beachte zum Beispiel als einen anderen Gesichtspunkt die Schematisierung des Rosenkreuzerischen Erkenntnisweges nach oben (episch als Aufstieg und Abstieg verstanden) bei Andreas Neider. Hier handelt es sich um eine andere Perspektive und einen anderen Kontext, überdies ist der Erkenntnisprozess in sieben Schritte gegliedert. Das

Erst hier erweist es sich, ob das, was als Hypothese aufgebaut wurde, auch tatsächlich zu einer substanziellen spirituellen Erfahrung führt. Zu einer spirituellen Erkenntnis, überdies, kommt es dann, wenn eine in diesem Sinn mehrfach gegliederte Hypothese nicht nur aufgestellt, innerlich belebt und modifiziert sowie der Erfahrung exponiert wird, sondern wenn sie auch in einem sich vollziehenden subtilen Erfahrungsprozess gegebenenfalls verworfen, zurückgedrängt, aufgelöst, aufgehoben, modifiziert und in dieser Weise »kohärent verformt« wurde. Diesen Prozess macht die spirituelle Erfahrung selber. Es zeigt sich. Hypothese ist, in der Konsequenz, für den Geistesforscher oder die Geistesforscherin sowohl ein Mittel, spirituelle Erfahrungen darzustellen,[115] als auch, sie einzuleiten und zu orientieren. Darstellungsfunktion und heuristische oder regulative Funktion der Hypothese erscheinen dabei wie zwei Seiten ein und derselben Sache. Regulative Hypothesen lösen sich in der Konsequenz auf; darstellende Hypothesen bilden sich in der Erfahrung neu. Hier liegt für einen Forscher in der historischen Situation Steiners die Bedeutung der theosophischen Literatur als Feld oder Steinbruch möglicher Hypothesen. Und hier zeigt sich nicht zuletzt die Funktion des *Studiums* als Ausgangspunkt eigenständiger Forschung.[116]

Moment der Zurücknahme befindet sich aber jeweils an derselben, vierten Stelle. Vgl. Andreas Neider, ›Der Mensch und das Geheimnis der Zeit. Zum Verständnis der Zeit im Werk Rudolf Steiners‹, Stuttgart 2016, S. 63.

115 Hierzu instruktiv Joseph Bailey, ›Metaphor and imaginative consciousness. Translating the contents of higher consciousness into abstract mental pictures‹, in: ›RoSE‹, Volume 2, Number 2 (2011) pp. 121–131.

116 Steiner unterscheidet in seiner ›Geheimwissenschaft im Umriss‹ zwischen einer »Erzählung«, die sich jemand »anhört über einen physischen Vorgang, den er nicht selbst sehen kann« und einem »Denken«, das sich auf die »durch die übersinnliche Anschauung erzählten Vorgänge« richtet (GA 13, 144). Daraus geht hervor, dass es verschiedene Modi von Erzählung gibt, die in der Rezeption unterschiedliche Formen, Grade oder Intensitäten des Denkens fordern. Wir haben es damit also mit einem weiten Begriff von Erzählung zu tun, der unterschiedliche Formen des Denkens in sich beschließt. Der hier entscheidende Unterschied ist, ob die Erzählung von sinnlichen oder von übersinnlichen Vorgängen berichtet. – Ob dieser Unterschied faktisch immer so eindeutig ist?

Schema 2

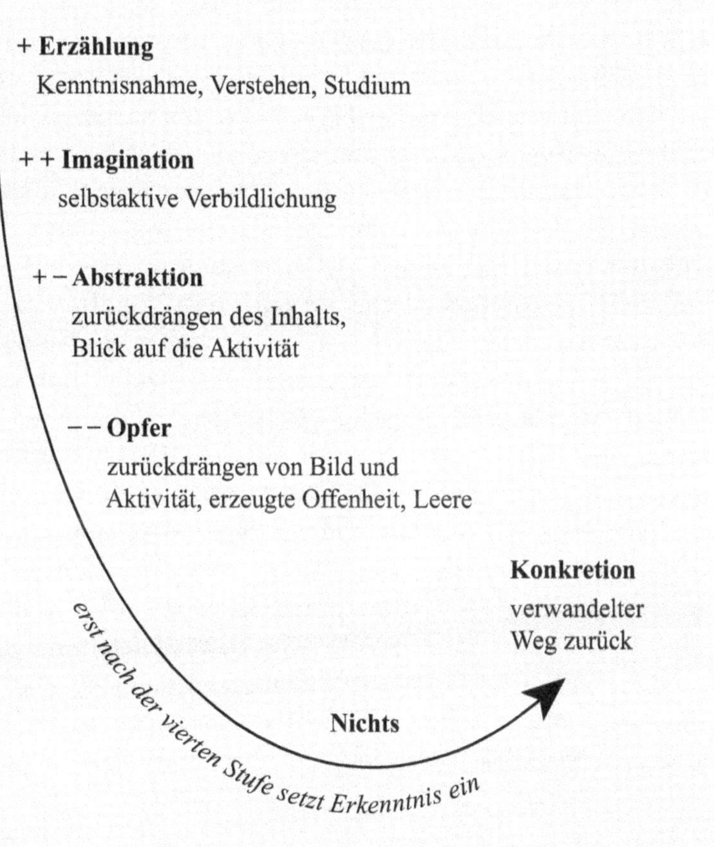
Die vier Grundgesten spiritueller Erkenntnis
+ Erzählung
Kenntnisnahme, Verstehen, Studium
+ + Imagination
selbstaktive Verbildlichung
+ – Abstraktion
zurückdrängen des Inhalts,
Blick auf die Aktivität
– – Opfer
zurückdrängen von Bild und
Aktivität, erzeugte Offenheit, Leere
Konkretion
verwandelter
Weg zurück
Nichts
erst nach der vierten Stufe setzt Erkenntnis ein

Sensible Behauptungen

Es versteht sich, dass in diesen komplexen Vermittlungsprozess des Bildens und Entbildens von Hypothesen mannigfache Irrtumsmöglichkeiten eingebunden sind. Jede Hypothese selber stellt immer die Kehrseite eines möglichen Irrtums dar. Sie kann im Prinzip jederzeit durch die Erfahrung korrigiert und durch die Reflexion modifiziert werden. Deshalb vergisst Steiner in unserem Kontext nicht zu sagen, »im Einzelnen können selbstverständlich die Behauptungen der ... Geistesforscher die größten Irrtümer enthalten« (GA 35, 129). Der Anteil der Irrtums- und Deutungsmöglichkeiten in der spirituellen Methode Steiners ist bislang wenig erforscht.[117] Der hypothetische, oft auch oberflächliche und vielfach zeitgebundene Charakter seiner Aussagen wird besonders dort gerne übersehen und falsch eingeschätzt, wo man ihnen den fragilen Modus von Forschungsaussagen, Hypothesen oder potenziellen Fragen nimmt und sie als nicht deutbare, unendlich überlegene, fraglos aufzunehmende Mitteilungen oder Angaben eines »Hellsehers« – oder, in anderer Perspektive eines obskuren Charismatikers – auffasst. Seine Aussagen werden auf diesem Weg nicht nur verdinglicht und verfestigt; es wird auch ihre didaktische Vermittlungs-, ihre künstlerische Darstellungsfunktion und damit ihre erfahrungsbezogene Vorläufigkeit vernachlässigt. Es ist eine Funktion, die sich in den behandelten Aspekten der Hypothese auf doppelte Weise zeigt: in ihrer Geltungsfunktion als

---

117 Erste systematische Überlegungen zu einer Hermeneutik des Irrtums in Steiners Darstellungen finden sich bei Wolfgang Schad, ›Rudolf Steiners Verhältnis zur Naturwissenschaft. Eine Lagebestimmung‹, in: Rahel Uhlenhoff (Hrsg.), ›Anthroposophie in Geschichte und Gegenwart‹, Berlin 2011, 125–185, hier 142–157 und Günter Röschert, ›Anthroposophie als Aufklärung‹, Steinbergkirche/Neukirchen 2016[2] [1997], S. 86–91. In diesem Kontext sind auch Helmut Zanders Hinweise auf den tastend-fließenden und teils zögerlichen Charakter von Steiners quellenorientierten Forschungen (›Anthroposophie in Deutschland‹, S. 562 und 564) genauso anregend wie seine Idee, Lernprozesse Steiners in den Blick zu fassen (ebd., S. 581, Fußnote 136) oder dessen selbstkritische Äußerungen zu analysieren (ebd., S. 614, Fußnote 280).

Behauptung, die einen Wahrheitsanspruch erhebt, aber unvermeidlicherweise sensibel, potentiell irrtumsbehaftet und erfahrungsbezogen-vorläufig bleibt; und in *jener Art* von Behauptung, die in sich, wenn sie gut ist, die *Sensibilität* erzeugt für das, wovon sie redet. Hypothesen also sind *sensible Behauptungen*.

Umkehr als esoterische Denkform

»Und so müssen wir fortwährend mit unseren Gedanken hin und her tanzen, wenn wir die Wirklichkeit haben wollen. ... Und so hat mein Buch ›Die Kernpunkte der sozialen Frage‹ aus den sozialen Verhältnissen heraus Leser voraussetzen müssen, welche mit ihren Gedanken sich umkehren können.«
Rudolf Steiner (GA 305, 229 f.)

Als Rudolf Steiner am 10. Januar 1925 die Vorrede zur Neuauflage seiner »Geheimwissenschaft im Umriss« schrieb (GA 13, 25–32), war ihm das Anlass für einen Rückblick auf seine innere Situation fünfzehn Jahre zuvor beim Verfassen dieses Buches.[118] Insbesondere war er damals darum bemüht, ja besorgt gewesen, den Gehalt seiner esoterischen Aussagen für seine Zeitgenossen so verständlich wie möglich zu formulieren. So kreisen seine knappen Ausführungen in dieser Vorrede denn auch um das Thema der »Verständlichkeit«. Und sie erhalten im Hinblick auf seinen nahe bevorstehenden Tod einen vermächtnishaften, vorausblickenden Charakter. Denn Rudolf Steiner würde nun selber seinem Buch nicht mehr mit neuen Erläuterungen, Verbesserungen oder der Anpassung an veränderte Lesegewohnheiten beistehen können. Ein letztes Mal noch brachte er alle Sorgfalt auf, die Bedingungen für ein angemessenes Verstehen seiner Aussagen klar mitzuteilen.

Die »Gedankenform«, so schreibt er, sei die für denkende Zeitgenossen angemessene Ausdrucksform dafür, die Inhalte seines »forschenden Schauens« darzustellen, auch wenn die entspre-

118 Alle im folgenden Abschnitt nicht ausgewiesenen Zitate stammen aus diesem Text.

chenden Inhalte eigentlich nur in »Imaginationen« fassbar seien. Da es aber nur die Form des Gedankens ist, die »voll verständlich« werde, müssen Gedanke und Imagination irgendwie miteinander verbunden werden. Wie geschieht diese Verbindung? Der Inhalt der »Imaginationen« ist es, so Steiner, der in die Gedankenform »hineinfließt«. Dieser Vorgang ist aber ein gradueller. Das richtige Maß muss eingehalten werden, damit der Vorgang – wie bei einem Kunstwerk – nicht zu weit fortschreitet. Es geht um ein »Hineingießen (der Imaginationen) in die Gedankenform, ohne dass sie innerhalb dieser Form ihren imaginativen Charakter verlieren«.

Bei den »Gedankenformen« handelt es sich also um Resultate von Prozessen, die ganz gezielt nicht vollständig zu Ende geführt worden sind und die in sich die Spur ihres Zustandekommens aufbewahrt haben. Weil sie diese Spur noch in sich tragen, ermöglichen sie es den Lesern schrittweise, den Weg zu jenen Imaginationen zurückzugehen, die in nicht völlig verhärteter, verfremdeter Form in ihnen stecken. Wenn man so will, sind die besagten »Gedankenformen« eigentümliche Zwitterwesen, die auf der einen Seite volle exoterische – »vor der Naturwissenschaft verantwortliche« – Verständlichkeit und Durchschaubarkeit bieten, und auf der anderen Seite in jenen Bereich des Beweglichen, Flüssigen führen, in dem die Seele »ihr Inneres nach dem Geiste richtet«. Da es sich im Übergang von der Gedankenform zur Imagination um eine innere Richtung handelt, wird sie von Rudolf Steiner – mit Bezug auf den paradoxen Buchtitel – »geheim« genannt. Wir können sie auch esoterisch (nach griechisch εσωτερικος = »innerlich«) nennen. Esoterisches Denken – oder »Geheimwissenschaft« – ist also das Denken desjenigen, das zunächst verborgen, innerlich, geheim ist, das aber mit klarem Bewusstsein verstanden und insofern öffentlich werden kann.[119] Es ist das Denken dieses Übergangs.

---

119 Ich verstehe »Gedankenform« und »Denkform« nicht als identische, wohl aber als in sich aufeinander bezogene Begriffe. Bei Ersterem steht die Darstellungsfunktion im Vordergrund, bei Letzterem die Vollzugs- oder Tätigkeitsfunktion. Der Ausdruck »Denkform« ist hier wegen des Bezugs zur Westlichen Esoterikforschung

Zweierlei kennzeichnet also diese »Gedankenformen«: dass sie als Anreger innerer gedanklicher Prozesse verstanden werden müssen; und dass sie von einem Verweischarakter geprägt sind. Der Gedanke (oder sein Formaspekt) ist mit einer Imagination innerlich verbunden, verweist auf sie. Und als Gedankenform steht er zwischen Gedanke und Imagination.

In diesem Sinn der Übergangsform(en) zwischen Gedanke und Imagination spreche ich hier von »esoterischen Denkformen«. Der folgende Text bringt einige Darstellungen zur Umkehr (oder Umkehrung) als einer solchen Denkform. Ich erlaube mir dabei, den Horizont der Fragestellung über die »Geheimwissenschaft« hinaus auf Steiners Werk insgesamt auszudehnen.

Umkehr der Zeit

In einer bereits 1907 geschriebenen autobiographischen Aufzeichnung nennt Rudolf Steiner als seine esoterische Schlüsselerkenntnis »die völlige Klarheit über die Vorstellung der Zeit [...] Es war die Erkenntnis, dass es eine mit der vorwärtsgehenden interferierende rückwärtsgehende Evolution gibt [...] Diese Erkenntnis ist die Bedingung für das geistige Schauen« (GA 262, 15).[120] Obwohl ich mich mit dieser Aussage Steiners schon viel beschäftigt habe, ist sie mir nach wie vor ein großes Rätsel. Wie ist

wichtig. Vgl. Wouter J. Hanegraaff, ›Esotericism and the Academy. Rejected Knowledge in Western Culture‹, Cambridge 2012, S. 352–355 und 360 f. sowie Ulrich Kaiser, ›Vom »uralten Tao der Atlantis« bis zur Gegenwart – Rudolf Steiners Darstellungen des TAO‹ in Stefan Hasler (Hrsg.): ›Der Toneurythmiekurs von Rudolf Steiner. Arbeitsmaterial, Dokumentationen, Forschungen, Analysen‹, Dornach 2014, S. 143–161, hier besonders S. 146–149.

120 Dort finden sich weitere Literaturangaben zum Thema. Steiners Zeitbegriff und insbesondere die Idee des Doppelstroms sind in letzter Zeit umfassend dargestellt worden von Andreas Neider, ›Der Mensch und das Geheimnis der Zeit. Zum Verständnis der Zeit im Werk Rudolf Steiners,‹ Stuttgart 2016 und Christoph Hueck, ›Evolution im Doppelstrom der Zeit. Die Erweiterung der naturwissenschaftlichen Entwicklungslehre durch die Selbstanschauung des Erkennens, Dornach 2012.

die Erkenntnis einer »rückwärtsgehenden Evolution« möglich, wenn sie nicht bloß die Umwendung (und das heißt Anwendung bzw. Übertragung) der gewöhnlichen Vorstellung vom Zeitverlauf sein soll? Zunächst würde ich sagen: gar nicht. Der erste Schritt in der Beantwortung der Frage wird das Eingeständnis oder die klare Einsicht darüber sein, dass die Frage nicht – jedenfalls nicht von unseren gewöhnlichen Denkvoraussetzungen her – zu beantworten ist. Diese Einsicht sollte nicht übersprungen, sie sollte ausgehalten werden; gegebenenfalls ist auf sie immer wieder zurückzukommen. Wenn Steiner betont, dass in der geistigen Welt alles anders sei, als wir es in der physischen Welt kennen, so ist das zunächst eine Art Vorsichtsregel, nicht zu schnell mitgebrachte Vorstellungen anzuwenden. Wenn er betont, dass in der geistigen Welt alles zunächst umgekehrt demgegenüber sei, was wir aus der physischen Welt kennen, dann mag das einerseits eine sachgemäße Schilderung sein, andererseits ist es zugleich ein Angebot des Sich-Einlebens mit Hilfe von Vorstellungsübungen. Denn mit Hilfe der Umkehrung kann ich zunächst präzise von dem ausgehen, was ich kenne. Ich kann es in für mich überschaubarer Weise verändern. Und ich erfahre, wie sich verwandelt, was ich vordem gekannt habe. Das ist der Fall, wenn Steiner die Umkehr in Anlehnung an mathematische und geometrische Schemata darstellt, mit denen wir uns »wenigstens eine Art von Begriff schaffen können«, wie er sich vorsichtig ausdrückt.[121] Es ist die Ebene der übenden und probenden Vorstellungsbildung. Wie aber steht es mit der konkreten Erfahrung?

Für die konkrete Erfahrung eines gegenläufigen Zeitstromes kann die bloße Umkehrung einer gewöhnlichen Vorstellung, etwa eines in eine bestimmte Richtung gezeichneten Pfeiles, kaum eine Hilfe, eher ein Hindernis sein. Eine Phänomenologie der Erfahrung einer gegenläufigen, aus der Zukunft kommenden Zeit wird nur in der Gegenwart möglich sein. Und sie wird zunächst nur als

121 Vgl. den Vortrag am 17. Mai 1905 in (GA 324a, 34 ff.).

Verlusterfahrung auftauchen, als negative Erfahrung, dass etwas fehlt, dass etwas noch nicht klar ist, dass sich etwas »staut und zum Schnitt bringt« (GA 115, 192). Überraschung, Erstaunen, aber auch Langeweile können Erlebnisformen sein, in welchen sich Zukünftiges artikuliert. Der Erfahrungsmodus der Umkehr unterscheidet sich klar von ihrem Vorstellungsmodus: »So wird ja nicht die Zukunft abgebildet, wie sie dann erlebt wird!« (GA 207, 96). Es, das zu Erfahrende, geht nicht von mir aus, sondern es kommt auf mich zu, ohne dass ich sein Herankommen überschauen könnte.[122] Wohl deshalb wird die Erfahrung des Zukünftigen in diesem Sinn nicht als Ankunft oder Eintreffen beschrieben, sondern als »Übereinanderschlagen« (GA 115, 191) zweier gegenläufiger Tendenzen. Als konkrete Erfahrung kann Zukünftiges also nur in Ausnahmesituationen, in denen es nicht glatt läuft, erscheinen. Davon, von diesem Umstand, können wir uns einen Begriff bilden. Das Weitere bleibt zu üben. Über zwei Jahrzehnte hat Steiner die Übung des Rückwärtsvorstellens und des rückwärtsgehenden Erinnerns als Rückblick auf den Tag oder die eigene Biographie immer wieder vorgestellt und variiert.[123] Worin liegt der Sinn dieser im Prinzip einfachen und unspektakulären Übung?

Erfahrungen in der Rückschau

Wenn ich die Ereignisse gegen den Strich bürste, dann rollen sie nicht so ab wie ein Film, den ich durch einen Tastendruck rückwärtslaufen lasse. Ich werde mich vielmehr von Ereignis zu Ereignis in der Vorstellung zurückhangeln und dabei immer wieder neu

---

122 Steiner führt eine solche Phänomenologie in seinen Vorträgen zum Thema »Psychosophie« durch, insbesondere am 4. November 1910, in (GA 115, 179 ff). Vgl. zu den Schwierigkeiten und Chancen der Begriffsbildung an dieser Stelle Stefan Brotbeck, ›Zukunft. Aspekte eines Rätsels‹, Dornach 2005.

123 Vgl. die Zusammenstellung von Martina Maria Sam in: Dies. (Hrsg.), Rudolf Steiner, ›Rückschau. Übungen zur Willensstärkung‹, Dornach 2010^{2}.

ansetzten (müssen), weil ich aus dem erinnerungsmäßig vorgegebenen Zeitverlauf herausfalle, wie ein Kind, das gehen lernt und wieder aufsteht. Dankbare Ansatzpunkte des Übens sind überschaubare Bewegungen wie das Gehen durch eine Tür, das Hinauf- oder Hinabgehen über eine Treppe, das Aufstehen von einem Stuhl oder das Hinsetzen sowie das Legen eines Gegenstandes von der einen auf die andere Seite.

Dann können auch Gefühle Inhalt der Rückschau sein oder Begegnungen mit anderen Menschen. Die Rückschau kann verlangsamt und beschleunigt werden. Sie kann, wenn sie abbricht, an den letzten Erinnerungspunkt zurückgehen und es von dort erneut versuchen. Sie kann Zeitverläufe in beide Richtungen durchspielen, mehrmals rückwärts und vorwärts wiederholen. Sie kann plötzlich Möglichkeitsspielräume entdecken. Sie kann bemerken, wie Zeitverläufe sich dehnen, wie sie gegenüber dem oft mühsamen Schreiten durch die Ereignisse einen fließenden, gleitenden Charakter annehmen – und ihn wieder verlieren. Sie kann versuchen, diese unvermittelt entstandene Qualität wieder herzustellen und dabei scheitern. Sie kann entdecken, wie etwas gelingt – vorläufig. Sie kann beobachten, wie Menschen, die mir auf dem Weg durch eine Straße begegnet sind, nun wie angesogen werden. Sie kann bemerken, wie sich etwas bildet, eine gelinde Kraft, die Erfahrung in der Gegenwart geduldiger, breiter, besonnener zu machen und das, was uns überrascht, in seinem Charakter mit zu beobachten. Eine Spur wacher zu werden für die Qualität des Zukünftigen.

Da Steiner diese Übung meist nur in einer Form darstellte, die wenig oder gar nicht auf die Schwierigkeiten, die Möglichkeiten des Misslingens oder die Vielfalt an Erfahrungen, die dabei gemacht werden können, einging, besteht im Umkreis derjenigen, die solche Übungen praktizieren, wenig Austausch über die eigenen Erfahrungen. Eine Kultur des Austausches wäre sinnvoll, um sich gegenseitig zu ermutigen und vor allem, um starre Idealvorstellungen, von denen wir weit entfernt und die oft auch nicht sachgemäß sind, zu vermeiden. Außer den im Prinzip immer idealtypischen Schilderungen Steiners, die leicht als Überforderung wirken und die es – des angestrebten Freiheitsbewusstseins wegen – der Verschwiegenheit der Individuen überlassen, mit derartigen Ansprüchen umzugehen, gibt es kaum Literatur, Erfahrungsbeschreibungen oder Kulturen des Übens. Eine Ausnahme bildet Heinz Müller, einer der ersten Waldorflehrer, der in seiner Autobiografie von seinen scheiternden Rückschauübungen berichtet.[124] Er hatte noch das Glück, sozusagen vom Erfinder der Übung persönlich gecoacht zu werden. Die Hilfestellungen und Anregungen Steiners sind allesamt sehr einfach, konkret, praktisch und unspektakulär. Ich fasse meinen Versuch, die ungewöhnliche These Steiners von einer umgekehrten Zeit zu verstehen, zusammen:

1. An erster Stelle steht ein klares Bewusstsein des Nichtverstehens.
2. Bestimmte präzise Vorstellungen der Umkehr von Zahlenfolgen und räumlichen Richtungen vermitteln eine Ahnung oder einen ersten Begriff.
3. Es gibt ein prekäres Erfahrungsfeld von umgekehrt Zeitlichem, ursprünglich Zukünftigem, das eine andere Art der Umkehr, eine negative Erfahrung darstellt, die ich mir aber in diesem Charakter anschaulich machen kann.
4. Durch die besonnene Erfahrung solcher Ausnahmesituationen kann ich impulsiert sein, die zeitliche Umkehr zu üben.

Es ergibt sich ein Kreislauf oder ein Wandern durch die vier Situationen, bei der ich mir aber in jeder Situation klar sein muss darüber, wo ich stehe und welche Bewusstseinsvoraussetzungen ich habe. Einen diskursiven »Beweis« kann es in der ersten Situation

---

124 Heinz Müller, ›Spuren auf dem Weg. Erinnerungen‹, Stuttgart 1983[4], S. 80 ff..

übrigens nicht geben.[125] Aber auch ein Aushalten des Nicht-Verstehens hat seine Wirkung.

Soziale Umkehr

In der großen Zeit der sozialen Bewegungen im 20. Jahrhundert, von 1917 bis 1919, gibt Steiner der Rückschauübung eine besondere Gestalt.[126] Die Erinnerungen, die wir haben, gelten ihm dort eher als ein Hindernis. Sie machen das Seelenleben »undurchsichtig«. Durchsichtig würde es dann werden, wenn wir uns, ähnlich wie Goethe in »Dichtung und Wahrheit«, weniger an das erinnern, was wir selber erlebt und vollbracht haben, sondern an das, was uns von anderen zugekommen ist. Es geht also um eine Umkehr im Gestus der Erinnerung, die darin besteht, »an das sich immer mehr zu erinnern, was von außen an einen herangetreten ist«. Wir verlagern den Blick nach außen, auf das, »was nicht wir sind, sondern was uns geformt hat«. Die Umkehr findet also nicht in der Zeit statt, sondern auf der Ebene der Wirksamkeit im sozialen und kulturellen Feld, im Verhältnis zwischen den anderen und mir. Das wesentliche Ziel dabei sei, von den anderen Menschen nicht abstrakte Begriffe zu haben, sondern ein »erhöhtes Interesse« zu entwickeln, aus dem heraus sich dann Bilder vom Individuellen ergeben. Die soziale Begegnung, die auf solcherlei Übung baut, richtet sich auf das Besondere, begegnet aber der Andersheit des

---

125 Die physikalischen Theorien, die im Zusammenhang von Entropie von einer »Umkehr des Zeitpfeils« sprechen, kann ich nicht kompetent beurteilen. Der Philosoph Max Dessoir aber, der Zeitgenosse und Kritiker Steiners, widerlegt vehement eine Schilderung Fechners, die »mit beängstigenden Aufgebot von Phantasie eine Welt geschildert [hat], in der alles rückwärts läuft«. Max Dessoir, ›Vom Jenseits der Seele‹, Stuttgart 1920[5], S. 313. Mit einer entsprechenden Schilderung Christian von Ehrenfels' in seiner ›Kosmogonie‹ (Jena 1916) setzt sich Rudolf Steiner kritisch auseinander (GA 170, 135–142).

126 Vgl. wie eben zitiert Martina Maria Sam (Hrsg.), Rudolf Steiner, ›Rückschau …‹, S. 57–72. Alle im folgenden Abschnitt nicht ausgewiesenen Zitate stammen aus diesen Textauszügen.

anderen nicht mit Achselzucken oder Aversion, sondern mit Verständnis – so, dass »aus dem andern Menschen ein Bild herausquillt, ein Bild jener besonderen Art des Gleichgewichtszustandes, den individuell jeder Mensch ausdrückt«. Einen wacheren Zugang zu den anderen finde ich nicht durch die Kenntnis psychologischer Theorien, sondern auch hier durch eine verwandelnde Übungspraxis. Sie beginnt mit einer Umkehr, der Umkehr der sozialen Perspektive, der feinen Beobachtung der Art, wie wir von anderen geformt, gebildet worden sind. Daraus entsteht das Anliegen, »den anderen Menschen in sich aufwachen zu lassen«. Die Vorbereitung dazu ist, dass wir versuchen, im Bilde auftauchen zu lassen vor unserer Seele die Personen, die als Lehrer, Freunde, sonstige Förderer in unser Leben eingriffen, oder solche Personen, die uns geschädigt haben und denen wir von gewissen Gesichtspunkten aus manchmal mehr verdanken als jenen, die uns genützt haben. Diese Bilder sollten wir vor unserer Seele vorüberziehen lassen, uns ganz lebendig vorstellen, was jeder an unserer Seite für uns getan hat … Wenn wir versuchen, Sinn dafür zu entwickeln, wieviel wir zu verdanken haben der einen oder anderen Person, … dann löst sich allmählich – wir werden das erfahren können – ein Sinn von uns los, … nun auch dem Menschen gegenüber zu einem Bilde zu kommen, dem wir in der Gegenwart gegenübertreten.

Es sei dies »ein liebe- und hassfreies Bild«. Aus der Praxis der Übung bildet sich die Fähigkeit, »imaginativ uns zu verhalten zu den Menschen«, uns selber aber auch »objektiver zu werden« und nicht egoistisch zu sehen. So ergibt sich soziale Zukunft aus der umgekehrten Betrachtung unserer sozialen Vergangenheit.

Umkehr des Raumes

Wir können die Übung der sozialen Umkehr im übertragenen Sinn auch als plastischen Vorgang verstehen, so nämlich, dass wir uns in unserer (seelischen) Gestalt als von außen nach innen plastiziert vorstellen. So ist auch eine Übung denkbar, bei der wir diesen Vorgang im konkreten Sinn durchführen, genauer gesagt, eine Umkehr der Raumformen erproben. Während Steiner immer wieder Varianten der zeitlichen Umkehr vorgestellt hat, finden sich räumliche Umkehrübungen nur ein einziges Mal. Das ist im Oktober 1911 in Karlsruhe der Fall, wo er in zwei aufeinanderfolgenden esoterischen Stunden – also vor einem kleinen, an einer Vertiefung interessierten Teilnehmerkreis – zwei unterschiedliche Ansätze ausführt.[127] Zunächst, am 10. Oktober, ergibt sich die Umkehr aus der optischen Funktion des Auges als *camera obscura,* durch die sich das Bild der Außenwelt auf der Rückseite des Auges seitenverkehrt und kopfüber abbildet:

> »Alles müssen wir uns umgekehrt denken, den Menschen und seine ganze Umgebung. Also die Rose, die *vor* mir steht, muss ich mir *hinter* mir denken, die Wurzel nach oben, die Blüte nach unten. Wenn wir meinen, mit dem rechten Ohr zu hören, so ist das Maja [Schein]; die Kraft dringt von links auf uns ein und kommt im rechten Ohr zu Bewusstsein.«

Der Sinn dieser Übung sei es, dass wir dadurch »gleichsam alles in Bewegung versetzen« und uns »in Berührung bringen mit der geistigen Hierarchie, die über den Geistern der Form steht, den Geistern der Bewegung«. Ausgangspunkt dieser Vorstellungsübung ist eine Umkehr bzw. ein Richtungswechsel der drei Raumdimensionen.

---

127 Ich zitiere im Folgenden aus Gedächtnisnotizen von Teilnehmenden, (GA 291a, 221 ff.).

Drei Tage später, am 14. Oktober, stellt Steiner den Teilnehmern der nun folgenden esoterischen Stunde eine andere, wie er meint weitergehende Form der räumlichen Umkehr vor:

> »Schauen wir das Gesicht eines Menschen an, so müssen wir es uns umgekehrt denken: überall, wo eine Erhöhung ist, eine Vertiefung; dunkle Haare hell, helle dunkel und so weiter. Aber auch die Farbe des Gesichts müssen wir uns umgekehrt denken und zwar nicht nur statt der hellen eine dunkle Farbe, sondern die einzelnen Farbenflecke, die uns entgegentreten, müssen wir uns in Komplementärfarben vorstellen ... Diese Farben werden dann wie durchsichtig für uns; es sind die Farben des Ätherleibes.«

Die Vorgänge der Umkehr werden also nicht wiederholt oder hin- und herbewegt. Vielmehr soll das umgekehrte Bild möglichst intensiv erlebt werden.

Bei dieser Art von Übungen bleibt man leicht stecken oder begnügt sich mit der sensationell »schrägen« oder »abgefahrenen«, wenn ich so sagen darf, Idee dieses – sei es als kauzig oder auch als weit überlegen erlebten – Rudolf Steiner.

Ich kenne kaum Menschen, die es mit Varianten dieser Übung versucht hätten. Am praktikabelsten ist da noch jene Form, bei der eine Figur mit ihrem Hintergrund vertauscht und damit ein umgekehrtes Sehen geübt wird. Der Architekt und Autor Paul Virilio (1932–2018) beschrieb in der autobiographischen Einleitung zu seinem Buch »Der negative Horizont« seine zeichnerischen Erfahrungen mit den Zwischenräumen zwischen den Dingen. Sie sind teilweise wörtlich identisch mit Darstellungen Steiners über die Dimension der »Urbilder« in der geistigen Welt, wie sie in seiner Schrift »Theosophie« enthalten ist.[128] Viele Künstler haben sich

128 Darauf bin ich eingegangen in meinem Aufsatz ›Das Ätherische in der »Umkehr der Räume«. Zu Rachel Whitereads Water Tower und anderen Arbeiten‹ in: ›Die Drei‹ 6/2009, S. 103–113.

vom Konzept der Umkehr im Raum für einzelne Werke, Werkgruppen oder ein ganzes Lebenswerk anregen lassen.[129] Engagiert meint Virilio auf dem Hintergrund seiner jahrelangen Zeichen- und Seh-Übung im umgekehrten Raum zwischen den Dingen: »Wir müssten den Blick ändern, um überleben zu können; … Nur negativ vom ›Nullwachstum‹ zu sprechen [das Buch ist 1984 auf Französisch erschienen], reicht nicht mehr, man muss sich positiv bemühen, eine neue Weltanschauung zu finden.« Diese zu entwickelnde Weltanschauung, an der er arbeite, nennt Virilio, der Steiner wohl nicht eingehend kennt und seinem Habitus nach fern jeglicher Esoterik steht, damals auch eine, wie Virilio sagt, »Geheimwissenschaft«.[130]

---

129 Im westlichen Treppenhaus des Goetheanum steht eine Plastik von Oswald Dubach mit dem Titel ›Eingeweihter‹ (1938), welche mit dieser Idee arbeitet. Vgl. ferner für zahlreiche Umsetzungen von Aspekten des Konzepts der Umkehr das Buch von Peter Springer, ›Das verkehrte Bild. Inversion als bildnerische Strategie‹, Delmenhorst & Berlin 2004. – Einen frischen und innovativen Blick auf Steiner wirft unter diesem Gesichtspunkt Markus Brüderlin, ›Du musst dein Leben umstülpen! Rudolf Steiner und das moderne Prinzip des Inside-Out‹, in: Kries, Mateo (Hrsg.), ›Rudolf Steiner – die Alchemie des Alltags‹, Ausstellungskatalog Vitra Design Museum, Weil am Rhein 2010, S. 120–131.

130 Paul Virilio, ›Der negative Horizont. Bewegung/Geschwindigkeit/Beschleunigung‹ München & Wien 1989, die Zitate aus S. 25 und 174. – Mitte Mai 2004 schrieb ich an Virilio, er wohnte damals schon in La Rochelle, einen ausführlichen französischen Brief mit Fragen zu diesem Kontext, wie genau autobiographisch die geschilderten Erfahrungen seien und insbesondere, ob er durch eine Lektüre Steiners in irgendeiner Form dazu angeregt oder darin bestätigt worden sei. Die Antwort kam postwendend. Er schickte mir sein neustes Buch ›Ville panique‹ mit einer persönlichen Widmung » avec ma vive complicité«. Kein Wort aber zu den von mir gestellten Fragen. – Auch das in dem Kunstkatalog des Vitra Design Museums ›Rudolf Steiner – Alchemie des Alltags‹ von Andreas Ruby und Mateo Kries geführte Interview mit Virilio zu seiner Beziehung zu Rudolf Steiner ist in dieser Hinsicht nicht ergiebig. Vgl. Andreas Ruby / Mateo Kries, ›Den Körper in Bewegung bewohnen. Paul Virilio über Rudolf Steiner im Gespräch mit Andreas Ruby und Mateo Kries‹, in: Kries, Mateo (Hrsg.), ›Rudolf Steiner – die Alchemie des Alltags‹, Ausstellungskatalog Vitra Design Museum, Weil am Rhein 2010, S. 196–201.

Inversion von Bild und Keim

Bisher waren es vorwiegend in Vorstellungen verlaufende Übungsformen der Umkehr, auf die wir einen Blick gerichtet haben. Esoterisches Denken tendiert zur Übung, wenn es auch selber in Begriffen verläuft. Wie aber geht esoterisches Denken, das sich überschreitet, mit Begriffen um? Ich wähle, um das zu zeigen, die Grundlegung der »Allgemeinen Menschenkunde« Steiners (GA 293), die konzeptuelle Grundlage der Waldorfpädagogik, weil sie Begriffs-Systeme und -Figurationen entwickelt, die als pädagogische Wirklichkeit eine starke soziale Wirksamkeit entfaltet haben, es weiterhin tun und dies gewiss umso mehr vermögen, je lebendiger sie begriffen werden. Ich meine, dass ein Gesichtspunkt wie »Umkehr« einen guten Schlüssel für ein solches Verstehen an die Hand gibt und vermute, dass sogar der gesamte systematische Bau dieser vierzehn Vorträge von Steiners Grundkurs zur Waldorfpädagogik mit seinen thematischen Spiegelungen durch die Mittelachse durch die Figur der Umkehr geprägt ist. Ich setzte mich im Sinne einer Probe lediglich mit den ersten Absätzen des zweiten Vortrags vom 22. August 1919 auseinander.[131] Im Sinne meiner hier einleitenden Überlegungen und mit Johannes Kiersch[132] verstehe ich auch diese Texte als esoterische – und, wie gesagt, zugleich sozial wirksame fundamentale Darstellungen Steiners. Das Esoterische bewahrheitet sich zugleich als das sozial

---

131 Bei dem Text der Gesamtausgabe handelt es sich um eine Zusammenstellung verschiedener Hörer-Nachschriften. Alle im folgenden Abschnitt nicht ausgewiesenen Zitate entstammen den Seiten 30 bis 34. – Ein wunderbares Beispiel für die Praxis der Umkehr ist auch der neunte Vortrag in dieser wohlkomponierten Reihe von 14 Vorträgen, der das überlieferte logische Schema von ›Begriff, Urteil und Schluss‹ kommentarlos in die Abfolge von ›Schluss, Urteil und Begriff‹ wendet und mit dieser dekonstruktiven Geste etwas völlig Neues daraus macht. Ein klassisches Thema ist auch die Umstülpung von Röhren- und Schalenknochen, wie es Steiner im zehnten Vortrag der ›Allgemeinen Menschenkunde‹ entwickelt.

132 Johannes Kiersch, ›In »okkulter Gefangenschaft«? Von der gewordenen zur werdenden Anthroposophie‹ 2016², S. 17–25.

Wirksame. Meine Überlegungen an diesem Beispiel sehe ich als exemplarisch an.

Das Eingangsmotiv des zweiten Vortrages formuliert das Anliegen, eine »wirkliche Psychologie« dadurch zu begründen, dass nicht weiter versäumt werde, »den einzelnen Menschen anzuschließen an das ganze Weltall«. Zumindest wird damit eine Umkehr der üblichen wissenschaftlichen Herangehensweise vollzogen, welche die Seele des Einzelnen für sich oder bestenfalls noch im sozialen Kontext sieht. Wenn Steiner die Umkehr vom »einzelnen Menschen« zum als Kontrast dazu kaum überbietbaren »ganzen Weltall« vollzieht und diese Bewegung wieder zurückbindet, ist das zugleich eine radikale Abkehr vom wissenschaftlichen Mainstream und, symbolisch gesprochen, eine sich in sich wendende Verbindung ähnlich der zwischen Punkt (Einzelner) und Umkreis (Kosmos).

Auf dem Hintergrund dieser Geste wird nun zunächst der Begriff der »Vorstellung«, dann der des »Willens« betrachtet, denn beide seien ja für die Entwicklung der Kinder in der Schule von besonderer Bedeutung. Die Vorstellung zeichne sich aus durch ihren »Bildcharakter«, der sich vom Seins-Charakter der Dinge und des Leibes unterscheide. Damit wendet sich Steiner von der immer noch geltenden philosophischen Autorität des Descartes ab und kehrt dessen Aussage, dass ich im Denken (hier Vorstellen) Seinsgewissheit erlange, schlicht um: da, im Denken, bin ich »nur Bild«.[133] »Je pense où je ne suis pas, donc je suis où je ne pense pas« – so wird es der Psychoanalytiker und Denker Jacques Lacan in Umkehrung des Descartes'schen Satzes später formulieren.[134]

133 Zu Steiners früher Anerkennung dieses Satzes des Descartes und seiner späteren Geltungsumkehr vgl. Werner Firgau, ›Cogito, ergo sum – eine unsinnige Formel?‹ in: Lorenzo Ravagli (Hrsg.), ›Jahrbuch für anthroposophische Kritik 1994‹ S. 114–117. – Vgl. dazu auch (GA 20, 139 f.). Der Satz des Descartes ist wie ein Leitmotiv des Buches, indem er sich vom Denken über das Erleben des Denkens zum schauenden Bewusstsein entwickelt.

134 Jacques Lacan, ›Ecrits‹, Paris 1966, S. 517. Übersetzt heißt das: »Ich denke wo ich nicht bin und ich bin, wo ich nicht denke.«

Wovon aber nun ist das Vorstellen Bild? Die übliche Antwort wäre: Bild von dem, was wir sehen und gesehen haben. Steiner kehrt auch hier die allgemein geltende These um. Vorstellen ist demnach Bild von dem, was wir in einem substanziellen Sinn *nicht mehr* wissen. Vorstellen sei Bild von unseren vorgeburtlichen Erlebnissen. Das Vorstellen, wie Steiner es hier versteht, hat zwar einen Inhalt, aber einen, zu dem wir unter den Bedingungen unseres gewöhnlichen Wissens keinen Zugang haben. Das heißt aber, »dass fortwährend von jenseits der Geburt das Vorstellen hereinspielt und durch die menschliche Wesenheit selber zurückgeworfen wird«. Worin besteht aber dieses Zurückwerfen als solches? Das ist kaum zu sagen, da uns doch die gewöhnlichen Bewusstseinsinhalte dazu fehlen. Es wäre – mein vorläufiger Vorschlag – zu verstehen als ein reines, in sich gegenläufiges Zurückwerfen.[135] Führen wir uns nun den Gegenbegriff zum Vorstellen vor Augen: Der Wille sei zwar real und habe Seins-Charakter, aber keinen Inhalt. Er sei sozusagen eine umgekehrte Vorstellung: all das, was der Vorstellung mangle, verkörpere der Wille. Als solcher sei er keinesfalls Bild, sondern Keim, schlägt Steiner vor. Keim sei die Umkehr des Bildes schon deshalb, weil er »Keim des Nachtodlichen« sei. Was sich im Willen entwickelt, wird im Nachtodlichen erst Wirklichkeit. Aber jetzt wirke der physische Leib des Menschen so, dass er, wie er die Inhalte des Vorstellens »zurückwirft«, die Verwirklichung des Willens »zurückhält«, »nicht sich ausleben lässt«. Die umkehrenden und zueinander umgekehrten Gesten des *Zurückwerfens* und *Zurückhaltens* werden damit denkerisch –

---

135 Im Sinne jenes Umkehr-Prozesses, den das Auge vollzieht, wenn es zu einer gesehenen Farbe die Gegenfarbe produziert. Hier gibt es allerdings die Farben als Inhalte. Immerhin wäre der Prozess als Urphänomen zu verstehen. Vgl. prägnant Eckart Förster, ›Die 25 Jahre der Philosophie. Eine systematische Rekonstruktion‹, Frankfurt am Main 2012, S. 131 und ders., ›Eine systematische Rekonstruktion?‹, in: Johannes Haag/Markus Wild (Hrsg.), ›Übergänge – diskursiv oder intuitiv? Essays zu Eckart Försters *Die 25 Jahre der Philosophie*‹, Frankfurt am Main 2013, S. 354: »Man könnte sagen: Es entsteht aus dem ersten Begriff ein neuer Begriff (und zwar ein bestimmter) mit der gleichen Notwendigkeit, wie zu einer bestimmten Farbe eine bestimmte Komplementärfarbe auftritt.«

als dynamische Begriffe – zur Grundlage, zum »Boden« der zwei Begriffssysteme dieses Vortrags, die sich aus Vorstellen und Wollen ergeben.[136]

Bild und Keim als Ausgangsbegriffe einer »Allgemeinen Menschenkunde« sind zwar für sich klar verstehbar – als *ausgebreitete Sichtbarkeit* einerseits und als *verborgene Wirksamkeit* anderseits. Aber sie sind durch Tendenzen gekennzeichnet, die in sich, aber auch für unser Verständnis, etwas *zurückbehalten*: Esoterische Denkformen also, die etwas *machen* – aber nicht sofort; Gedankenformen desgleichen, die Selbsttätigkeit wie aus dem Nichts heraus anregen – aber auch *verlangen*. Die Vorgänge des Zurückwerfens verkörpern sich im Bild, jene des Zurückhaltens im Keim. Hinzu kommt, dass es gegensätzliche Begriffssphären sind, denn der eine ist aus der Bewusstseinssphäre (Sehen, Sichtbarkeit) genommen, der andere aus der Willenssphäre (Wachstum, Wirksamkeit). Die Begriffe werden zurückgeführt auf ihnen plausibel innewohnende, aber zueinander komplementäre Prozesse. Als Begriffe – und später Begriffssysteme – bieten sie zwar Orientierung, aber ihnen liegen Denkprozesse zugrunde. Diese sind zueinander inversiv. Die Inversion unterscheidet sich von der bloßen Umkehr dadurch, dass qualitativ (nicht oder weniger dialektisch) entgegengesetzte Begriffe wie eben Bild und Keim, die in gewisser Weise auch verschiedenen Begriffssphären angehören, sich ineinander verkehren. Die Inversion ist eine Möglichkeit, trotz des in den Vordergrund gestellten Prozesses gleichwohl Orientierung zu behalten und an einem Grundbeispiel differenzieren zu können. So sind Steiners Darstellungen im Anfang der »Allgemeinen Menschenkunde« zwar Orientierung gebend, aber auf einer tieferen Ebene ein Anleitungsformat zu prozessualem Denken, das zu verunsichern vermag und ohne Zweifel mit einer gewissen Notwen-

136 Es sollte also auf keinen Fall übersehen werden, dass Steiner hier seine Ausgangsbegriffe auf Gesten und Bewegungsformen des Denkens gründet, nicht auf fertige Begriffe.

digkeit Verständnisschwierigkeiten verursacht. – Hier ist weiter zu forschen.[137]

Umkehr des Willens

Im Jahr 1916 publizierte Steiner ein Buch mit dem Titel »Vom Menschenrätsel« (GA 20), in dem er den Versuch unternahm, latente Tendenzen in der Philosophie des Deutschen Idealismus und bei neueren Autoren aufzuzeigen, die, wenn sie aufgegriffen und fortgesetzt würden, auf das zuliefen, was er als Geisteswissenschaft verstand. Es ist dies, nebenbei, ein Beispiel für das, was ich »ästhetische Differenz« genannt habe, indem Steiner meint, es sei nicht möglich, die genannten Tendenzen in den direkten Aussagen der Autoren auszumachen, vielmehr würde sich das nur aus ihrer Darstellungsart, aus dem Wie also, ergeben. Steiner versucht so, sich dem »Quell des geistigen Erlebens« (GA 20, 146)[138] anzunähern, aus dem sie ihre Aussagen schöpften, vom Gedachten also zum schöpferischen Denken zurückzugehen.[139] Dabei scheint es weniger »darauf anzukommen, Zustimmung oder Ablehnung zu hegen zu dem, was sie ausgesprochen haben, als vielmehr darauf, die *Art* ihres Erkenntnisstrebens, die *Richtung* ihres Weges zu ver-

---

137 Hingewiesen sei noch auf die Inversion von Punkt und Kreis, die Steiner als grundlegende Meditation im heilpädagogischen Kontext ausführt (vgl. GA 317, 153–157; zu den Entstehungsbedingungen und dem Umfeld vgl. Peter Selg, ›Die Punkt-Umkreis-Meditation des Heilpädagogischen Kurses – Vom werdenden Ich des Menschen‹, Arlesheim 2013) und die zu den mathematischen Figurationen seines Denkens gehört (vgl. Gerhard Stocker, ›Punkt und Kreis. Ein Leitmotiv mathematischer Mystik und seine pädagogische Metamorphose im Werk Rudolf Steiners‹, in: Demisch, Ernst-Christian et al. (Hrsg.), ›Steiner neu lesen. Perspektiven für den Umgang mit Grundlagentexten der Waldorfpädagogik‹, Frankfurt am Main 2014, S. 161–179).

138 Alle Hervorhebungen in den Zitaten aus dieser Schrift im Folgenden finden sich im Original.

139 Dieses Forschungsprogramm, das Steiner in seiner Schrift skizziert, findet eine bemerkenswerte Parallele in Dieter Henrich, ›Werke im Werden. Über die Genesis philosophischer Einsichten‹, München 2011.

stehen.« (ebd.) Die Leseregel der »hermeneutischen Distanz« verbindet sich hier, wie zu bemerken ist, mit jener der »ästhetischen Differenz«. Und ein weiteres Mal macht Steiner den ambivalenten Begriff des Dogmas deutlich. Denn es sei, so sagt er, ein »Verhältnis zu diesen Denkern« zu gewinnen, »das nicht das zu den Dogmen ihrer Weltanschauung ist, sondern ein solches, das zur Einsicht führt, dass auf Wegen, auf denen sie wandeln, lebendige Kräfte des Suchens nach Erkenntnissen liegen, die in dem von ihnen Anerkannten sich nicht ausgewirkt haben, sondern über dieses hinausführen können.« (ebd.) Gleichzeitig exponiert er hier ein hermeneutisches Verfahren, das nicht minder für seine eigenen Werke gilt. Es geht um den Moment der Überschreitung in die schwer fassbare Sphäre der Entstehung der dargebotenen Gedanken, die im Blick auf die Gedanken selber immer schon sich zurückgezogen hat. Welche Art von Denken vermag eine solche Produktionsforschung zu leisten, die insbesondere noch nach ungehobenen Schätzen fragt in dieser Sphäre? Einer Sphäre, die sich wie ein »Versprechen« (ebd.) noch nicht artikulierter Gedanken geltend macht? Steiner spricht von einer »Schwelle«, die angesichts einer unbefriedigenden wissenschaftlichen Situation »überschritten werden muss, wenn eine Erkenntnis der geistigen Welt mit einer sicheren Grundlage erreicht werden soll« (ebd., 157).

Worin besteht diese unbefriedigende Situation? Steiner skizziert zwei Grundprobleme der Forschung, die einerseits die Naturwissenschaften, andererseits die (naturwissenschaftliche) Psychologie beträfen. Die Naturwissenschaften grenzten die konkrete Wahrnehmung – wir würden heute von »Qualia«[140] sprechen – aus und beschränkten sich auf die erfolgreiche Berechnung der Natur;[141] die Psychologie ihrerseits käme zu keinem substanziellen

140 Vgl. Thomas Nagel, ›What Is It Like to Be a Bat?‹, in: ›The Philosophical Review‹ 83.4 (1974), S. 435–450.

141 Max Weber trägt zwei Jahre später in seinem Vortrag »Wissenschaft als Beruf« die berühmte These von der »Entzauberung der Welt« durch berechnende Rationalisierung vor. Vgl. Max Weber, ›Wissenschaft als Beruf‹, Stuttgart (Reclam) 1995

Begriff von Seele, machte diese vielmehr nur von der physischen Leiblichkeit abhängig.[142] »Es ist durchaus begreiflich, dass sich das neuere Denken zwischen diese zwei Schranken gestellt fühlt und aus wissenschaftlicher Gewissenhaftigkeit heraus an der Möglichkeit zweifelt, zu einer Erkenntnis der wirklichen geistigen Welt zu kommen, die weder durch das Bild einer »stummen und finsteren« Natur noch durch die vom Leibe abhängigen Erscheinungen des gewöhnlichen Bewusstseins erreicht werden kann.« (ebd., 158)

Steiners Vorschlag zur Überschreitung der genannten Schranken der Naturwissenschaften in Richtung auf eine substanziellere, lebensfrischere Erkenntnis fokussiert sich zunächst in einer Formel, die er von Goethe aufgreift. Es ist die »*anschauende* Urteilskraft«. »Diese anschauende Urteilskraft verleiht der Seele, nach Goethes Ansicht, die Fähigkeit, das zu *schauen*, was sich als die höhere Wirklichkeit der Dinge dem Erkennen des gewöhnlichen Bewusstseins verbirgt.« (ebd., 159) Steiner nimmt nun von dieser Formel, mit der Goethe gegenüber Kant seine eigene praktizierte Methode der Naturerkenntnis zusammenfasst, den Ausgangspunkt für das, was er selber entwickeln möchte und nennt es »schauendes Bewusstsein« (ebd., 160). Er charakterisiert es durch einen Vergleich mit den Bewusstseinsformen von Traum und Erwachen. So wie das Wachbewusstsein sich zum Traumbewusstsein verhalte, so verhalte sich das schauende Bewusstsein zum Wachbewusstsein: klarer, transparenter, geführter, selbstverantwortet. Während der Übergang aus dem Traum ins Wachbewusstsein einer gegebenen unwillkürlichen Dynamik folgt, ist das beim Übergang vom Wachbewusstsein in ein noch wacheres Bewusst-

142 Was die Abhängigkeit des Bewusstseins vom Leib angeht hat sich die Situation seither durch Neurophysiologie und Genetik noch deutlich verschärft. Andererseits gibt es die Forschungen zur Plastizität des Gehirns durch Bewussteinsübungen (Vgl. Richard J. Davidson / Daniel Goleman, ›Altered Traits. Science Reveals How Meditation Changes Your Mind, Brain, and Body‹, New York 2017) und die Epigenetik, die Einflüsse der Umwelt auf die Gen-Entwicklung nachweisen und wiederum Steiners Ansatz von naturwissenschaftlicher Seite plausibel zu machen scheinen.

sein ganz und gar nicht so. »Ein solches Erwachen kann nur eintreten, wenn man zur Welt der Gedanken und des Willens ein anderes Verhältnis ausbildet als im gewöhnlichen Bewusstsein erlebt wird« (ebd.). Damit sind wir am entscheidenden Punkt angelangt. Denn dies Erwachen passiert nicht von selber, es geschieht auch nicht durch einen Impuls von außen, durch ein Ereignis, durch ein Angesprochenwerden. Steiners Überlegungen können allenfalls motivieren oder plausibilisieren. Jetzt aber wir das – offenbar allmähliche – Erwachen zu einer Frage der Übung, zunächst zu einer Frage des Entschließens. Es könnte auch von einer Experimentalsituation gesprochen werden, die folgende These Steiners – hypothetisch – zu ihrem Ausgangpunkt hat: »Ein Gedanke, der nicht einfach hingenommen wird aus dem gewöhnlichen Verlauf des Lebens, sondern der *mit Willen* ins Bewusstsein gerückt wird, um ihn in seiner Wesenheit als Gedanke zu erleben, löst in der Seele andere Kräfte los, als ein solcher, der durch auftretende äußere Eindrücke oder durch den gewöhnlichen Verlauf des Seelenlebens hervorgerufen wird.« (ebd., 161 f.)

Der Zugang zu der von Steiner gemeinte Sphäre des Bewusstseins sei dann aber im Besonderen durch eine »Aufwendung bewussten Willens« (ebd., 161) möglich, der seinen Akzent oder seine Einstellung verlagert. Im gewöhnlichen Leben, so Steiner, handle und denke man von sich her, »fühlt man sich selbst im Mittelpunkte dessen, was man will oder was man wünscht. [...] Es gibt aber auch eine Willensrichtung, die in einem gewissen Sinne dieser entgegengesetzt ist. Es ist diese, welche wirksam ist, wenn man, ohne unmittelbaren Hinblick auf ein äußeres Ergebnis, das eigene Ich zu lenken sucht. [...] In einer allmählichen Steigerung der in dieser Richtung vorhandenen Willenskräfte liegt, was man braucht, um aus dem gewöhnlichen Bewusstsein heraus zu erwachen.« (ebd., 163) Wir sind also damit wieder beim unscheinbaren Moment des Übens angelangt, einer sehr bescheidenen Angelegenheit in dem Versuch, etwas von der »höhere[n] Wirklichkeit der Dinge« (ebd., 159) zu erhaschen. Diese von Steiner anvisierte

Wirklichkeit könnte auch gut eine tiefere oder zartere oder fragilere genannt werden. Sie könnte sich nicht auf einen Status größerer Gewissheit berufen und einen Überlegenheitsstatus proklamieren. Das wird deutlich, wenn man sich anschaut, wie Steiner die Übung genau dieser Situation der Umkehr der Willensrichtung, die nicht der eigenen Intention folgt, sondern sich der Intention der Dinge hingibt, genauer charakterisiert.

Die konkrete Übung nämlich, die Steiner an dieser Stelle für besonders hilfreich hält, besteht darin, mit einem starken Gemütsanteil das Leben in der Natur zu betrachten:

> »Man sucht zum Beispiel eine Pflanze so anzuschauen, dass man nicht nur ihre Form in den Gedanken aufnimmt, sondern gewissermaßen mitfühlt das innere Leben, das sich in dem Stengel nach oben streckt, in den Blättern nach der Breite entfaltet, in der Blüte das Innere dem Äußeren öffnet und so weiter. In solchem Denken schwingt der Wille leise mit; und er ist da ein in Hingabe entwickelter Wille, der die Seele lenkt; der nicht aus ihr den Ursprung nimmt, sondern auf sie seine Wirkung richtet. Man wird naturgemäß zunächst glauben, dass er seinen Ursprung in der Seele habe. Im Erleben des Vorgangs selbst aber erkennt man, dass durch diese Umkehrung des Willens ein außerseelisches Geistiges von der Seele ergriffen wird.« (ebd., 163 f.)

Aus der Übung geht indessen hervor, dass es sich um keine bloße Betrachtung handelt, sondern vielmehr um ein mimetisches Nachvollziehen der Wachstums- und Bildprozesse einer Pflanze, um das innere Sich-Strecken, das flächige Sich-Ausbreiten, um das Sichtbarmachen eines Inneren nach außen. Es sind dies grundlegende plastische Bildeprozesse, die wir im Prinzip schon aus ihrer Ähnlichkeit mit der Inversion von Keim und Bild kennen, die aber hier angesprochen bzw. ausgeführt werden als ein Denken, das in sich Gemütsanteile (Mitgefühl, Hingabe) genauso birgt wie Willenselemente (leises Mitschwingen des Willens). Steiner spricht, obwohl er sich auf die abstrakt-begrifflichen Denkformen des Deutschen Idealismus bezieht, den Denkprozess also nicht als einen bloß begrifflichen an, sondern als einen plastisch-bildsamen, der Gemüts- und Willensanteile nicht als externe Zutaten in sich aufnimmt, sondern als innere Potentiale und substantielle Anteile schon in sich hat und diese in sich gegliedert weiter entfalten kann. Denken ist ein plastischer Prozess mit Gemüts- und Willensanteilen, der entfaltet werden kann. Das ist die erste Feststellung, die wir treffen können.

Nun ist in Steiners nicht ganz scharfen Ausführungen die Willensrichtung entscheidend. Ich folge nicht meinen eigenen Impulsen, sondern entscheide mich, einen fremden Impuls, einen anderen Prozess, eine nicht aus mir stammende und mir wohl auch unbekannte Gesetzmäßigkeit innerlich nachzuvollziehen, aufzubauen, mimetisch in mir aufzuführen. Der Ausdruck der Richtung macht deutlich, dass der Prozess – obwohl ich mich dazu entschieden haben muss – nicht von mir ausgeht, sondern dass es der Prozess einer Sache außer mir ist. Insofern kehre ich die Willensrichtung in mir um. Gleichzeitig spielt für Steiner hier die Inversion von Mittelpunkt und Umkreis mit. Aus »dem Umkreise des gewöhnlichen Bewusstseins wird ein anderes herausgehoben« (ebd., 164) und »man fühlt sich nicht mehr im Mittelpunkte dessen was man will oder was man wünscht« (ebd., 163). An dieser Stelle wäre also eine phänomenologische Forschungsarbeit durchzuführen, die sich mit dergleichen Erfahrungen differenziert beschäftigt und die sich vom immerhin gut überschaubaren Beispiel der Pflanze auf weitere Themen ausdehnen könnte, auf jeden Fall aber das Thema der Erzählung einer Person mit einschließen sollte. Wie bilde ich innerlich jemandes Erzählung nach, wenn ich zuhöre? Was tue ich dabei? Welche Wirkungen entstehen?

Steiner selbst begnügt sich an dieser Stelle des Buches mit der Schilderung der Übung und ihrer Einordnung in sein Konzept von Geisteswissenschaft. Mehr ist wohl in so einem Buch nicht möglich. Aber es fehlen das Gespräch und die Vielfalt der Stimmen der Übenden. Steiner genügt es, seinen Gesichtspunkt des »schauenden Bewusstseins« als einen möglicherweise plausiblen, berechtigten aufgezeigt zu haben. Und er nennt zuletzt in der Darstellung seiner Übung die Differenz zwischen Seele und Geist, die hier einen definitorischen Charakter hat. Denn als Geist wäre dasjenige in Erwägung zu ziehen und im Vollzug, so behauptet Steiner, auch vom Seelischen zu unterscheiden, was von außen, nämlich aus dem Umkreis kommt, während die Aktivität, die dazu führt, eine lediglich seelische sei.[143] Aus dieser Perspektive also wäre Steiners »Geisteswissenschaft« als Erfahrungswissenschaft anzugehen. Es ist eine sehr bescheidene Perspektive, die im Schatten vieler Großerzählungen Steiners steht. Hier zeigt sich ein noch zu erwägendes Missverhältnis. Die Metaphorik des »Höheren« jedenfalls wird durch diese konkrete Darstellung Steiners nicht unterstützt, auch wenn bescheiden auch einmal von der »höheren Wirklichkeit der Dinge« die Rede war. Das ist nicht »höhere Erkenntnis.« Was die Erkenntnisentwicklung angeht, die hier in Aussicht steht, wäre eher von einer nicht-zentrischen, einer peripheren, einer umkreisorientierten, vielleicht sogar von einer hetero-genen Erkenntnis zu sprechen.[144]

---

143 Ähnlich argumentiert Steiner in seiner Schrift »Theosophie« in der Darstellung der »Bewusstseinsseele«, was den Unterschied zwischen Seele und Geist angeht (GA 9, 44–48).

144 Zu beachten sind ferner die gehaltvollen Darstellungen in einer Stuttgarter Esoterischen Stunde vom 8. Mai 1923, in der das Verhältnis von Ursache und Wirkung als exoterischem Aspekt dem von Punkt und Umkreis als esoterischem gegenübergestellt wird (GA 266 III, 120 ff.), eine Berliner Esoterische Stunde vom 5. November 1910 zu den bildhaften Motiven der Arche Noah (GA 266 II, 100–110), besonders der Umkehr der Taube als Erkenntnissymbol und der »Umwendung seines eigenen Ich« (ebd. 109) sowie verschiedene Vorträge aus dem Jahr 1916 über das Verhältnis von physischer und geistiger Welt und das Verhältnis von Lebenden und Verstorbenen (GA 168, besonders 69–73, 111, 215).

»Ordo inversus« – zur Forschungsgeschichte einer Denkfigur

In den siebziger Jahren des 20. Jahrhunderts entdeckte der Philosoph und Germanist Manfred Frank (geb. 1945) in den Fichte-Studien von Novalis die Bedeutung der Denkfigur der Inversion, die man alsbald auch in Werken anderer Denker und Schriftsteller als konstitutiv bemerkte.[145] Es handelt sich um eine Figur, die Novalis »ordo inversus« nannte, also etwa »umgekehrte Ordnung«, und die in seinem Denken insbesondere ein Prinzip der Bewegung und des Auffindens darstellt. »Manches kann man nicht directe fassen und da thut man gut, wenn man sich stellt, als gienge man nach einer andern Seite, so kommt man ihm unvermuthet nah.«[146] Mannigfache Formen der Umkehr werden von Novalis erprobt. Es kann sich um eine »Hin und her Direction« handeln, oder den Wechsel zwischen Oben und Unten. »Zwey Weisen, die Dinge anzusehn – von oben herunter oder von unten hinauf – durch diesen Wechsel wird positiv, was erst negativ war und vice versa. Man muss beyde Weisen auf einmal brauchen.«[147] Aber die umgekehrte Ordnung ist nicht nur eine Vorgehensweise, sondern auch ein Weltprinzip, das im Begriff des Bildes besonders deutlich wird. In jedem Bild sehen wir uns nämlich umgekehrt. »Das Bild ist immer das verkehrte vom Seyn. Was rechts an der Person ist, ist links im Bilde.«[148]

---

145 Manfred Frank/Gerhard Kurz, ›Ordo inversus. Zu einer Reflexionsfigur bei Novalis, Hölderlin, Kleist und Kafka,‹ in: Herbert Anton/Bernhard Gajek/Peter Pfaff (Hrsg.), ›Geist und Zeichen. Festschrift für Arthur Henkel‹, Heidelberg 1977, S. 75–97.

146 Zitiert nach Florian Roder, ›Novalis. Die Verwandlung des Menschen. Leben und Werk Friedrich von Hardenbergs,‹ Stuttgart 1992, S. 249; vgl. zum »ordo inversus« dort S. 217–226, 249 ff. und 413 ff.. – Den Hinweis auf die Bedeutung des »ordo inversus« verdanke ich gesprächsweise Florian Roder.

147 Beide Zitate nach Roder, ebd., S. 218.

148 Zitiert nach Florian Roder, ›Menschwerdung des Menschen. Der magische Idealismus im Werk des Novalis,‹ Stuttgart 1997, S. 63.

Der Literaturwissenschaftler Lutz Danneberg (geb. 1951) weitet in den letzten Jahren im Rahmen der »Forschungsstelle Historische Epistemologie und Hermeneutik« der Berliner Humboldt Universität die Forschung zum »ordo inversus« auf die europäische Geistesgeschichte seit der Antike aus.[149] Ein Tagungsbericht der Jahrestagung des Zentrums für Klassikforschung, die vom 26. bis 28. März 2015 in Weimar stattfand, zeigt die Weitläufigkeit des Themas.[150] Danneberg geht von der sehr allgemeinen Definition aus, dass es sich mit der Denkfigur um »die Bewegung eines Ausgehens von einem Ausgangspunkt, das sich im Zuge eines Zurückkehrens wieder mit ihm verknüpft« handle.[151] Diese Bewegung lässt sich in mannigfachen Formen der Begründung, der logischen Folgerung und des Verstehensprozesses genauso deutlich finden wie sie in »konkretisierenden Gestaltungen« manifestiert sei: »in dem aus seiner Asche wiedererstehenden Vogel Phönix wie im alchemistischen Bereich im Symbol der Ouroboros (Schwanzfresser).«[152]

Während bestimmende Motive in den von Danneberg durchgeführten und initiierten Forschungen die Rückkehr zu einem Anfang und die Heilung eines Zerbrochenen sind, interessiert mich im Kontext einer Hermeneutik des Steiner'schen Werkes am »ordo inversus« vielmehr das Motiv der in der bloßen Begriffssprache nicht zu artikulierenden Verwandlung und geregelten Überschreitung des bloß begrifflichen Denkens zu einem Denken, das dann esoterisch zu nennen wäre und das sich in eine Dime-

149 Eine ausführliche Darstellung des Projekts ist zu finden auf http://fheh.org/?page_id=405 [20.8.2020]

150 Unter http://fheh.org/wp-content/uploads/2016/07/tagungsbericht_klassikstiftung_ordo_inversus.pdf [20.8.2020]

151 Lutz Danneberg, ›Ordo inversus. Sein Zerbrechen in Hermeneutik wie (Natur-) Philosophie und die Versuche seiner Heilung,‹ in: Simone de Angelis/Florian Gelzer/Lucas Marco Gisi (Hrsg.), ›»Natur«, Naturrecht und Geschichte. Aspekte eines fundamentalen Begründungsdiskurses der Neuzeit (1600–1900),‹ Heidelberg 2010, S. 93–137, hier S. 93.

152 Ebd., S. 94.

nion des schwer zu sagenden Neuen und Anderen bewegte und dieser Denkform(en) dazu bedürfte.

Darüber hinaus ist mir der schlicht formale Charakter der Denkfigur wichtig, der historisch zweifellos und je nach Kontext sehr unterschiedliche, auch existenzielle Bedeutungen und Erweiterungen annehmen kann. Zum Teil, das wird auch aus Dannebergs Beispielen deutlich, ist es die figurative Tradition esoterischen Denkens, die hier Metaphern und Figurationen zur Verfügung stellt. An Novalis Beispielen dürfte jedoch deutlich geworden sein, dass es schlicht um die Wendigkeit, um die schlecht zu verbildlichende, eigentlich nur zu erzählende Wenigkeit und Beweglichkeit des Denkens und Anschauens geht. Es handelt sich weniger um eine existenzielle Umkehr im breiten biblischen Sinne (als hebräisch *schub* im Alten oder griechisch *metanoein* oder *epistrephein* im Neuen Testament), in der ein Angesprochenwerden von Gott der existentiellen Umkehr[153] vorausgeht. Der Kontext der Steiner'schen Werkes ist vergleichsweise nüchtern und sachlich, spricht als Denkform und in den Übungen die paradox zu verstehende menschliche Aktivität an, kennt aber auch, wir werden es noch sehen, das Moment der Unverfügbarkeit. Vom intellektuellen Duktus ist der »Figur-Grund-Austausch« der Gestaltpsychologie nicht fern und das Verhältnis von »positiver und negativer« Fotoplatte wird als Leitmetapher für das Verhältnis der gewöhnlichen sinnesbasierten Wissenschaft mit der Geisteswissenschaft im eigentlichen Sinn von Steiner ernsthaft und wohl auch mit tiefer Aussage verwendet (GA 21, 32 f.).

Der stärkste wirksame Ursprungskontext für diese Denkform dürfte jedoch Goethes Metamorphosenlehre sein, mit der es Überschneidungen gibt (man denke an die Pflanzenmeditation zur Umkehr des Willens), die aber als allgemeine Gestaltungs- und

---

153 »Du musst dein Leben ändern!« wie Rilke einmal am Ende eines Gedichtes schrieb. Dort entsteht der Impuls aber im sehenden Angesehenwerden von einer griechischen Plastik. Auch, übrigens, eine Form der Umkehr.

Entwicklungslehre darüberhinaus geht.[154] Als Spezialform der Umkehr ist dagegen die »Umstülpung« zu verstehen – als Denkform,[155] aber genauso als geometrische und technische Konstruktion.[156] Sich auf all diese Aspekte des Denkens einzulassen schließt Prozessualität und Wandel unabdingbar mit ein. Vielleicht auch Verunsicherung oder Widerstand. Insbesondere beim Denkbild des Wirbels ist Dynamisierung gefordert. Wir betrachten es nun noch zum Abschluss dieser Reihe der Gestalten der Umkehr.

Dynamisierung der Umkehr: Das Denkbild des Wirbels

Der Wirbel ist ein Anschauungsphänomen der Natur und fand als solches bereits bei einem mit offenen Augen beobachtenden Naturforscher und Künstler wie Leonardo da Vinci (1452–1519)[157]

154 Was die Rezeptionsgeschichte der Metamorphosenlehre Goethes in Kunst und Kunstreflexion angeht, sei verwiesen auf Christa Lichtenstern, ›Die Wirkungsgeschichte der Metamorphosenlehre Goethes. Von Philipp Otto Runge bis Joseph Beuys‹, Weinheim 1990. Ein beeindruckendes, aber nicht das einzige Beispiel der Weiterführung seiner Metamorphosenlehre in der Evolutionsbiologie bietet Andreas Suchantke, ›Metamorphose. Kunstgriff der Evolution‹, Stuttgart 2002.

155 Vgl. Hans Bonneval, ›Umstülpung als Schöpfungs- und Bewusstseinsprinzip‹, Borchen [7]2017. Das Buch bietet eine fürs Textstudium konzipierte umfangreiche Stellensammlung von Darstellungen Steiners allein zum Thema der Umstülpung, verbunden mit persönlichen Kommentaren des Autors.

156 Paul Schatz (1898 –1979) hat als Ingenieur und Techniker bemerkenswerte Erfindungen auf der Grundlage des Umstülpungsgedankens gemacht. Vgl. u.a. Paul Schatz, ›Die Welt ist umstülpbar. Rhythmusforschung und Technik‹, Sulgen [3]2008. Zur Geometrie der Umstülpung in Anschluss an Schatz vgl. Renatus Ziegler, ›Platonische Körper: Verwandtschaften, Metamorphosen, Umstülpungen‹, Dornach 2012.

157 Vgl. vor allem unter methodischen Gesichtspunkten Frank Fehrenbach (Hrsg.), ›Leonardo da Vinci. Natur im Übergang. Beiträge zu Wissenschaft, Kunst und Technik‹, München 2002; als vertiefte Forschungsarbeit Frank Fehrenbach, ›Licht und Wasser. Zur Dynamik naturphilosophischer Leitbilder im Werk Leonardo da Vincis‹, Tübingen 1997, besonders S. 207 ff., 291 ff., speziell zur Wirbelzeichnung im Hinblick auf eine »assimilative Bewegung des Sehens«, die eine ebensolche Bewegung des Denkens nahelegt, S. 314–316; gut aufbereitetes Bild- und Textmaterial allgemein zur Bewegungsdarstellung des Wassers, zu dem der Wirbel gehört, findet sich in: Leonardo da Vinci, ›Das Wasserbuch. Schriften und Zeichnungen‹, ausgewählt und übersetzt von Marianne Schneider, München 2011 [1996].

und wohl nicht ganz zufällig bei einem von Steiner angeregten Ingenieur und Strömungsforscher wie Theodor Schwenk (1910–1986)[158] starke Beachtung. Zwar ist, was Steiners Darstellungen zum Wirbel angeht, die Beziehung zum Naturphänomen nicht aufzugeben, er selber bezieht sich aber in erster Linie auf die Geschichte der esoterischen Figuration,[159] beansprucht den Wirbel

158 Vgl. Theodor Schwenk, ›Das sensible Chaos. Strömendes Formenschaffen in Wasser und Luft‹, Stuttgart 1962, 42 f.

159 Als mögliche direkte Quellen bieten sich die theosophischen Schriften an, auch deshalb, weil die Figur zunächst in Steiners verschiedenen Narrationen theosophischen Lehrgutes bzw. bestimmter Lehr-Systeme in den Jahren 1903 bis 1906 – also in der Phase der Aneignung der angelsächsischen Theosophie – auftaucht. (GA 93, 45: Wirbel des geistigen Gehirns, Labyrinth; ebd., 226 ff.: Freimaurerei und Geschlechterfrage; GA 93a,; ebd., 62, 249 f., 261: Wirbel des Daseins; GA 94, 38: das ätherische Herz ein Wirbel von Strömungen; 79, 90, 226: Wirbel als Zeichen der okkulten Schrift; GA 92, 56 f.: Einweihungsprozess, Wirbel des geistigen Gehirns; GA 55, 194 f.: okkulte Schrift, Pflanze und Keim im Verhältnis zueinander wie Wirbel; GA 59, 109: Vergangenheit und Zukunft in der Seele wie zwei Ströme, die sich wie zwei Wirbel überschlagen) Am Beispiel der Lehre von den »Tattwas« wird prägnant greifbar, wie Steiner die theosophischen Lehrinhalte kohärent verformt, indem er unter anderem durch Einführung des Wirbelsymbols innovativ modifiziert. » […] Akasha ist das Feinste. Das ist die Substanz, aus der unsere Gedanken gewoben sind. Die Form dieses Tattwas sind zwei Wirbel, die sich fortwährend ineinanderringeln.« (GA 266 I, 180; vgl. die entsprechende Darstellung in Blavatsky, ›Die Geheimlehre‹, Band III, S. 498–501) – Zum Jahreswechsel 1907 – also im Moment der ersten dezidierten Abgrenzung von der angelsächsischen Theosophie durch Bezugnahme auf das Rosenkreuzertum – wird der Wirbel als Bestandteil der Rosenkreuzerischen Symbolik dargestellt (GA 96; 17: Lernen der okkulten Schrift; GA 97, 222 f., 239, 212, 203 f.; GA 99, 58). Erst um 1920 erscheint das Motiv des Wirbels dann wieder öfter, teilweise in sehr konkret ausgebildeten Bedeutungen, die vordergründig keine direkte Beziehung zu theosophischen Lehrinhalten mehr haben (GA 321, 174: im Kontext von Überlegungen zur physikalischen Wärmelehre werden gegensätzliche Begriffe wie Materielles-Immaterielles, räumlich-unräumlich, Intensives-Extensives, physisch-geistig in Form des Wirbels miteinander in Beziehung gesetzt, wodurch ein anderes Verhältnis als das des bloßen Begriffsgegensatzes und eine andere Dynamik der Beziehung entsteht; GA 313, 36: verschiedene Ätherarten berühren sich in einem Wirbel; GA 342, 130: das Gehörorgan als Wirbel). – Weiterhin sind die theosophischen Quellentexte begrifflich nicht präzise. Blavatsky spricht in ihrer ›Geheimlehre‹ vom »Wirbelwind der Gottheit« und bezieht sich auf kosmologische Wirbelkonzepte von der griechischen Antike bis zu Swedenborg, meint aber damit lediglich *Kreisbewegung* (Blavatsky, ›Die Geheimlehre‹, Band I, S. 142 f., 278, 529 f.). C. G. Harrison erläutert in seiner Schrift ›Das Transcendentale Weltenall‹, dies ebenfalls eine von Steiner stark genutzte Quelle, ausgehend von der genannten Passage bei Blavatsky den dritten der drei »Großen Ursätze«: »Alle Erscheinungen haben ihren Ursprung in Wirbelbewegungen«. Er

als eines der wichtigen Zeichen der Rosenkreuzer[160] oder nennt ihn eine »Hieroglyphe«,[161] verortet das Zeichen in den turanischen Mysterien[162] oder verwendet es als charakterisierendes Merkmal für große krisenhafte historische Umschwünge bzw. Erdperioden[163] genauso wie für das menschliche Gehirn oder das Gehörorgan.[164] Und Mensch wie Welt können in esoterischem Denken aphoristisch als »Wirbelbewegung« verstanden werden.[165] Wir haben also eine Denkform vor uns, die innerhalb verschiedener

---

zieht aber lediglich die gegenläufig geschwungene doppelte Wellenlinie des *Hermesstabes* heran und schließlich eine doppelte *Lemniskate*. (C. G. Harrison, ›Das Transcendentale Weltenall. Sechs Vorträge über Geheimwissen, Theosophie und katholischen Glauben, gehalten vor der Berean Society, aus dem Englischen übersetzt von Carl Graf zu Leiningen-Billigheim‹, o. O. 1897 [Nachdruck Stuttgart 1990], S. 42, 46–51 und 93). In Sinnetts ›Geheimbuddhismus‹ schließlich, einem Werk, das aus sachlichen Gründen auch als Quelle in Frage käme, wird immerhin terminologisch korrekt nur vom stetig sich vorwärts bewegenden »Gesetz des Kreislaufs« gesprochen, die Weltalter bilden als »Weltenkette« eine »Spiralform« und ihre einzelnen Phasen seien vorzustellen wie verschiedene Behälter, die sich der Reihe nach mit Wasser füllen. (Alfred Percy Sinnett, ›Die esoterische Lehre oder Geheimbuddhismus‹, Leipzig 1884, S. 74 und 43 f.) Was für ein Entwicklungsmodell! Steiner sieht in Phasenübergängen Umbruch und Neuanfang in Form in sich verschlungener Wirbelbewegungen. Seine naheliegenden literarischen Quellen hingegen sind terminologisch ungenau bzw. falsch oder gehen auf die Wirbel-Metapher an entsprechender Stelle nicht ein. Trotzdem behauptet Steiner eine pauschale terminologische Vorläuferschaft in der Art von Sätzen wie: »Das nennt man im Okkultismus einen ›Wirbel‹.« (GA 93a, 62, ähnlich 78, 248–251) Gegenüber seinen kontinuistischen Vorlagen ist Steiners Denken von Diskontinuität bestimmt. In der Mitte zweier Arme eines Wirbels müsse »nun ein Sprung gemacht werden, wie von einem Ufer zum anderen [...]. Das ist ein völlig neuer Ansatz.« (GA 93a, 250).

160 Ab Ende 1906 und Anfang 1907 (GA 97, 203 f., 212, 222 f., 239 und GA 55, 194 f.).

161 »Die Umkehrung der Wirkenskraft der Seele, die, einstmals von außen wirkend, zu einer innerlich wirkenden wird, ist immer durch eine Hieroglyphe bezeichnet worden, nämlich durch zwei Wirbel von entgegengesetzter Richtung. Die erste Bewegung, nach innen, drückt sich in der einen, die zweite, von innen nach außen, drückt sich in der anderen Richtung aus. [...] Dieses Zeichen – es ist dasjenige des Krebses im Tierkreis – bezeichnet immer das Ende einer Zielrichtung und den Beginn einer neuen im entgegengesetzten Sinn.« (GA 94, 90).

162 (GA 96, 232 f.)

163 Unter dem Stichwort »Wirbel des Daseins« (z. B. GA 93a, 62, 249 f.) oder verbunden mit dem Tierkreiszeichen des Krebses (z. B. GA 96, 148; GA 99, 58; GA 94, 90).

164 Vgl. zum Gehirn (GA 92, 56; unter Entwicklungsgesichtspunkten GA 283, 40) und zum Ohr (GA 242, 130 f.; unter Entwicklungsgesichtspunkten GA 94, 90)

165 Vgl. das Notizblatt Abbildung 5

Kontexte wandelbar eingefügt ist und die hier auf keinen Fall erschöpfend behandelt werden kann. Sie soll hier lediglich als dynamische Denkform exemplarisch beschrieben werden.

Das Tierkreiszeichen für den Krebs bezeichnet bereits die Grundform, die Steiner als Wirbel versteht. Es sind zwei umgekehrt gegenüberliegende Zeichen der Zahl 6 oder sehen aus wie eine liegende 69. Während das Zeichen für den Krebs nur ein Schriftsymbol ist, das einen simultanen Wiedererkennungswert hat, ist das graphische Zeichen für den Wirbel, über den Steiner spricht, demgegenüber zu beschreiben als der sukzessiv sich ergebende Zusammenhang zweier gegenläufig sich einrollender Linien, die sich je nach Sicht hereinwickeln oder herauswickeln und in der Mitte keine Verbindung haben. Wesentlich ist hier tatsächlich der Anschauungswert, denn er zeigt in seinem Vollzug bestimmte Prozessqualitäten, auf die es ankommt.[166]

Diese anschaulich erlebbaren Qualitäten sind dann wiederum auffindbar in Denk- und Erkenntnisprozessen im engeren gestischen und weiteren metaphorischen Sinn, ob nun in minimalistischer Form subtiler Bewusstseinsereignisse im Moment einer Wendung oder im epischen Umfang langer, biographischer Prozesse, die sich immer mehr verdichten und plötzlich vor einem Nullpunkt stehen, an dem es nicht weitergeht. Wir fassen damit deskriptiv-erzählerisch oder charakterisierend Bewegungsformen des Denkens und des Erlebens des Denkens in den Blick, die als bloße Begriffsbewegungen nicht anders dargestellt werde können und die vor allem qualitative Eigenschaften in sich enthalten, wie etwa, sich zu wenden und sich immer stärker zu wenden, sich darin umzukehren, immer kleiner zu werden, enger, dichter,

166 Methodisch wäre hier zu denken an die Darstellungen zur anschaulichen Dynamik von Linien von Wassily Kandinsky (1866–1944) oder Paul Klee (1879–1940) in ihrer Bauhaus-Lehre. Vgl. Kandinsky, ›Punkt und Linie zur Fläche. Beitrag zur Analyse der malerischen Elemente‹, Bern [7]1973, S. 85 ff. und Paul Klee, ›Das bildnerische Denken. Form- und Gestaltungslehre Band 1‹, Basel 1981, S. 19, 105, 123 f., 399 f., 415–419, 432 f., 438 u.ö..

schließlich auf einen Punkt zu kommen, der zwar eindeutig ist, wo es aber nicht weitergeht. Die einwickelnde Seite des Wirbels könnte für Konzentration stehen (weil sie diese anschaulich auch vollzieht, sie ist kein willkürliches Zeichen), aber auch dafür, eine Sache von allen Seiten, also ringsum anzuschauen. Die auswickelnde Seite könnte für Öffnung stehen, für Weite oder Sichtbarkeit, auch Auflösung oder Zerstreuen. Beides in Polarität zueinander. Das jedenfalls sind Qualitäten, die entstehen und erlebbar sind, wenn wir die Form anschauen.

Hinzu kommt die rhythmische Qualität, die sich daraus ergibt, dass wir es mit zwei gegenläufig-symmetrischen Wirbelseiten zu tun haben, die also auch Bewegungen wie gleichmäßig folgendes Ein- und Auswickeln schwingend wiederholen. Der Wirbel in diesem Sinn ist also nicht nur eine Bewegungsform der Umkehr, er gibt dieser Umkehr auch, wenn man so will, eine gleichmäßig pulsierende Gestalt sowie Beschleunigung und Verlangsamung, Verdichtung und Lösung. Betrachten wir die beiden Wirbellinien jedoch als *eine* Folge (herein und dann heraus), so stehen wir vor der Tatsache, dass in der Mitte des Wirbels nichts ist, die beiden Verlaufslinien also nicht miteinander verbunden sind. Ein Moment der Leere, der Unterbrechung, der Diskontinuität ist da. In der Mitte des Wirbels ist das Nichts, die Leere, der Abstand, die Unbestimmtheit, der Sprung.

Mit dieser Form wird das Denken gestisch-symbolisch. Wie sehr das durch dies Zeichen zu deutende Denken zwischen Anschauung und Begrifflichkeit steht, wird deutlich, wenn wir die sehr ähnlichen Ausdrucksformen eines phänomenologischen Denkers wie Maurice Merleau-Ponty (1908–1961) hinzuziehen. Als prominentes Beispiel aus seinem Spätwerk sei die Figur des »Chiasmus«[167] genannt, die er für die Charakterisierung bzw. präzise

167 Zunächst als kreuzförmige Überlagerung der Sehachsen verstanden, dann auch als Lemniskate. Vgl. Maurice Merleau-Ponty, ›Das Sichtbare und das Unsichtbare‹, München 1986, S. 172 ff.; vgl. ferner: »Die wahre Philsophie = begreifen, wie es kommt, dass das Aussichherausgehen auch Rückkehr zu sich ist und umgekehrt.

Bezeichnung des Weltverhältnisses, des Ich-Anderer-Verhältnisses und des Geist-Leib-Verhältnisses verwendet. Sein Ausdruck die »Höhlung«[168] des Seins oder der »Wirbel«[169] der zeitlichen Differenzierung sind sinnlich-mimetisch einlösbare philosophische Fundamentalbegriffe. Und wenn Merleau-Ponty von dem Sein oder dem Weltverhältnis substantivisch als »Schlängeln«[170] spricht, ist er nicht weit entfernt von Steiner, der vom Zeichen des Wirbels ausführt: »Das sind nicht willkürliche Zeichen. Wenn man sie kennt, zeigen sie einem den Weg, um hineinzukriechen in die Dinge und in den Dingen zu leben.« (GA 55, 196) Jenseits des Gesichtspunkts von Subjekt und Objekt, so notiert Merleau-Ponty seinerseits, sei an einen »gemeinsamen Kern« zu denken, »der das ›Schlängeln‹, das Sein als Schlängeln ist [...]. Es muss verständlich gemacht werden, wie dies [...] eine Wahrnehmung ist, ›die sich in den Dingen abspielt‹. [...] Es gilt zu verstehen, dass die Dinge uns haben und nicht wir die Dinge haben.«[171] Sowohl Steiner wie Merleau-Ponty bemühen sich um die teilweise identische Darstellungen einer Art des Wahrnehmens, welche die Dinge nicht im Zuschauerbewusstsein von außen betrachtet, sondern sich in den Dingen aufhält, indem es in sie ›kriecht‹ oder in ihnen ›schlängelt‹. Steiner scheut sich nicht, die höchste Erkenntnisstufe der Intuition »ein Aufgehen, ein Hineinkriechen« zu nennen, »so dass man die Wesen vom Inneren aus kennt.« (GA 99, 25)

Auf der einen Seite also helfen solche Denkbilder da aus, wo die gewöhnliche Begriffssprache mit ihrer Logik oder die Dialektik zu unscharf werden oder zu wenig komplex sind: *Denken über-*

Dieses Chiasma, diese Umkehrung begreifen. Dieses ist der Geist.« Ebd., S. 256; vgl. ebenso: »Das Chiasma ist [...] Austausch [...]: was als Ding beginnt, endet als Bewußtsein des Dinges, was als ›Bewusstseinszustand‹ beginnt, endet als Ding.« Ebd., S. 274; ferner S. 302, 326 und 329.

168 Ebd. 252: »Kurz: das Nichts [...] ist Höhlung und nicht *Loch*.« Vgl. ferner S. 197, 288, 320, 327.

169 Ebd., S. 293 und S. 270: »[...] Wirbel, eine einzige Rücknahme des Seins.«

170 Ebd., S. 249.

171 Ebd.

schreitet sich in die figurative Zeichnung.[172] Auf der anderen Seite nun vermag das Element der graphischen Gestaltung ohne Zuhilfenahme der Sprache Bedeutungen zu schaffen, die anschaulich nachvollziehbar und präzise sein können: *Die Linie überschreitet sich durch Gestaltung und wird Denken.* Das ist der Fall, wo Steiner graphische Gestaltungen vornimmt, in welchen der Wirbel eine tragende Funktion hat, ohne dass er zeichenhaft wiedererkennbar für etwas stünde, sondern seine Bedeutung selbst im Anschauungsprozess bietet.[173] In diesem Sinn finden sich zahlreiche Entwürfe Steiners mit Varianten von Wirbelformen, die insbesondere dort auftauchen, wo es, wie auf Entwürfen für den »Anthroposophischen Hochschulbund«, die Zeitschrift »Soziale Zukunft«, auf einem Buchumschlag oder auf den Mitgliedskarten der »Allgemeinen Anthroposophischen Gesellschaft« irgendwie um das tätige Verhältnis zur Zukunft geht. Die Form des Wirbels greift dann Steiners fundamentale Idee des doppelten Zeitstroms auf (GA 59, 109), von der am Anfang dieses Kapitels die Rede war, vermittelt sie, macht sie anschaulich, provoziert ihr Verständnis oder verführt vielleicht auch dazu, es mit dem Verständnis zu leicht zu nehmen.

---

172 Weniger von einer Überschreitung als von einer Übersetzungsleistung wäre zu sprechen im Hinblick auf Steiners Idee, sein Buch ›Die Philosophie der Freiheit‹ zu zeichnen. In einem Vortrag über graphische Kunst und das Charakteristische gelungener Illustrationen erwähnt er diese Idee beiläufig: »Ich würde zum Beispiel sehr gern den Inhalt meiner ›Philosophie der Freiheit‹ zeichnen. Das ließe sich ganz gut machen. Nur würde man es heute nicht lesen können. Man würde es heute nicht empfinden können, weil man auf das Wort dressiert ist.« (GA K45 Textband, 17)

173 Vgl. dazu die Edition des graphischen Werks mit Bild- und Textband, der zu den Graphiken nicht nur Erläuterungen, sondern auch minutiöse Beschreibungen des Anschauungsprozesses gibt (GA K45). Die genannten Graphiken sind leicht aufzufinden, ebenso die zugeordneten Texte. Besonders interessant ist eine Zeichnung Steiners mit dem Satz »Ich schaue den Menschen im Wirbel«, die vordergründig keinen linearen Wirbel zeigt, aber den Ansatz der Wirbelbewegung in der Überlagerung tropfenförmiger Elemente (GA K45, 213 im Bildband, 283 ff. im Textband). – Nebenbei sei erwähnt, dass der Wirbel nicht nur linear dargestellt wird. Es gibt von Steiner ebenfalls eine Wirbelform aus den Farben des Spektrums mit zwei Mittelpunkten, den er »Wirbel der Welt« nennt (GA 286, 103 ff.).

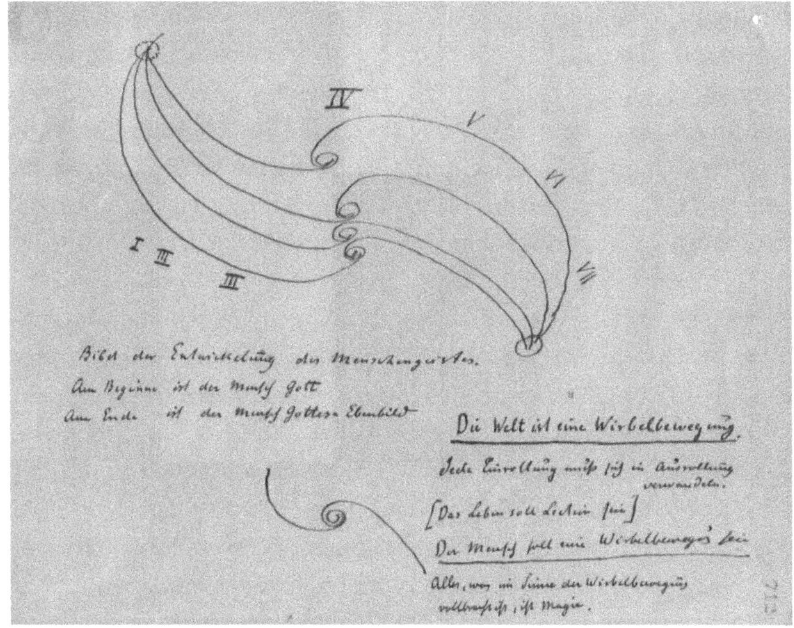

Abbildung V.: Notizblatt 712 von Rudolf Steiner, undatiert (Rudolf Steiner Archiv, Dornach). Die Mitte der Wirbel ist hier noch geschlossen, d. h. es wird eine geschlossene Entwicklungssystematik nahegelegt. Allerdings hat das gesamte Blatt den Charakter eines Aphorismus. Unterstrichen sind die beiden Sätze: »Die Welt ist eine Wirbelbewegung. [...] Der Mensch soll eine Wirbelbewegung sein.«

Die »Schöpfung aus dem Nichts«

Das Innere des Wirbels, also jene Stelle, wo nichts ist, ist kein völlig unbestimmtes Nichts. Verstehen wir den Wirbel als hinein- und hinausführenden Verlauf, dann ist dies Nichts geprägt von dem, was vorher war und auch in gewisser Weise, was dann folgen wird. Im Schema, in der Zeichnung sehen die beiden Enden des Wirbels gleich aus, sie sind symmetrisch gespiegelt. Aber der Wirbel ist kein linearer Verlauf, sondern eine dynamische Verdichtung und Verschlingung, die durch ein Aussetzen geprägt ist. Ein spezifisches Nichts, eine Leerstelle im Verlauf, ein Loch im Boden, ein den Weg trennender Fluss ohne Brücke, ein Moment völliger Unbestimmtheit innerhalb dynamisch sich wandelnder Bestimmungsprozesse. Da dieses Element der Unbestimmtheit, das aber seine Wirkung auf den Verlauf haben wird, von großer Bedeutung für den Verlauf überhaupt ist, kommt es sehr darauf an, wie es gedacht wird, welche Wirkungsqualität es erzeugt, was da überhaupt genau passiert.

Es ist klar: Die Mitte des Wirbels ist so etwas wie die vorgesehene Bruchstelle im wirbelnden Verlauf. Aber ist der Bruch Störung, Irritation, Eintrittsort des Neuen oder Anderen, eines Unabsehbaren, oder bloß ein leerer Umkehrpunkt des Rhythmus wie die beiden Umkehrpunkte beim Atmen? Es lohnt sich sehr, über diese Fragen nachzudenken und es lohnt sich, das Signet des Wirbels dafür als Ausgangspunkt zu nehmen. Wenn wir es als Kürzel für das Denken Rudolf Steiners nähmen, für sein Werk, wofür wir Gründe hätten, dann würde der Wirbel uns sagen, dass dieses Werk eine substanzielle Offenheit hat. Dass es kein Werk wäre, das, wie man oft denkt und auch Gründe hat zu denken, festgelegte Entwicklungsabläufe darstellte, die nur so nacheinander und ineinander ablaufen wie am Schnürchen. Auf der Grundlage des Wirbels – und Steiners Werk stellt sich auf diese Grundlage – wäre es ein Werk, das ständig Änderungsprozesse in sich aufnähme, sensibel irritierbar wäre, voll zarter Empirie, ein Werk, in dem Aneignung zur Zueignung würde und Selbstverwandlungen geschähen, gehalten in den dynamischen Armen (den Wirbelarmen) geübter Beweglichkeit.

Steiners Wort für die kreative Mitte des Wirbels nun ist die »Schöpfung aus dem Nichts«. Ein Motiv, das in wenigen seiner Vorträge wie ephemer auftaucht und erhalten geblieben durch den Brauch, seine mündlichen Darstellungen mitzuschreiben und sie dadurch zu fixieren und ihnen so eine dauernde, öffentlich zugängliche Gestalt zu geben, eben in Textform, und so hier, in diesem Buch, zum Thema geworden. Es ist ein Beispiel dafür, wie zentrale Gedanken Steiners sozusagen abgelegen, beiläufig, selten und ohne großen Nachdruck erscheinen und leicht ignoriert oder in ihrer Bedeutung, auch ihrer systematischen, übersehen werden können. Die drei Vorträge, die hier in Rede stehen, wurden in den Jahren 1905 in Berlin, 1907 in Stuttgart und 1909 wiederum in Berlin gehalten[174] und stehen im Kontext zweier Begriffe, Evolution und Involution,[175] mit denen Steiner vor allem während der intensiven Aneignung der Theosophie viel gearbeitet hat und die wir uns leicht als die beiden Schleifen des Wirbels vorstellen können: Einwickeln und Auswickeln.[176] Die evolutive Grundfrage, die sich auf dieser Ebene des gestischen Denkens stellt, ist, wie entwickelt sich oder entsteht Neues, wenn sich im Grunde die Prozesse von Ein- und Auswickeln immer wiederholen? Sie konzentriert sich auf die Frage: Was ist im Inneren des Wirbels? An den verschiedenen Antworten, die Steiner auf diese Frage gibt, lässt sich eine gewisse Dynamik erkennen. Das Zauberwort dabei ist *Beziehung*.

Ein einfaches Beispiel erläutert die Richtung der Idee. »Wenn Licht gegen einen Stab scheint, dann entsteht dahinter ein Schatten. Das ist eigentlich etwas Neues. Wenn man diese Wirkung betrachtet, sagt man sich, es ist etwas geschehen, das neu ist. Das Verhältnis der Dinge zueinander ist etwas Neues: Die Schattenbildung.« (GA 93a, 122) Nun ist klar, dass Steiner nicht auf die Gesetzmäßigkeit der Schattenbildung abhebt, denn die ist nichts Neues, sondern vielmehr das Bemerken der Beziehung, die etwas hervorbringt, meint. »Nur Gedanken über Verhältnisse zwischen Dingen können etwas Neues sein. Am besten sieht man das in der

174 *Erstens* am 30. Oktober 1905 in Berlin (GA 93a, 212–214, vgl. schon 122 f.), *zweitens* am 15. September 1907 in Stuttgart (GA 101, 171–176), und *drittens* am 17. Juni 1909 in Berlin (GA 107, 295–317).

175 Vgl. (GA 93, 116 ff.) und (GA 53, 249 f. und 375). Blavatsky verwendet den Begriff der Involution in der Geheimlehre im Sinne einer »Involution des Geistes in die Materie« oder als »Gesetz des Herabsteigens in die Stofflichkeit und des Wiederaufsteigens in die Geistigkeit« im Rahmen ihrer kosmologischen Entwicklungslehre. (›Die Geheimlehre‹ Band II, 448 f.).

176 Wohlgemerkt: Das sind jetzt sinnbildliche Ausdrücke, Versuche, etwas zu denken. Die natürliche Evolution zum Beispiel besteht nicht aus Wickelungsprozessen.

Kunst. […] Der Künstler baut aus Verhältnissen etwas Neues auf. Der Maler malt, was durch die Verhältnisse eintritt: Licht und Schatten; er malt gar nicht, was wirklich da ist.« (ebd., 122 f.) Auch der Bildhauer, der in seinem Atelier eine Gruppe von Modellen zusammenstellt, schafft durch diese neu gebildete Konstellation etwas Neues, indem er sie als Beziehungsgefüge wahrnimmt (GA 101, 175). Selbst wer sich mit einer Rose beschäftigt, sie anschaut, Besonderheiten und Gesetzmäßigkeiten erkennt, schafft in dem, was er bildet, etwas »Neues, noch nicht Dagewesenes. […] Solche Neuschöpfungen entstehen immer durch den Verkehr von Wesen mit Wesen. Solche Neuschöpfungen sind ein Anfang.« (Ebd.)

Der Vortrag, in dem Steiner das Thema umfänglich entwickelt und der in gewisser Weise selbst ein Gedankenkunstwerk um dieses Motiv herum darstellt, setzt am 17. Juni 1909 in Berlin den Schlusspunkt einer langen Vortragsreihe, kurz vor der Sommerpause, und er nennt eingangs, als der Vortrag beginnt, mit diesem letzten Vortrag aber auch die bevorstehende längere vortragslose Zeit, für manche vielleicht eine leere Zeit, er nennt also eingangs die zu entwickelnde Idee einen »allerwichtigsten und auch allerschwierigsten Begriff. […] Man sollte über solche Begriffe Monate und Jahre nachdenken, denn dann kommt man nach und nach auf die ganze Tiefe, die darin liegt.« (GA 107, 303) Tiefe? Sind die bisher genannten Beispiele solche von Tiefe? Oder sind sie nicht vielmehr sehr simpel? Eine Rose anschauen? Im Atelier Gegenstände für's Zeichnen arrangieren? Einen Schatten *als Schatten* wahrnehmen?

Woher kommt das Neue? Das war die Frage. Steiner schildert drei Orte oder Beispiele und es ist vielleicht gut, dass er das Thema so angekündigt hat, sonst würden wir sie schnell als trivial übergehen. Das erste ist das Gefühl der Freude, das etwa entsteht, wenn wir wahrnehmen, wie zwei Personen nebeneinanderstehen. Hinzu kommt das Gefühl der Freude über eine Sternkonstellation. Oder, drittens, das Nachdenken über ein rätselhaftes Ereignis, vielleicht ein Verbrechen, ein Krimi, der geklärt werden soll, wofür ein Beziehungsgeflecht von Gedanken entsteht. Das Aufnehmen von Beziehung, die Freude über beobachtete Beziehungen, das Herstellen von Beziehungen in den eigenen Gedanken, das macht es aus. Der Blick geht also nicht etwa auf Dinge, die uns bisher unbekannt waren, sondern auf durchaus Bekanntes, mehr oder weniger Gewöhnliches, nicht besonders Spektakuläres. Es geht nur um bestimmte Formen der »Berührung« (GA 107, 304) mit der Welt. »Solche Schöpfungen aus dem Nichts entstehen fortwährend in der menschlichen Seele. Es sind die Erlebnisse der Seele, die man nicht durch Tatsachen erlebt, sondern durch Relationen, durch Beziehungen zwischen den Tatsachen, die man sich selber herausbildet.« (Ebd.)

Der Gedanke liegt ganz an der Oberfläche und beansprucht zugleich tief zu sein. Er erscheint überhaupt nicht theosophisch, philosophisch, gebildet, bedeutungsvoll, schwer. Nein, er ist sehr alltäglich, leicht. Er muss nur bemerkt werden. Er hat etwas vom ästhetischen Aufbruch der Avantgarden im frühen 20. Jahrhundert. Auch der Kubist Georges Braque (1882–1963) sagt: »Vergessen wir die Dinge, betrachten wir nur die Beziehungen.«[177] Er hat etwas von einem Interesse, das nicht auf Sensationen oder ein besonderes Wissen geht, sondern das schlicht bleibt, sich erneuert. Das als Bewusstsein, Gefühl, sachter Willensimpuls, als immer keimhafter Prozess Beziehung aufnimmt, betrachtet und stiftet, beobachtet und wertschätzt. Mehr als dieses Unscheinbaren bedarf es offenbar nicht. Es ist, in dem Moment, bar jeder Lehre und voll unbemerkter Aufbrüche.

177 Georges Braque, ›Vom Geheimnis der Kunst. Gesammelte Schriften, Erinnerungen und Gespräche‹, Zürich 1958, S. 93.

Hermeneutik und Kritik – über Max Dessoir

Am 22. Oktober 1916, es ist ein Sonntag, schreibt der vom Dienst an der Front befreite Instruktionsoffizier Walter Johannes Stein aus Wien an den Begründer der Anthroposophie Rudolf Steiner in Dornach:[178]

> »Hochverehrter Herr Doktor! Prof. Dr. Max Dessoir (Berlin) hat am 20. d. M. in Wien im kleinen Vortragssaal der Urania einen Vortrag gehalten, welcher in einem Zyklus von drei Vorträgen der letzte war ›Aberglaube und Geheimwissenschaft in der Gegenwart, Theosophie‹. So lautete die Ankündigung des Vortrags. Die zwei vorangehenden beschäftigten sich mit ›Gesundbeten und Kabala. Ich hatte nur den dritten gehört ... Der dritte Vortrag war eine Polemik. Was als Polemik gebracht wurde ist nicht so gefährlich wie die vorangehende ›unbefangene und objektive‹ Darstellung der Lehre des Herrn Steiner«.[179]

Stein, der an einer philosophischen Dissertation arbeitet, zu deren Betreuung er Steiner gebeten hat und die Steiners spirituelle Darstellungen auf ein philosophisches Fundament stellen soll,[180] berichtet in diesem Brief Steiner gegenüber genau und engagiert

---

178 Vgl. Johannes Tautz: ›W. J. Stein. Eine Biographie‹, Dornach 1989, S. 62. Der vorliegende Text geht auf einen Vortrag zurück, den ich auf Einladung von Eberhard Bauer vor einigen Jahren am Freiburger ›Institut für Grenzfragen der Psychologie und Psychohygiene‹ gehalten habe. Eberhard Bauer und Gerd H. Hövelmann († 5. Februar 2017) danke ich für wertvolle Hinweise und anregende Gespräche.

179 Brief im Rudolf Steiner Archiv, Dornach. Über die beiden vorigen Vorträge war ihm berichtet worden.

180 Thomas Meyer (Hrsg.), ›Walter Johannes Stein / Rudolf Steiner. Dokumentation eines wegweisenden Zusammenwirkens‹, Dornach 1985.

von Max Dessoirs (1867–1947) Darstellung und Kritik der Anthroposophie. Stein möchte die Selbstwidersprüche aufzeigen, in die sich Dessoir verstrickt. Es geht aber auch um den Ton der Auseinandersetzung – gerade dort, wo sie vorgeblich sachlich sei. Wenn Dessoir Steiners Doktortitel (die übliche Anrede unter dessen Anhängern ist »der Doktor«) unterschlägt, ist das nicht nur im Kontext der damaligen Umgangsformen, sondern gerade im Mund eines ausgefeilten Stilisten wie Dessoir höchst despektierlich. Aber Stein geht es auf der Sachebene an: »Um die Sache selbst ihr Werturteil sprechen zu lassen brauche ich nur darauf hinzuweisen, dass der Einzige! wörtlich zitierte Satz aus dem Buche war: ›Die geistige Führung des Menschen und der Menschheit‹.« Detailliert führt er das Referat des Vortrags und seine Kritik fort. Was sich wie Kleinkrämerei anhören mag, ist in Wirklichkeit ein Existenzkampf um die angemessene Reputation. Es geht um die Frage, die Entscheidung, ob Steiners »Geisteswissenschaft« in den Bereich der akademisch geächteten, irrationalen, abstrusen und rückschrittlichen »Geheimwissenschaften« (so Dessoirs pauschaler Sammelbegriff) gehört oder nicht. Stein selber bemüht sich mit seiner Doktorarbeit, die ihm in den kommenden zwei Jahren noch viel abverlangen wird, die akademische Dignität der Anthroposophie zu zeigen. – Warum ist für Stein und Steiner die akademische Anbindung so wichtig? Und warum tut Dessoir alles, sie ihnen abzuerkennen?

Scheinbar sachlich – aber in der Wirkung ebenfalls hochgradig polemisch – ist, was Dessoir tut, indem er Anthroposophie und Gesundbeten oder Aberglaube quasi gleichsetzt. Die Reihung im Vortragstitel, die einer Gleichsetzung entspricht, steht für sich. Sie braucht nicht eigens kommentiert zu werden – für Kenner der Anthroposophie jedenfalls. Auf das gebildete Publikum aber, dem Dessoir mit aufklärerischer Intention in der »Urania« vorträgt, muss seine Darstellung aus der Sicht Steins wie eine verhängnisvolle Desinformation wirken. Dessoir mache sich lustig über Ausführungen Steiners, schreibt er in seinem Brief. Das sei aber leicht, wenn man – unsorgfältig und letztlich unredlich – Steiners eigene, im Vorwort der zitierten Schrift wie ein Warnschild aufgestellte hermeneutische Regel missachte. Die Regel nämlich, dass man diese Ausführungen nur unter der Voraussetzung einer gewissen Vertrautheit mit dem Werk überhaupt verstehen könne, dass man sich vorab näher darauf eingelassen haben müsse. Ganz aus der Distanz könne man ihn nicht verstehen. Aus der Distanz, so sagt Steiner selber, könne seine Darstellung nur komisch wirken. Dessoir, es ist offenbar, hat diese hermeneutische Regel ignoriert. Was für ein Leser!

Nun ist Max Dessoir aber ein gebildeter, stilsicherer, skeptischer Hochschullehrer, der sich mit den Dingen, über die er spricht, an sich sorgfältig auseinandersetzt.[181] Er fühlt den Dingen auf den Zahn und hat einen weiten Wissenshorizont. Und zudem: Was er gemein hat mit Stein ist ein deutliches Engagement. Er will aufklären über jene Irrationalismen, die er in dem, was er pauschal als »Geheimwissenschaften« zusammenfasst, am Werke sieht. Er hat ein Anliegen. Stein umgekehrt brennt, viel mehr noch, für die Sache der Anthroposophie. Während Dessoir als Universitätsprofessor institutionell gesichert und sowohl in akademischen wie in Künstlerkreisen stark vernetzt ist, muss oder vielmehr: *will* Steiner und mit ihm Stein um akademische Anerkennung kämpfen, d.h. um eine Form der Anerkennung, welche die Aussagen der Anthroposophie als wissenschaftlich seriös, öffentlich und allgemein zugänglich behandelt – und dafür ist der institutionelle Ort zunächst eben die Akademie.

---

181 Bislang fehlt eine Biografie Dessoirs. Instruktiv ist Barbara Zwikirsch, ›Der Nachlass »Max Dessoir« im Preußischen Staatsarchiv in Berlin-Dahlem. Ein Beitrag zur Geschichte der Psychologie in Berlin‹, in: ›Psychologie und Geschichte‹, Jg. 5, Heft 1/2, Dezember 1993, S. 293–309. Knapp informiert die kleine Schrift von Christian Herrmann, ›Max Dessoir. Mensch und Werk‹, Stuttgart 1929, die allerdings nicht nur spürbar älteren Datums ist, sondern auch eine pure Belobigung darstellt. Sehr detailliert, aber eben auf einen Gesichtspunkt eingeschränkt ist Adolf Kurzweg, ›Die Geschichte der Berliner »Gesellschaft für Experimental-Psychologie« mit besonderer Berücksichtigung ihrer Ausgangssituation und des Wirkens von Max Dessoir‹, Diss. Berlin 1976.

Nun könnte es eine gemeinsame Schnittmenge, ein Feld akademisch redlicher Auseinandersetzung zwischen den Positionen Dessoirs und Steiners geben. Aber die Polemik überwiegt. Und jede Polemik provoziert Apologetik.[182] Und Apologetik kann auch die Form zynischer Herabsetzung oder Rundumdisqualifizierung des Gegenübers sein – von beiden Seiten natürlich. Kritik aber, im Sinne des differenzierten Unterscheidens und Abgrenzens, und Hermeneutik, als durchaus bemühte Form des Verstehens und Verstehenwollens einer anderen Position, scheinen hier zunächst keine, jedenfalls keine gemeinsame Chance zu haben.

Freund Meebold

Der spätere Anthroposoph Alfred Meebold (1863–1952), ein in Heidenheim geborener Schriftsteller und Botaniker, Erbe der Württembergischen Cattun-Manufaktur, ist seit den 1890er Jahren, die er mit freien Studien und Schriftstellerei in Berlin verbrachte, mit Max Dessoir gut befreundet.[183] Dessoir ist so etwas wie der Mentor Meebolds. In seiner Autobiographie nennt ihn Meebold lediglich seinen »psychologischen Freund« und schildert, wie dieser ihn nicht nur in seinen Selbstwert- und Orientierungskrisen immer wieder aufgebaut, sondern ihn auch einer strengen schriftstellerischen und denkerischen Erziehung oder Ausbildung unterzogen habe. Dessoir, vier Jahre jünger, ist also auch ein Lehrer Meebolds. Er verhalf ihm zu intellektueller Selbständigkeit und zu einem eigenständigen, offenen und kritischen Sinn. In den neunziger Jahren des 19. Jahrhunderts waren die beiden nicht nur in den

182 Vgl. zur polemischen Dimension die Einleitung von Olav Hammer & Kocku von Stuckrad (Hrsg.), ›Polemical Encounters. Esoteric Discourse and Its Others‹, Leiden & Boston 2007.

183 Zu Meebold vgl. die Kurzbiographie von Mario Zadow in Bodo von Plato (Hrsg.): ›Anthroposophie im 20. Jahrhundert. Ein Kulturimpuls in biographischen Porträts‹, Dornach 2003, S. 509 f.

wissenschaftlichen und künstlerischen Milieus Berlins unterwegs, sondern interessierten sich lebhaft für die Themen des Okkulten, für die Theosophie aus dem englischsprachigen Raum und vor allem für den Spiritismus. Séancen mit spiritistischen Medien waren damals im Bürgertum und bei Künstlern sehr beliebt.[184] Dessoir war fasziniert und ein Kenner der Szene, untersuchte entsprechende Vorführungen aber vor allem mit skeptisch prüfender Gesinnung.

Dessoirs und Meebolds Freundschaft zeigte sich nicht nur in den gemeinsamen wissenschaftlichen Interessen an psychologischen und spirituellen Themen. Sie gingen auch gerne zu zweit feiern, trafen sich mit Vorliebe in ihrem Stammlokal »Unter den Linden« zu einer oder meist mehreren Flaschen »G. H. Mumm Extra Dry«.[185] Irgendwann aber genügt Meebold das wissenschaftliche und kulturelle Umfeld Berlins nicht mehr, er sucht Vertiefung und stößt schließlich – das ist der Fortgang der Geschichte – nach Jahren der Suche 1904 auf Rudolf Steiner, der ihm diese Vertiefung tatsächlich bietet. Er wird nun esoterischer Schüler Steiners, gehört zu denjenigen, die ihm auf seinen Vortragsreisen folgen und ist später einer der engagierten Vertreter von Steiners Impulsen in den gesellschaftlichen Auseinandersetzungen um die Neugestaltung nach dem Ersten Weltkrieg.

Äußerlich hatte er das Gefühl, mit dieser neuen Freundschaft und Lehrerschaft auf die andere Seite gewechselt zu haben. Er schwieg Dessoir gegenüber lange von der neuen Verbindung. Als er sie ihm eingestand, war das für Dessoir kein Grund, die Freund-

---

184 Vgl. Priska Pytlik, ›Okkultismus und Moderne. Ein kulturhistorisches Phänomen und seine Bedeutung für die Literatur um 1900‹, Paderborn 2005, zu Dessoir siehe S. 93, 88 und 81 ff.

185 Meebolds Darstellung dieser Freundschaft findet sich in seiner Autobiografie: ›Der Weg zum Geist. Versuch einer Seelenbiographie‹, München 1917, S. 153–193. Dass es sich mit dem namentlich nicht genannten »psychologischen Freund« um Dessoir handelt, geht aus dessen Autobiografie hervor, wo dieser seinerseits Meebold namentlich nennt und just die Sektmarke ein eindeutiges Identifikationsmerkmal ist. Vgl. Max Dessoir, ›Buch der Erinnerung‹, Stuttgart 1947, S. 117–137; hier S. 41, dazu Meebold, a.a.O., S. 189. Ich verdanke diesen Hinweis Gerd H. Hövelmann.

schaft aufzukündigen. Innerlich allerdings hatte Meebold die Überzeugung, dass er keinesfalls zurück, sondern einen Schritt weiterging und dass er mit der an Dessoir erlernten kritischen Gesinnung auf der Grundlage von Steiners Werk und Lehre nun eine spirituelle Vertiefung vollziehen könne. Dass ein konsequenter Weg von Dessoirs kritischem Geist zu Steiners »Geistesforschung« führe. Dies aber konnte er Dessoir nicht nachvollziehbar machen. Sie blieben Freunde, hielten sich jedoch im Feld der bald folgenden heftigen polemischen Auseinandersetzungen in feindlichen Lagern auf. Der feinsinnige und gemütvolle Meebold, obwohl jetzt von Steiner seelisch immer wieder aufgebaut, litt darunter. Schlimm für ihn war, als er von Walter Johannes Stein während einer Hochphase der Agitation um 1920 öffentlich seiner Beziehung zu Dessoir bezichtigt wurde.[186] Was Meebold indessen bei seiner Gemütstiefe auszeichnete, war ein offener Geist, eine in anthroposophischen Kreisen fruchtbare »ungenierte und direkte Art, Vorurteile, Denkgewohnheiten, Halbwahrheiten zu wittern, sie erbarmungslos beim Schopf zu packen.«[187] Hatte er diese wertvolle Fähigkeit nicht – bei Dessoir erlernt?

»Vom Jenseits der Seele«

Am 26. Juni 1917 berichtet Steiner in einem Vortrag vor den Berliner Mitgliedern der Anthroposophischen Gesellschaft, dass ein Buch mit dem Titel »Vom Jenseits der Seele« von Max Dessoir »eben erschienen« sei (GA 176, 77–98). Darin gebe es einen

186 Meine Quellen sind neben den veröffentlichten Autobiografien die Briefe Meebolds an Steiner vom 7. Februar 1914 (Goetheanum Archiv, Dornach, Signatur E.01.002.112) sowie vom 25. Februar 1914, 18. Mai 1916, 22. Januar 1920, 7. Juli 1920 und 17. Juli 1920 (Rudolf Steiner Archiv, Dornach). Zur öffentlichen Seite des Konflikts Meebold-Stein vgl. dies.: ›Verfall des Hochschulwesens‹, in: ›Die Drei‹ 7/8 1922, S. 626 bzw. 627.

187 W. Schornstein, ›Anthroposoph auf Reisen‹, in: ›Nachrichtenblatt. Was in der Anthroposophische Gesellschaft vorgeht‹, Nr. 39/1943, S. 154.

Abschnitt über Anthroposophie, den Steiner in seinem Vortrag in etwa 14 Punkten detailliert kritisiert. Es ist eine Rundumabrechnung, allerdings nur vor dem Kreis seiner eigenen Zuhörer. Auch in der Folgezeit wird Steiner immer wieder mit Seitenhieben auf Dessoir zurückkommen. So wird er dessen zwar von der Akademie preisgekrönte, aber so miserabel edierte »Geschichte der Psychologie« als Negativbeispiel erwähnen, jenen »Schmachtlappen«, wie er das Buch nennt, der eine »moralisch korrupte Gelehrsamkeit« zeige (GA 176, 325 f.).

Er wird Dessoir im kleinen Kreis »dumm« und »korrupt« (ebd.), wird ihn einen »Verleumder« (GA 179, 151) nennen, wird von dem »Gift« sprechen, das von der Art seines Wirkens ausgehe (ebd., 139) und seine Arbeit als »wissenschaftlichen Unrat« kennzeichnen (ebd., 140), der eines »starken, herzhaften Abweises« bedürfe und er wird die »Aufgabe« formulieren, »die Menschheit aufzuklären über die Art und Weise, wie heute oftmals Wissenschaft gemacht wird« (ebd., 140 f.). Die positiven Besprechungen des Buches in der »Neuen Zürcher Zeitung« und in den »Kantstudien« sind für ihn »eine der traurigsten Erfahrungen, die man machen muss, dass ein Buch, welches von der größten Oberflächlichkeit zeugt, für eine philosophische Zeitschrift als ein ›ernsthaftes wissenschaftliches Buch‹« gilt (GA 181, 254; vgl. GA 179, 137–141). Das sei nicht anders als »herzzerbrechend« (GA 182, 125). Bald aber schon erfahren wir in den Vortragsnachschriften jener Zeit, dass sich Steiner entschlossen hat, eine »Broschüre« herauszugeben, in der er auf Dessoirs Buch reagiert. Was er sehr selten und in dieser Form sonst nie macht, auf einen »Angriff« auf seine Lehre schriftlich zu reagieren, das tut er im Fall Dessoir. Damit gesteht er Dessoir einen besonderen Stellenwert zu. Doch bevor wir auf diese »Broschüre« zu sprechen kommen – um was für ein Buch handelt es sich bei Dessoirs »Vom Jenseits der Seele«?

Das 1917 erstmals erschienene Buch gliedert sich in vier große Abschnitte, welche auf 110 Seiten die »Parapsychologie« behandeln, auf knapp 70 Seiten den »Spiritismus«, auf 55 Seiten das

Thema »Geheimwissenschaft« (darunter nur zehn Seiten der Anthroposophie gewidmet) und schließlich auf 60 Seiten den »Magischen Idealismus«. Während es sich bei der Parapsychologie und dem Spiritismus um ähnliche Themenfelder handelt, insofern hier sinnlich nicht feststellbare Ursachen sinnliche Wirkungen (Psychokinese, Tischerücken) nach sich ziehen, geht es im Bereich der »Geheimwissenschaften« im engeren Sinn um geistesgeschichtliche Lehren wie die Kabbala oder die Anthroposophie, die also nicht das Feld physischer Experimente, sondern die Exegese von Texten betrifft. Wenn nun Dessoir im Untertitel seines Buches alle behandelten Stoffe als »Geheimwissenschaften« bezeichnet und relativ wenig Raum den Geheimwissenschaften im eigentlichen Sinn – die selber auch wiederum sehr pauschal behandelt werden – zur Verfügung stellt, ist schon äußerlich zu erkennen, dass es sich bei dem Begriff der »Geheimwissenschaften« und seiner »unkritischen Verwendung«[188] um die eigentliche Schwachstelle des Buches handelt. »Die Lektüre entsprechender Abschnitte hinterlässt daher einen zwiespältigen Eindruck«, so schreibt der wohlwollende Rezensent des Neudrucks im Jahr 1967.[189]

Hatte sich Max Dessoir seit seinem 19. Lebensjahr kritisch – aber aus eigener Anschauung – mit spiritistischen und parapsychologischen Phänomenen auseinandergesetzt und ist diesbezüglich zweifellos kompetent, wirkt demgegenüber die Behandlung der »Geheimwissenschaften« undifferenziert, im Ton zwiespältig und lässt eine hinreichend kritische Verwendung des Begriffs vermissen. Außerdem verwendet er »Geisteswissenschaften« zugleich auch als Oberbegriff, unter dem er die vier großen Kapitel seines Buches (»Parapsychologie«, »Spiritismus«, »Geheimwissenschaften«, »Magischer Idealismus«) zusammenfasst und dies alles dann mit einer deftigen Wertung versieht. »Nach meiner

188 Eberhard Bauer, ›Max Dessoir und die Parapsychologie als Wissenschaft‹, in: ›Zeitschrift für Parapsychologie und Grenzgebiete der Psychologie. Band X‹ (1967), S. 106–114, hier 112.

189 Ebd.

Überzeugung«, so schreibt er im Vorwort der ersten Auflage, »ist die Geheimwissenschaft eine Mischung aus falschen Deutungen gewisser seelischer Vorgänge und falsch gewerteten Überbleibseln einer verschwundenen Weltanschauung.«[190]

»Magischer Idealismus«

Während es zunächst nicht lohnt, auf das dritte Kapitel genauer einzugehen,[191] ist das vierte über den »Magischen Idealismus« von besonderer Bedeutung, weil wir dort Dessoirs Verständnis von »Geheimwissenschaft« sozusagen in Reinform beschrieben finden und er hier die Kriterien deutlich macht, anhand derer er u.a. die Anthroposophie kritisiert. Hier klärt er über seine Methode auf und wir kommen sozusagen an die Scharnierstelle seines Denkens über die »Geheimwissenschaften«. Die besondere Bedeutung dieses Kapitels wird auch daran ersichtlich, dass Dessoir es, anders als die übrigen, bis zur letzten Auflage ohne Überarbeitung ließ. Und schließlich besteht hier ein aktueller Bezug, denn es behandelt Themen der Geistesgeschichte, die heute die bevorzugte Domäne der in den letzten Jahren stark angewachsenen Westlichen Esoterikforschung sind. Dessoir darf also als deren Vorläufer bezeichnet werden. Denn wie Antoine Favre, einer ihrer Hauptvertreter der mittlerweile schon älteren Generation, zur Beschreibung der »Esoterik« (bei ihm das Äquivalent der »Geheimwissenschaften« Dessoirs) bestimmte »Denkformen« unterscheidet,[192] so führt Dessoir vier »Denkmittel« an, die man in Form einer »Methodenlehre«[193] am Werk sehe, welche es allerdings weniger

---

190 Max Dessoir, ›Vom Jenseits der Seele‹, Stuttgart 1917, S. VI.

191 Die nötigen Abgrenzungen innerhalb des Sammelbegriffs der »Geheimwissenschaften« hat Steiner in seinem Vortrag vom 26. Juni 1917 (GA 176, 91–95) vorgenommen.

192 Antoine Faivre, ›Esoterik im Überblick. Geheime Geschichte des abendländischen Denkens‹, Freiburg 2001, S. 24 ff.

193 Max Dessoir: ›Vom Jenseits …‹, S. 296.

zu beschreiben, als zu kritisieren gelte. Diese Denkmittel seien Formen falschen Denkens – eines Denkens, das noch in der mythischen Kinderstube antiker Gelehrsamkeit steckengeblieben sei.

Das erste Merkmal eines magischen Idealismus sei nun das »Denken in Entsprechungen«. Der naheliegende Vorwurf, alles hänge mit allem unkritisch zusammen, wird von Dessoir in deftige Worte gebracht: »Das so geartete Denken durchdringt alles, es sieht in jedem Ding den Hinweis auf verborgenen Sinn, ahnt in jeder Kritzelei ein wundersames Geheimnis, leiht jeder altersschwachen Einrichtung die Würde eines Mysteriums.« Als solches sei es bloß Ausfluss einer »Lust an spielerischer Denktätigkeit«.[194] Für Dessoir ist jede Form des Denkens in Entsprechungen banale Kombinatorik. Damit ist das Urteil sozusagen über Steiner gefällt, bevor er überhaupt begonnen hat, ihn zu lesen. Kritik lässt derart Hermeneutik aus.

Das zweite Denkmittel ist der »Grundsatz der mehrfachen Bedeutung«. Die Mittel unserer Sprache sind fast immer mehrdeutig. Die Sprache selber legt einen »schillernden Gebrauch« nahe, den wir »in der wirklichen Wissenschaft vermeiden und der Dichtkunst vorbehalten möchten«.[195] Dessoir hält sich an das Ideal einer gereinigten Sprache, wie es seinerzeit in der Logik als Ideal propagiert wurde. Die Kritik nun, die er aus der schwer vermeidbaren Mehrdeutigkeit von Sprache ableitet, lautet, dass man wegen dieser Eigentümlichkeit »hinter« der Sprache beliebig Wesenheiten als wirklich annehmen könne. Der magische Idealismus beschränke sich nicht darauf, ein tatsächliches Geschehen »als Sinnbild der Tätigkeit persönlich gedachter Wesen hinzustellen«, er lege vielmehr »mit Vorliebe hinter einen zu erklärenden Sachverhalt einen andern, ihm ähnlichen«.[196] Hier, so scheint es, denkt Dessoir das Verhältnis von Sprache und gemeinten spirituellen

194 Ebd., S. 301.
195 Ebd., S. 302.
196 Ebd.

Sachverhalten nach dem Muster des Spiritismus, der Wirkungen von Geistigem in Physischem räumlich »hinter« den physischen Ereignissen annimmt. Es sei lediglich fehlende Sprachkritik und eine »übertriebene Anwendung des Analogieschlusses«,[197] die diesen Fehler zulasse.

Erfahrung und Kritik

Auch der Grundsatz der sprachlichen Symbolik formuliert den Vorwurf, dass von der Sprache – und jetzt nicht durch ihre Mehrdeutigkeit, sondern ihren sinnbildlichen Charakter – auf die Existenz dahinterstehender Wesen geschlossen wird. Die Form der Kritik ist also in Grundsatz zwei und drei gleich, wenn es auch andere Aspekte der Sprache sind, für die sie gelten. Es werde unbefangen »die Sache ... mit dem sprachlichen Ausdruck gleichgesetzt«[198] und umgekehrt. Dahinter stehe psychologisch der »Wunsch nach symbolischer Widerspiegelung verborgener Welten in sprachlichen Formen«.[199] Nun ist die Sprachkritik Dessoirs auf jeden Fall berechtigt. Von einem Wort kann genauso wenig wie von einem Wunsch auf die Existenz einer Sache (geistig oder physisch) unkritisch geschlossen werden. Die Existenz muss sich vielmehr außersprachlich ausweisen. Sprache verweist nicht nur auf sich selber, sondern auf Welt, d.h. zum Beispiel auf sinnliche, auf emotionale, auf kulturelle, auf intellektuelle Erfahrungen. Sie ist durch Referenz ausgezeichnet, als Beziehung auf anderes als bloß das Wort, die sich u.a. als »intentionale Beziehung« zeigen kann, wie Steiner sie im fünften Anhang seiner noch vorzustellenden »Broschüre« aus Brentanos Philosophie heranzieht.[200] Während Dessoir die Verweismöglichkeit von Sprache in hohem Maße res-

197 Ebd., S. 303 f.
198 Ebd., S. 310.
199 Ebd., S. 311.
200 GA 21, 84 ff. und S. 143 ff.

tringiert,[201] wäre umgekehrt nach den vernünftigen – also nicht »unbefangenen« (s.o.) – Bedingungen des Verweises von Sprache auf menschliche Erfahrungen zu fragen. Insbesondere wäre danach zu fragen, inwiefern Sprache geeignet ist, neue menschliche Erfahrungen zu ermöglichen. Für einen reflektierten Umgang mit Steiners Werk bedürfte es damit einer Hermeneutik seiner besonderen »Ausdrucksformen«. Dessoir gesteht hier aber keine graduellen Übergänge zu, sondern zieht eine prinzipielle Grenze, von der aus ihm schließlich nicht die Wahl bleibt, das Gespräch zu suchen, sondern nur die »Irrtümer« auf der anderen Seite der Grenze zu bekämpfen.

Von besonderem Gewicht ist, was Dessoir über den »Grundsatz intuitiver Gewissheit« sagt, sein viertes Denkmittel. Bloße Erfahrungen für sich können nicht vernünftig sein. »Was wir als Tatsache anerkennen sollen, entsteht aus einer Verbindung von Vernunft mit dem Gegebenen. … Diese Durchdringung von Erfahrung und Theorie fehlt den intuitiv gewonnenen Erkenntnissen über die unsichtbare Welt.«[202] Auch hier formuliert Dessoir eine wichtige kritische Regel. Keine Aussage darf sich mit dem bloßen Bezug auf eine besondere Erfahrung oder auf die Erfahrung einer besonderen Person rechtfertigen. Das würde in der wissenschaftlichen Diskussion unfrei und abhängig machen. Sie, die Erfahrung, muss unter wissenschaftlichen Gesichtspunkten diskutierbar, kritisierbar, vernünftig eingebunden sein. Sie muss diskursiv nachvollziehbar sein. Sie darf keine bloße, gegen Kritik »immunisierte« Schau bleiben. So kann leicht folgendes Dilemma entstehen, mit dem Dessoir eine kantische Erkenntnisregel[203] schlicht umkehrt:

---

201 Vgl. seine Darstellung von Goethes Symbolbegriff, aus der er folgert, dass letztlich nur die Darstellung räumlicher Verhältnisse in Zahlen eine legitime symbolische Übertragung sei, »denn die zwischen Raumformen herrschenden Beziehungen sind keine anderen als die zwischen Zahlen geltenden«. Max Dessoir, ›Vom Jenseits …‹, S. 306.

202 Ebd.., S. 320.

203 »Gedanken ohne Inhalt sind leer, Anschauungen ohne Begriffe sind blind.« (Immanuel Kant: ›Kritik der reinen Vernunft‹, A52 / B75.)

»Wer kritisiert, hat keine Erfahrung, und der Erfahrene kritisiert eben nicht.«[204] Zwischen Kritik und Erfahrung liegt allerdings das vermittelnde Feld der Hermeneutik, die nach den Voraussetzungen der Erfahrung genauso fragt (und sie formuliert) wie nach den Kriterien der Kritik. Werfen wir insofern noch einen kurzen Blick auf Dessoirs eigene »Denkmittel«.

Was Dessoirs Denken grundlegend prägt, ist ein ungetrübtes Fortschrittsdenken. Die deutsche Universitätsphilosophie befinde sich auf einem Höhepunkt des Rationalismus, demgegenüber frühere Denkformen – wie die der Vorsokratiker – überwundene Stufen kindlichen Denkens darstellen, so seine Voraussetzung. Steiner nimmt auf dieses Denkmittel einmal sachte Bezug, wenn er sagt: »Ich habe einmal versucht, anzudeuten, wie das Kind weise ist, und wie man eigentlich im Verlaufe des Lebens immer weniger weise wird. ... Das ist aber von offizieller philosophischer Seite furchtbar getadelt worden.« (GA 226, 67) Dass es auch wesentlich subtilere Formen eines »magischen Idealismus«[205] geben kann, die außerhalb der Reichweite seiner Kritik liegen, zieht Dessoir nicht in Betracht. Sein Begriff von Vernunft und Wissenschaftlichkeit bewegt sich des Weiteren innerhalb des Rahmens der neukantianischen Wertphilosophie, der zufolge nur abstrakte Ideen oder Werte als »geistig« gelten können.[206] Sein eingeschränkter Vernunftbegriff bewertet jede bildhafte Vernunft, wie sie z.B. Ernst Cassirer als »Philosophie der symbolischen Formen« untersucht hat, gering. Eine Rationalitätskritik wie jene Max Webers bleibt außerhalb seines Horizonts. Ebenso Edmund Husserls Unterscheidung der »exakten« Wissenschaften von einer »strengen« Form derselben sowie seiner Diagnose einer »Krisis der europäischen

---

204 Max Dessoir, ›Vom Jenseits ...‹, S. 328.

205 Vgl. Florian Roder, ›Menschwerdung des Menschen. Der magische Idealismus im Werk des Novalis‹, Stuttgart 1997.

206 Vgl. Herbert Schnädelbach, ›Philosophie in Deutschland: 1831–1933‹, Frankfurt 1983; Klaus Christian Köhnke, ›Entstehung und Aufstieg des Neukantianismus: Die deutsche Universitätsphilosophie zwischen Idealismus und Positivismus‹, Frankfurt a.M. 1993.

Wissenschaften« (1935) – um nur wenige Infragestellungen des Wissenschaftsbegriffs, in dessen Horizont Dessoir steht, zu nennen.

»Von Seelenrätseln«

Am 4. September 1917 kündigt Steiner eine »demnächst erscheinende Broschüre« (GA 176, 309) an. Er hatte schon die letzten Augusttage daran gearbeitet. Am 7. Oktober erfahren wir, dass es sich mit dem Buch, das jetzt den Titel »Von Seelenrätseln« trägt und auch ein Kapitel über den kürzlich verstorbenen Philosophen Franz Brentano enthält, »in gewisser Beziehung um etwas Testamentarisches« (GA 177, 85) handle. Es enthalte skizzenhaft ausgeführte Forschungen zu Themen, mit welchen er sich »jahrzehntelang« (a.a.O., 270) beschäftigt habe. Steiner belässt es also nicht bei einer Erwiderung auf Dessoir. Er fügt diese vielmehr in einen Rahmen ein, der eine Art von wissenschaftstheoretischem Programm enthält (das Kapitel »Anthropologie und Anthroposophie«), einen alternativen, anschlusswürdigen philosophischen Entwurf zu Dessoir präsentiert (nämlich den von Brentano) und schließlich eine besondere Sammlung von Forschungsprojekten und knappen Resultaten präsentiert, die in ihrer Eigenart und Dichte selten ist. Die hier neu auftauchenden Ideen Steiners werden innerhalb der sozialen Bewegungen nach dem Ersten Weltkrieg, vor allem aber für die Grundlegung der Waldorfpädagogik in der »Allgemeinen Menschenkunde« von besonderer Bedeutung sein.

Bereits mit dem Buchtitel setzt sich Steiner von Dessoirs dualistischem Verständnis ab – es gebe kein »Jenseits« im Sinne einer der sinnlichen Welt analogen, geistigen Welt. Die entscheidenden Fragen müssten sich vielmehr innerhalb der sinnlichen Welt und der gewöhnlichen, sinnesgestützten Wissenschaft stellen und bearbeiten lassen, es seien die Grenzfragen der sinnesgestützten Wissenschaft, die in sich auf geistig-seelische Entwicklungsmöglichkeiten des Erkennens verweisen. Darin besteht das neue Programm von Steiners Buch. In diesem Rahmen freilich wirkt die Auseinandersetzung mit Dessoir selbst zunächst umständlich und kleinkrämerisch. Steiner weist auf eine Vielzahl von Ungenauigkeiten und Missverständnissen in der Lektüre hin. Er fordert eine subtile Lektüre und setzt sich mit Dessoir so detailliert auseinander, dass sein Text selber ein Mehrfaches der Druckseiten, die er untersucht, ausmacht. Dessoir seinerseits ist davon wenig beeindruckt. In seiner Erwiderung im Vorwort zu zweiten Auflage lässt Dessoir von der Kritik Steiners nur einen offensichtlichen Irrtum gelten, den er mit mehreren ironischen Kratzbuckeln zugesteht.[207] Dessoir hatte die 5. Phase der Kulturentwicklungslehre Steiners schlicht mit der beiläufigen Erwähnung des 6. Jahrhunderts durch einen Lesefehler verwechselt. Was für Steiner eine enttäuschende Oberflächlichkeit, eine völlige Gleichgültigkeit gegenüber dem Gehalt seines Textes bedeutet, ist für Dessoir ein Fehler, der jedem passiert. Im Folgenden greife ich zwei Motive heraus, die die Schieflage – nennen wir's die hermeneutische Schieflage – zwischen den beiden Kontrahenten deutlich machen können.

An Dessoirs Darstellung der »Rosenkreuzmeditation« und der »Erkenntnisstufen«[208] bemängelt Steiner die begriffliche Ungenauigkeit in der Wiedergabe, wenn Dessoir nicht wie Steiner vom »vernichteten Niederen der Triebe und Leidenschaften«, sondern von den »vernichteten niederen Trieben und Leidenschaften« (GA 21, 48 f.) spricht. Es ist nicht bloß eine Ungenauigkeit, sondern ein Unterschied der Denkweisen, der sich darin ausspricht. Mit der Veränderung in der Wiedergabe wird Steiners Entwicklungsdenken verkürzt, der zufolge es nicht zwei verschieden Triebe, niedere und höhere, gibt, sondern sich ein Trieb läutert und dadurch verwandelt. Dessoir vernachlässigt nicht nur Steiners Darstellungen

---

207 Vgl. das Vorwort zur zweiten Auflage von Max Dessoirs ›Vom Jenseits der Seele‹, Stuttgart 1918, S. VII-XIII.

208 Ebd., S. 255 f.

in ihren Verästelungen, sondern reduziert sie auf ein simples duales Begriffsschema, welches den Sinn der Darstellung weniger vereinfacht als umdeutet. Hinzu kommt an dieser Stelle die Vernachlässigung des Zusammenhangs, in dem der zitierte Satz steht. Schon Walter Johannes Stein hatte in seinem Bericht über den Vortrag Dessoirs bemängelt: »Nirgends ein Wort von den vorbereitenden Gefühlen und Gedanken.«[209] Anthroposophische Übungsanleitungen und Texte, so scheint es, müssen subtil verstanden werden. Wenn nun Dessoir, wie er in seiner Autobiografie schreibt, die Umsetzung von Steiners Anweisungen zwar versucht hat, dies dennoch »vergebens«[210] war, so kann es auch daran liegen, dass er falsche Erwartungen und – möglicherweise in Analogie zu spiritistischen Experimenten – einen zu einfachen Begriff davon gebildet hatte.

Ein anderer Einwand, auf den Steiner in späteren Rednerkursen zu sprechen kommt, hat anekdotischen Charakter. Dessoir besuchte in Berlin einen öffentlichen Vortrag Steiners. Als der begleitende Freund, Alfred Meebold, ihn mit Steiner bekannt macht, will Dessoir nicht sagen, wie ihm der Vortrag Steiners gefallen hat, mit der Begründung, dass er ja selber Redner sei und als geübter Redner – höre man anderen Rednern einfach nicht zu.[211] Steiner hält dagegen: »Was einen zum Redner macht, das ist eigentlich das Zuhören, das Entwickeln eines Ohres für die besonderen Eigentümlichkeiten der anderen Redner.«[212] Zweifellos war Dessoir ein souveräner Redner, der ausführlich und frei vor großem Publikum sprechen konnte. Aber es blieb die schöne, kluge, unangreifbare Rede *ex cathedra*.[213]

---

209 In dem eingangs genannten Brief im Rudolf Steiner Archiv, Dornach.

210 Max Dessoir, ›Buch der Erinnerung‹, S. 117.

211 Vgl. Alfred Meebold, ›Der Weg zum Geist‹, München 1917, S. 275 und (GA 339, 77 f.). Das könnte natürlich auch eine Ausrede gewesen sein.

212 Ebd.

213 So Herbert Günther, ›Drehbühne der Zeit. Freundschaften – Begegnungen – Schicksale‹, Hamburg 1957, S. 52, 56 und 418 f.

Dessoir, es ist unübersehbar, hatte gegenüber Steiner einen »Widerwillen sondergleichen«.[214] Natürlich ist das eine schlechte Verständnisvoraussetzung. Kritik setzt Verstehen voraus, und Verstehen Verstehenwollen. Dessoir ist es im Blick auf die Anthroposophie, wie es scheint, nicht gelungen, der sich selbst gesetzten Maxime Hegels zu folgen, dass die »wahre Widerlegung … in die Kraft des Gegner eingehen und sich in den Umkreis seiner Stärke stellen«[215] müsse. Wer indessen Interesse am kritischen Gespräch hat, sollte um die Klärung hermeneutischer Voraussetzungen bemüht sein. Die bisherige Darstellung verstehe ich als eine Art Übung darin. Darüber hinaus bleibt noch ein Rest. Er betrifft die Frage der Haltung.

Noch 1930 charakterisiert Dessoir den anthroposophischen Standpunkt, so wie er ihn erfahren hat, als unantastbar: »Nie war ein Theologe so überzeugt von der Unangreifbarkeit seiner Dogmen, nie ein Philosoph so durchdrungen von der Notwendigkeit seines Systems, wie Rudolf Steiner von der unbedingten Wahrheit und ausschließlichen Geltung seiner Lehre. Wer ihr nicht zustimmt, beweist nach seinem Urteil damit nur geistige Unfähigkeit und sittliche Schwäche. Anthroposophische Lehren verstehen heißt, sie billigen; anthroposophische Lehren nicht verstehen heißt, befangen urteilen und unklar denken.«[216] Wie kommt er zu diesem Urteil? Steckt darin auch eine Aussage über den Umgang mit Steiners Werk? Unter jenen, die für Steiner eintreten, reagieren einige disqualifizierend und pauschal: Dessoirs Denken sei »krank«[217] oder eine »Kultur-Verfallserschei-

---

214 Max Dessoir, ›Buch der Erinnerung‹, S. 137.

215 Vorwort zur ersten Auflage von ders., ›Vom Jenseits der Seele‹, Stuttgart 1917, S. VI.

216 Ders., ›Vom Jenseits der Seele‹, Stuttgart 1931, S. 414. Es handelt sich um einen Zusatz zur 6. Auflage.

217 So Wulf Rabe [Elise Wolfram], ›Krankes Denken an Deutschen Universitäten‹, Berlin 1919.

nung«.[218] Das wiederum veranlasst Dessoir, sein Urteil zu pauschalisieren und seine Polemik zu verschärfen. »Die Schmähschrift eines Herrn Werbeck, in der üble Angebereien ausgenutzt werden, hat mich schließlich gezwungen, ... gegen die ganze Bewegung vorzugehen.«[219]

Das ist eine Art von Schülern Steiners, auf die unzureichende Art der Kritik von Dessoir zu reagieren. Sie wäre, mit Steiners Worten, unter die Rubrik »Keifen und Gegenkeifen« (GA 203, 209; vgl. 255b, 25) zu subsumieren. Steiner selbst, so fällt auf, hatte in dieser polemischen Form nur im internen Kreis und mündlich, situativ reagiert. Eine zweite, vermeintlich diskursive Art mit Kritik umzugehen, ist die des Berliner Zweigleiters Rudolf Meyer, der Dessoir zum Gespräch aufsuchte, um ihm weitere Informationen zu liefern – in der freilich naiven Annahme, Dessoir würde sich durch Informationen von seiner Haltung abbringen lassen.[220]

Eine dritte ist schließlich der Versuch Friedrich Rittelmeyers, sich über den polemischen Konflikt Dessoir-Steiner zu erheben, ihre Impulse miteinander zu vergleichen und beispielsweise daran zu erinnern, dass man alle Äußerungen Steiners auch als »Arbeitshypothesen« verstehen könne.[221] Arbeitshypothesen sind zwar klar formuliert, aber sie lassen frei. Sie zwingen nicht, im Unterschied zu Glaubenssätzen auf der Grundlage intuitiver Gewissheit anderer. Der Unterschied liegt oft nur in einer Haltungsänderung. In der Änderung zu einer Haltung, die freilich nicht leicht einzunehmen ist, in der sich zu halten auch Übung erfordert und gegebenenfalls eine entsprechende Kultur nach sich zieht.

---

218 Vgl. Louis M. J. Werbeck im Untertitel seiner Streitschrift: ›Die wissenschaftlichen Gegner Rudolf Steiners und der Anthroposophie durch sich selbst widerlegt. Eine Gegnerschaft als Kultur-Verfallserscheinung‹, Stuttgart 1924. Zu Dessoir vgl. S. 98–117 und 181 f.

219 Max Dessoir, ›Buch der Erinnerung‹, S. 133.

220 Vgl. (GA 255b, 25) und (GA 203, 207 f.).

221 Friedrich Rittelmeyer ›Max Dessoir und Rudolf Steiner‹, in: ›Süddeutsche Monatshefte‹, Jg. 17, 1. Band, München 1920, S. 65–75, Zitat auf S. 72. Vgl. ders., ›Meine Lebensbegegnung mit Rudolf Steiner‹, Stuttgart 1983, S. 105–107.

Die Entdeckung des Performativen

> »Haben wir nicht eine lähmende Furcht vor der unbekannten Zukunft der Worte, die uns davon abhält, die Begriffe zu befragen, die wir zum Leben brauchen; und die uns daran hindert, das Risiko einzugehen, Begriffe zu leben, die noch ungeklärt sind?«
> Judith Butler[222]

Es ist mittlerweile einige Zeit her, dass ich mir auf Youtube den Mitschnitt eines Vortrags von Helmut Zander angesehen habe, den er an der Ben-Gurion Universität in Beer-Sheva in Israel gehalten hat. Er trug vor zu dem Thema »Transformations of Anthroposophy from the Death of Rudolf Steiner to the Present Day: Adaptations of a ›Philosophia Perennis‹«.[223] Zum einen fand ich seine Idee bemerkenswert, dass die anthroposophische Gemeinschaft nach Steiners Tod eine »community of interpretation« geworden sei, die nicht mehr von der Unmittelbarkeit der Mitteilungen Steiners zehren konnte, sondern sich darauf verlegen musste, sein Werk auszulegen, zu fragen, wie es (überhaupt) zu verstehen sei. Mit dieser Formel wird der möglicherweise nur prätendierten Einheitlichkeit des Werks die jedenfalls faktisch gegebene Vielheit seiner Interpretationen gegenübergestellt. Wird sich

222 In ihrem Werk, ›Hass spricht. Zur Politik des Performativen‹, Frankfurt am Main 2006, S. 254.

223 Mittlerweile ist auch der dazugehörige Tagungsband erschienen: Julie Chajes and Boaz Huss (ed.), ›Theosophical Appropriations: Esotericism, Kabbalah, and the Transformation of Traditions‹, The Goldstein-Goren Library of Jewish Thought Publication no. 21, Beer Sheva 2016. Der Text Zanders findet sich auf den Seiten 387 ff.

Steiners Werk möglicherweise in diese Vielheit auflösen? Und was würde dann damit geschehen?

Auf der anderen Seite unterschied Zander eine erste *theoretische* Phase von Steiners Werk von einer zweiten *praktischen*, in der sich dann die »Lebensfrüchte« wie die Dreigliederungsbewegung, die biodynamische Landwirtschaft oder die Waldorfpädagogik entwickelt haben. Eine solch simple Unterscheidung freilich, auch wenn sie einem gewissen Augenschein entspricht oder dem Zwang zur vereinfachten Darstellung geschuldet sein mag, wird Steiners Werk kaum gerecht. Nun zählt sich Zander bestimmt nicht zur anthroposophischen »Community«, aber er beteiligt sich jedenfalls an der Vielheit der Interpretationen und untersteht damit dem Anspruch der Angemessenheit. Warum aber an dieser Stelle so unzureichend? Ich glaube, dass die vorgängige Unterscheidung von Theorie und Praxis den Blick auf Steiners Werk verstellt, dass sie zumindest vor den eigentlich interessanten Kerngedanken seines Werks haltmacht und, bevor die Aufgabe des Verstehens beginnt, die Waffen streckt. Dabei bieten sowohl Philosophie wie Kulturwissenschaften der letzten Jahrzehnte mit dem Konzept der »Performativität« (oder »Performanz«) einen brauchbaren Schlüssel, jene Dimension von Steiners Werk freizulegen, in der Theorie und Praxis wie in einer gemeinsamen Wurzel miteinander und mit anderem verbunden sind. Das möchte ich im Folgenden zeigen, indem ich in einem ersten Schritt das Konzept der Performativität anhand einiger seiner Entwicklungsschritte erläutere und in einem zweiten Schritt exemplarisch vorführe, inwiefern das damit verbundene Prinzip Steiners Werk in seiner Substanz durchzieht.[224]

224 Meine Überlegungen zum Thema habe ich in einer ersten Form am 4. November 2013 im Forum am Hardenberg-Institut in Heidelberg vorgetragen. Den Veranstaltern, vor allem Karl-Martin Dietz, Rudy Vandercruysse und Angelika Dietz, danke ich für die Einladung und den angenehmen Rahmen, den Teilnehmenden für die rege Diskussion.

Die anfängliche Unterscheidung zwischen *konstativ* und *performativ*

Es ist der Oxforder Philosoph John Langshaw Austin (1911–1960), der den Begriff »performativ« in die Philosophie eingeführt hat. Das geschah in seiner 1955 gehaltenen und erst posthum veröffentlichten Harvarder Gastvorlesung mit dem Titel »How to do things with Words«.[225] Austin ist ein Vertreter der Philosophie der »ordinary language«, der Alltagssprache, in der nicht die künstliche und stark formalisierte Sprache der Logik (oder Mathematik) Ausgangspunkt philosophischer Untersuchungen ist, sondern die Sprache, so wie wir sie täglich sprechen. Ähnlich, wie es in Rudolf Steiners Schrift »Die Philosophie der Freiheit« darum geht, zu beobachten, wie wir je augenblicklich *denken*, geht es in Austins Vorlesung darum zu beobachten und sich darüber Rechenschaft abzulegen, wie wir in unseren vielerlei Lebenssituationen jeweils *sprechen*. Einerseits gibt sich Austin in seiner Vorlesung bescheiden, ironisch, unprätentiös. Andererseits hat er nichts anderes im Sinn als eine »philosophische Revolution«[226] weiter voranzubringen, die eben darin besteht, grundlegende und erst jetzt entdeckte Fehler der Philosophie, die Fehler der Sprache sind, zu vermeiden. Und dafür ist es eben manchmal nötig, eine schlichte Unterscheidung zu machen. Für Austin ist es die Unterscheidung zwischen *konstativen Äußerungen,* die lediglich etwas beschreiben, berichten oder feststellen (= konstatieren), und *performativen Äußerungen,* die demgegenüber etwas bewirken sollen oder ausführen wie: »Ich taufe dich auf den Namen Langshaw«.

Da die mit dieser Unterscheidung begonnenen Überlegungen in der Form tatsächlich neu waren (sie begründeten die sprachpragmatische Philosophie) und da sie in den Jahrzehnten seither

225 Ich beziehe mich auf die deutsche Übersetzung von Eike von Savigny: John L. Austin, ›Zur Theorie der Sprechakte‹, Stuttgart 2010 [1972] (Originalausgabe: ›How to do things with Words‹, Oxford 1962).

226 Ebd., S. 27.

eine erstaunliche Wirkung auf unser akademisches Denken ausübten, ist die Rede von einer »Revolution« nicht ganz abwegig.[227] Etwas Neues hat Einzug in unser philosophisches und kulturwissenschaftliches Denken genommen, der Gedanke der *Wirksamkeit* unseres Sprechens, die unter Umständen sogar grundlegender ist als *Sinn* oder *Bedeutung*; die einen neuen Sinn oder neue Bedeutungen erst schafft. Das englische Verb »to perform« heißt ja so viel wie: aufführen, ausführen, bewirken, tun, schaffen.

Austin beginnt also seine Vorlesung damit, dass er plausibel macht, dass wir in vielen Fällen unseres Sprechens die Dimension der Wirksamkeit eigens zu berücksichtigen haben und dass wir etwas Wesentliches übersehen, wenn wir das nicht tun. Während bei konstativen Äußerungen der Unterschied zwischen wahr und falsch im Hintergrund steht, gilt das nicht in gleicher Weise von performativen Äußerungen. Der Satz »Hiermit erkläre ich euch zu Mann und Frau« kann nicht wahr oder falsch sein, sondern er kann, so Austin, *gelingen oder misslingen*, er kann *glücken oder missglücken*. Im Verhältnis von Gelingen und Misslingen besteht der eigentliche Maßstab zur Beurteilung von Äußerungen dieses Typus nicht in der Wahrheitsfrage. Und zum Gelingen eines solches Satzes ist eine Reihe von Redeumständen nötig. Dazu gehören Konventionen und eine bestimmte Sprecherrolle: Nur ein Standesbeamter, Priester oder allenfalls ein Kapitän könnte in unserer Kultur einen solchen Satz gelingend aussprechen. Es müssten aber auch eine Frau und ein Mann anwesend sein, die dies betrifft und die es akzeptieren. Auch die in diesem Kontext

227 Zur bisherigen Wirkungsgeschichte des Begriffs und zugleich zu seiner vergleichsweise spärlichen Vorgeschichte vergleiche man den erst in den Nachtragsband des Historischen Wörterbuchs der Rhetorik aufgenommenen Artikel von Andreas Hetzel, ›Performanz, Performativität‹, in: ›Historisches Wörterbuch der Rhetorik‹, herausgegeben von Gert Ueding, Band 10 (Nachträge A – Z), Berlin/ Boston 2012, S. 839–862; zur Begriffsgeschichte und zum Theorieumfeld auch: Uwe Wirth, ›Performanz. Zwischen Sprachphilosophie und Kulturwissenschaften‹, Frankfurt am Main 2002. Einen ausgezeichneten Überblick vermittelt Erika Fischer-Lichte, ›Performativität. Eine Einführung‹, Bielefeld 2012.

gesprochene performative Äußerung »Ja« erhält nur durch den Kontext ihre Bedeutung – und sie hat Folgen. Ohne das Ja-Wort wäre auch die vorangegangene Erklärung misslungen. Ohne dass die erklärende Person dazu autorisiert wäre, ebenfalls. Die Umstände, die Situation, viele Begleitelemente machen aus, ob eine performative Äußerung glückt. – Explizit performative Äußerungen sind auch Formen oder Formeln der Bitte, der Begrüßung, des Glückwunsches, der Beileidsbekundung, der Beleidigung, der Warnung, der Entschuldigung oder des Versprechens. Auch richterliche Urteile gehören dazu.

Wie ist es aber mit dem Satz »Ich werde da sein«? Der Form nach ist er eine Beschreibung, eine Tatsachenaussage, eine Feststellung, keine performative Äußerung. Dennoch bleibt sie in ihrem Beschreibungswert ungewiss, unbedeutend, weil sie sich auf die noch nicht stattgefunden habende Zukunft bezieht. In der konkreten Sprechsituation aber kann die Aussage nicht mehr sein als ein Versprechen von Zukünftigem – also eine Tätigkeit, ein Performativ. Der Beschreibungswert der Aussage wird bei genauerem Hinsehen verdrängt von der Funktion des Versprechens oder der Vorhersage als einem Tun. Durch solche und viele weitere Beispiele kommt Austin im Verlauf seiner Vorlesungen zu der Einsicht, dass seine anfängliche Unterscheidung zwischen den beiden Sprechtypen zwar hilfreich ist, dass sie sich aber überhaupt nicht konsequent aufrechterhalten lässt, ja, dass es bei strenger Betrachtung überhaupt keine sprachlichen Äußerungen gebe, die nicht zumindest auch performative Äußerungen sind, d.h. die sprachlich etwas ausführen, die sprachlich handeln. So zeigt sich: Alles Sprechen ist Handeln.

Etwa ab der Mitte seiner Vorlesung kommt Austin also zu der Einsicht, dass die Unterscheidung, mit der er begonnen hat, gar nicht richtig ist, weil nicht nur einige Äußerungen performativ sind, sondern alle. – Hat er das nicht schon gewusst, als er begonnen hatte? Natürlich! Aber: Indem er seine Vorlesung hält, tut er ja selber etwas mit Worten. Er führt neue Worte erst ein, um sie dann scheitern zu lassen – er inszeniert also, wenn man so will, ein Scheitern, und »redet nicht bloß darüber«.[228]

Anstelle der zweigliedrigen Unterscheidung konstativ / performativ führt Austin nun eine Dreigliederung von Begriffen als wesentlich passender ein, nämlich die Unterscheidung zwischen *lokutionären* Akten (*dass* etwas gesagt wird), *illokutionären Akten* (»was man vollzieht, *indem* man etwas sagt«)[229] und *perlokutionären Akten* (die konkrete Durchführung beispielsweise eines Versprechens – sich auch »daran zu halten«). Die Sprechhandlung gliedert sich damit erstens in einen Bedeutungsaspekt, zweitens in einen augenblicklich gefühlten tätigen Aspekt und drittens in die praktischen Folgen, d.h. in das, was sie im Leben bewirkt, die willenshafte Durchführung. Es heißt weiter, dass unser Sprechen immer eingelassen ist in konkrete Situationen und ohne diese Situationen nicht besteht. Und wenn nun Austin im Zuge seiner Überlegungen ausführt, dass zur Sprechweise dann nicht nur der Modus (Konjunktiv, Indikativ oder Imperativ), die Betonung, Adverbien oder Konjunktionen sowie das »begleitende Verhalten des Sprechers« und die »Umstände der Äußerungssituation« gehören und berücksichtigt werden müssen,[230] dann deutet sich an, dass sie nicht auf Dauer auf das enge Feld linguistischer Beobachtungen beschränkt bleiben, sondern sich auf das weitere Feld der Kulturwissenschaften ausdehnen werden.

---

228 Auf den Inszenierungscharakter von Austins Vorlesung (»to perform« heißt ja auch »etwas aufführen«) hat zuerst Shoshana Felmann hingewiesen in ihrem Buch ›The Literary Speech Act. Don Juan with J. L. Austin or Seduction in Two Languages‹, Ithaca / New York 1983, S. 73; vgl. auch Sibylle Krämer, ›Was tut Austin, wenn er über das Performative spricht? Ein anderer Blick auf die Anfänge der Sprechakttheorie‹, in: Jens Kertscher und Dieter Mersch (Hrsg.), ›Performativität und Praxis‹, München 2003, S. 19–34.

229 Austin, ›Zur Theorie ...‹, S. 117.

230 Ebd., S. 93 ff.

Zwischen universalistischem Begründungsanspruch und Abgründigkeit des Sinns

In den 70er Jahren kommen die beiden Philosophen Jürgen Habermas (geb. 1929) und Karl-Otto Apel (geb. 1922) auf die von Austin begonnenen Überlegungen zur Sprachpragmatik oder, wie sie später genannt wird, zur Sprechakttheorie zurück. Während Austin seinem Vorgehen nach eher Ideen formuliert und diese auch immer wieder bereitwillig infrage stellt, beziehen Apel und Habermas je auf ihre Weise das Performative in Überlegungen ein, die eine allgemeine Theorie und Ethik *begründen* sollen. Das ist ein anderer Gestus. Sie wollen Gültigkeit und Grundlegung. Sie schließen an Kants transzendentalphilosophische Begründungsform an und versuchen *Geltungsansprüche* zu rekonstruieren, die in unserem alltäglichen Sprechen immer bereits da sind. Während Apel in etwas schärferer Form vom »Apriori der Kommunikationsgesellschaft« spricht,[231] entwickelt Habermas ein Konzept der »Universalpragmatik«, in dem er zeigen möchte, dass wir immer, wenn wir sprechen, im Akt des Sprechens bereits voraussetzen, dass wir verstanden werden möchten (erstens Verständlichkeit), dass das, was wir sagen, mit der Wirklichkeit übereinstimmt, also wahr sei (zweitens Wahrheit), dass es auch von unseren Gesprächspartnern als richtig anerkannt werde (drittens Richtigkeit) und schließlich von uns auch so gemeint sei (viertens Wahrhaftigkeit).[232] Wir können gar nicht (ernsthaft) sprechen, meint er, ohne diese Ideale jeweils als geltend vorauszusetzen.

Auch wenn sich in den alltäglichen Gesprächen oft zeigt, wie entfernt wir von den genannten Idealen sind (wenn unser Sprechen misslingt oder wir nicht ernsthaft sind), setzen wir sie doch

231 Karl-Otto Apel, ›Transformation der Philosophie‹, Band II, Frankfurt am Main 1973.

232 Jürgen Habermas, ›Vorstudien und Ergänzungen zur Theorie des kommunikativen Handelns‹, Frankfurt am Main 1984, S. 440.

mit jedem Redeakt wie einen »Vorgriff«[233] oder eine regulative Idee im Sinne Kants voraus. Die erhobenen Ansprüche der Rede lassen sich nach Habermas aus der performativen Dimension der Rede ableiten. Denn wer sie bestritte, würde sich in einen *performativen Widerspruch* verstricken, er würde etwas anderes sagen als er zugleich tut. Ein plakatives Beispiel für einen solchen Selbstwiderspruch wäre der Satz: »Ich lüge jetzt.« Ich müsste lügen, wenn ich ihn sage, denn das geht aus dem Sinn der Aussage hervor. Zugleich beanspruche ich aber durch meine gezielte Aussage, performativ die Wahrheit zu sagen. Beide Dimensionen der Aussage sind nicht miteinander vereinbar. Und der performative Anspruch hat nach Habermas die stärkere, ja universale Geltung. Er ist immer schon da. Wer redet, möchte verstanden werden. Wenn wir nicht verstanden werden wollten, würden wir nicht reden (im Ernst!). Im Verstandenwerden- und Sichverständigenwollen ist für Habermas – ich darf es einfach sagen – die performative Dimension der Rede gegeben. Allerdings fragt es sich, ob diese Dimension damit erschöpfend und hinreichend, ob sie in allen ihren Potenzialen beschrieben ist.

Der französische Philosoph Jacques Derrida (1930–2004) stellt in seiner Lektüre der Vorlesungen Austins genau den Punkt der universellen Regelhaftigkeit des Performativen in Frage.[234] Die performative Ebene sei nicht so beschaffen wie die Bedeutungsebene der Sprache, sie beinhalte nicht ebensolche Bedeutungen, sondern sie sei eine Dimension, in der unter Umständen Bedeutungen erst geschaffen – und zwar unvorhersehbar geschaffen werden. Austins Auffassung von Performativität, so meint er, »bezeichnet nicht den Transport oder den Übergang eines Sinninhalts, sondern gewissermaßen die Kommunikation einer ursprüngli-

233 Ebd., S. 180; weiterführend: Jürgen Habermas, ›Theorie des kommunikativen Handelns‹, Band 1, Frankfurt am Main 1981, S. 369–452.

234 Jacques Derridas Texte zum Thema sind gesammelt in: Ders., ›Limited Inc.‹, Wien 2001; zu einer differenzierten Kritik an Derridas Austin-Lektüre, die ich hier übergehe, vgl. Andreas Hetzel, ›Performanz, Performativität‹, S. 844–846.

chen […] Bewegung, einen Vorgang und die Erzeugung einer Wirkung. … Im Unterschied zur klassischen Feststellung, der konstativen Aussage, liegt beim Performativ sein Referent [= seine Bedeutung] … nicht außerhalb oder vor ihm oder ihm gegenüber. Es beschreibt nicht etwas, das außerhalb oder vor der Sprache existiert. Es produziert oder transformiert eine Situation, es wirkt; […] Der Performativ ist eine ›Kommunikation‹, die sich nicht wesensmäßig darauf beschränkt, einen semantischen Inhalt zu transportieren, der bereits durch ein Anvisieren der Wahrheit [der *Enthüllung* dessen, was in seinem Sein ist …] gebildet und überwacht wird.«[235] Was Derrida also ganz im Unterschied zu Habermas am performativen Anteil der Sprache interessiert, ist seine Abgründigkeit, seine Nichtbeherrschbarkeit durch den sprachlichen Sinn und durch vorgefasste Regeln. Was ihn interessiert, ist der gewissermaßen *grundlose schöpferische* Aspekt des Performativen.

In späteren Texten hat Derrida sein Verfahren der Befragung philosophischer Texte, das er Dekonstruktion nennt, gleichgesetzt mit dem Performativen.[236] Er versuchte, das besondere Potenzial performativer Aussagen oder Widersprüche zu nutzen, wenn er etwa an Cézannes paradoxe Äußerung anknüpft: »Ich schulde Ihnen die Wahrheit in der Malerei … «[237] (als ob Malerei mit Wahrheit und nicht mit Schönheit zu tun hätte und als ob sie eine Schuld zu begleichen hätte); oder wenn er die Widersprüchlichkeit der Aristoteles zugeschriebenen Aussage ausschöpft: »Oh Freunde, es gibt keine Freunde!«[238] Jürgen Habermas machte Derrida den Vorwurf, dass er den »Gattungsunterschied« zwischen Literatur und Philosophie »einebne«,[239] weil er philosophische

235 Ebd., S. 33 f.

236 Zum Beispiel in, ›Gesetzeskraft. Der mystische Grund der Autorität‹, Frankfurt am Main 1991, S. 15.

237 Jacques Derrida, ›Die Wahrheit in der Malerei‹, Wien 2008.

238 Jacques Derrida, ›Politik der Freundschaft‹, Frankfurt am Main 2002.

239 Jürgen Habermas, ›Der philosophische Diskurs der Moderne. Zwölf Vorlesungen‹, Frankfurt am Main 1983, S. 219ff., besonders 240.

Texte teilweise wie literarische behandelt. Eher hat er damit auf Verflechtungen aufmerksam gemacht. Die von Habermas beschriebenen performativen Ansprüche des Sprechens hat er nicht pauschal bestritten.[240] Allerdings setzt er den Akzent anders; er setzt ihn auf das nicht vorgefasst Schöpferische.

Kulturen des Performativen

In den 90er Jahren wiederum wurde von der Deutschen Forschungsgemeinschaft, der DFG, ein größerer Sonderforschungsbereich ins Leben gerufen und unterstützt, der sich »Kulturen des Performativen« nannte, an dem durch die Disziplinen hindurch viele Wissenschaftlerinnen und Wissenschaftler beteiligt waren und dessen Fäden bei der Berliner Theaterwissenschaftlerin Erika Fischer-Lichte (geb. 1943) zusammenliefen. Ihr schon erwähntes Buch »Performativität. Eine Einführung« ist wie ein kurz gefasstes Kondensat all dieser Forschungen zu lesen. Hier werden Ideen, die nur wie im Keim bei Austin angelegt waren, weitläufig ausgeführt und erprobt. Anregungen aus den Theaterwissenschaften oder der Ritualtheorie,[241] aus der Erfahrung mit künstlerischen Performances, neueren Forschungen zur Rezeption der heute allgegenwärtigen Bilder oder der Leseforschung wurden aufgegriffen und vertieft.

Die Art, wie wir Wissen erwerben, die Art, wie wir lernen, wie wir uns mit der Welt auseinandersetzen, nicht zuletzt: die Art, wie wir denken – auch ganz individuell denken – muss als performativ angesehen werden, weil wir immer etwas tun, was nicht beiläufig

240 In diesem Sinn äußert er sich etwa in dem Filmporträt von Safaa Fathy, ›D'Ailleurs, Derrida‹ (1999).

241 Eigentlich gehört der zehn Jahre später initiierte Sonderforschungsbereich »Ritualdynamik« der DFG auch zum Einzugsgebiet unseres Themas. Die Erträge sind in einem knappen und aussagekräftigen Überblick einzusehen in: Christiane Brosius, Axel Michaels, Paula Schrode (Hrsg.), ›Ritual und Ritualdynamik. Schlüsselbegriffe, Theorien, Diskussionen‹, Göttingen 2013.

ist. Spätestens hier zeigt es sich, dass die Dimension des Performativen mehr umfasst als das bloße Sprechen. Immer sind wir in Bezüge eingebunden, die elementar räumlich sind, die elementar leiblichen Charakter haben und wo wir ebenfalls auf einer sehr elementaren Ebene mit anderen Menschen zusammen agieren. Dabei sind wir nie bloße Rezipienten, sondern bringen immer auch, wenn wir wahrnehmen, etwas mit hervor, wählen nicht nur aus, was wir jeweils in den Mittelpunkt unserer Aufmerksamkeit stellen, sondern schaffen im Wahrnehmen auch neue Bedeutungen.

Erika Fischer-Lichte nennt vier Eigenschaften, die das Performative auszeichnen. Es sind Eigenschaften, die wir aus dem Blickpunkt der abendländischen Ideengeschichte und aus dem Blickpunkt einer sicheren Beherrschbarkeit der Welt eher zweifelhaft finden würden. Es sind Eigenschaften wie Unvorhersehbarkeit, Ambivalenz, transformative Kraft und eine grundlegende Vermischung der Begriffe von Wahrnehmung und Hervorbringung. Am letzten Merkmal zeigt sich besonders: Die säuberlich getrennten alteuropäischen Begriffe von Rezeptivität und Produktivität lassen sich nicht auseinanderhalten, sondern verschlingen sich, sind bereits miteinander verwoben. Denn wenn wir wahrnehmen – Fischer-Lichte bezieht sich auf konkrete Beispiele, die hier nicht Platz haben – , dann geschieht das nie ohne eigene Bewegung, ohne eine aktive Regie unseres Blicks (und wenn die Regieanweisung hieße: absolut stillhalten), ohne leibliche und seelische Vollzüge und leichte Erschütterungen oder Anteilnahmen am Gesehenen, die durch eigene und auch die Überlagerung von Rhythmen geprägt sind.

Sind wir zum Beispiel Teil des Publikums einer Aufführung, so reagieren die Schauspieler oder Musiker in gewisser Weise immer mehr oder weniger auf die Art, wie zugesehen, wie zugehört wird. Sie spielen nicht in einer Vitrine. Es gibt eine performative Dimension – Fischer-Lichte nennt sie »leibliche Kopräsenz« –, die weder nur die Schauspieler noch nur die Zuschauer hervorbringen.

Genauso wie, sagen wir, im Gespräch Bedeutungen entstehen, die weder vom einen noch vom anderen Gesprächspartner so hervorgebracht wurden. Nicht alles, was förderlich ist, lässt sich planen. Manchmal entsteht es erst, wenn wir uns nach besten Kräften bemühen. Manchmal werden wir durch die Dinge belehrt. Manchmal verstehen wir etwas nicht deshalb, weil wir es schon gewusst hätten, sondern weil wir uns ordentlich angestrengt, weil wir etwas getan, etwas riskiert haben. Solche Phänomene der Uneindeutigkeit soll der Begriff des Performativen näher beschreiben helfen. Ich tue etwas, was auch misslingen kann und wovon ich noch nicht genau weiß, was es sein wird – ohne Beliebigkeit.

Der politische Leib der Rede

Bereits Ende der 80er Jahre griff die Philosophin Judith Butler (geb. 1956), die heute in Berkley Rhetorik, Komparatistik und Gender Studies lehrt, auf Austins Ausführungen zurück, um das Zustandekommen der Geschlechterrollen zu untersuchen. Dabei bezieht sie von vornherein einen phänomenologischen Ansatz im Sinn von Merleau-Ponty mit ein und sieht vor diesem Hintergrund nicht nur sprachliche Äußerungen, sondern auch leibliche Gesten und jede Form der Symbolik als bedeutungsstiftend an, sie versteht sie als »Konstitutionsakte«, welche die Identität der Geschlechter instituieren.[242] »In diesem Sinn ist die Geschlechteridentität keineswegs die stabile Identität eines Handlungsortes, von dem dann verschiedene Akte ausgehen; vielmehr ist sie eine Identität, die stets zerbrechlich in der Zeit konstituiert ist – eine Identität, die durch eine *stilisierte Wiederholung von Akten* zustande kommt.«[243] Im Mittelpunkt ihres Interesses steht hier die Frage

242 Judith Butler, ›Performative Akte und Geschlechterkonstitution. Phänomenologie und feministische Theorie‹, in: Uwe Wirth (Hrsg.), Performanz. Zwischen Sprachphilosophie und Kulturwissenschaften, Frankfurt am Main 2002, S. 301–320, hier 302.

nach der Geschlechteridentität (gender), von der sie zeigen möchte, dass sie nicht vorgängig durch biologische oder sonstige Merkmale festgelegt, sondern allein das Ergebnis spezieller kultureller Konstitutionsleistungen sei. Das, was in einer Kultur als geschlechtsspezifische Handlungen und Gesten, von den Kleidungsformen bis hin zum subtilen Rollenverhalten gang und gäbe ist, sieht Butler nicht als Ausdruck einer irgendwo vorgegebenen Ordnung, eines Inneren oder einer verborgenen Substanz, sondern als ganz und gar aus den gesellschaftlichen Konventionen heraus gebildet. Damit ist die Geschlechteridentität nicht so etwas wie ein Abbild einer verborgenen Realität (eines »Referenten«, wie es oben bei Derrida geheißen hat), sondern sie wird lediglich durch eine Reihe körperlicher und stilbildender Handlungen, d.h. performativer Akte, hervorgebracht.

Das soziale Geschlecht entsteht also nur, *indem* performative Handlungen vollzogen werden. Es ist nicht vorher schon da. Es ist da nur in Form der Konventionen, die zitiert werden. Und es beginnt gleich nach der Geburt, wenn die Hebamme den scheinbar nur konstativen Satz ausspricht: »Es ist ein Mädchen.« Denn mit einer solchen Feststellung kommt – wie Butler zuspitzt – ein performativer Prozess in Gang, »mit dem ein bestimmtes ›Zum-Mädchen-Werden‹ erzwungen wird.«[244] Da es sich aber um performative Akte handelt, könnten sie auch anders aussehen, anders vollzogen werden; es besteht hier, vielmehr *entsteht* auf genau diesem Feld der Freiraum für bewusst Handelnde, sich den Zwängen durch *andere* performative Akte der Identitätsbildung zu entziehen. Es sind performative Akte, die den Körper vorgegebenen Normen unterwerfen, wie es performative Akte sind, die gegen solche Normen verstoßen können und Widerstand zu leisten vermögen. So wird bei Judith Butler die Theorie des Performativen zu

---

243 Ebd., S. 301 f..

244 Judith Butler, ›Körper von Gewicht. Die diskursiven Grenzen des Geschlechts‹, Frankfurt am Main 1997, S. 318.

einer politischen Theorie, die sich dessen transformative Kraft zunutze macht. Ihre Analysen sind subtil und oft verblüffend, ob sie sich mit den Beispielen kränkender oder verletzender Rede, dem paranoiden Umgang mit »Homosexualität« in der amerikanischen Armee oder der »Logik der pornographischen Äußerung« beschäftigt.[245] Judith Butler ist heute die exponierteste Vertreterin einer Theorie des Performativen.

Das hermeneutische Dreieck

Wir haben nun einen kleinen, dichten Parcours durch die Geschichte des Performativen hinter uns gebracht, der gezeigt hat, dass eine anfängliche Unterscheidung weitläufige Folgen im Verständnis nicht nur bestimmter Sprachphänomene, sondern vor allem auch – wie soll ich sagen? – der menschlichen Kultur, des menschlichen Denkens, des Zusammenlebens zeitigen. Eine ganze Reihe neuer Begriffe taucht auf, die für das tradierte Begriffsbesteck nicht leicht zu greifen, aber doch auf klare Erfahrungsbereiche zu beziehen sind. Begriffe wie Emergenz, Ambivalenz, Wahrnehmung als Aus- und Aufführung, Unvorhersehbarkeit, der Gedanke einer Wirksamkeit, die nicht Wirksamkeit von etwas ist, das schon dagewesen wäre. Der Gedanke von etwas, das schlechthin durch Wirksamkeit erst entsteht.

Nun würde ich aber sagen, dass die Dimension des Performativen niemals nur für sich besteht – wir also unsere ganze Kultur nur auf Fragen des Gelingens oder des Hervorbringens aufruhen lassen könnten –, sondern dass sich in diesem Kontext die Fragen nach Wahrheit oder Kohärenz, die Frage nach Schönheit und der Darstellungsweise weiterhin und vereint damit stellen. In welchem Bezug aber stehen sie zueinander? Fürs Erste möchte ich ein

245 In: Judith Butler, ›Hass spricht. Zur Politik des Performativen‹, Frankfurt am Main 2006.

Schema erläutern, das die Dimension des Performativen nicht isoliert dastehen lässt und das als ein hermeneutisches Schema dienen kann, das Werk Steiners, im Übrigen aber jedes Werk, das in sprachlicher, schriftlicher oder in irgendeiner symbolischen Form vorliegt, unter den angeführten Gesichtspunkten zu analysieren und genauer zu verstehen. Im Mittelpunkt sehe ich dabei das *Denken* als konkreten jeweiligen Vollzug, der mehr oder weniger bewusst und intentional ausgeübt wird, mehr oder weniger artikuliert sein kann, sich aber immer im Beziehungsfeld von Richtigkeits- und Wahrheitsfragen, von Fragen des Ausdrucks und der Darstellungsweise und schließlich von Fragen der Wirksamkeit und gestaltender sowie transformativer Kraft befindet.

Schema 3

Das hermeneutische Dreieck

Logik

- abstrakt
- Begriff
- *was?*
- richtig
- stimmt
- Argumentation

Ästhetik

- bildlich
- Metapher
- *wie?*
- schön
- gefällt
- Ausdruck

Denken

Performanz

- auffordernd
- Appell
- *wodurch?*
- wichtig
- gelingt
- Wirkung/Wirksamkeit

Jeder der drei Aspekte wird so gut wie nie ohne die beiden anderen zu finden sein. Wenn wir denken, verlangt das Denken nach einer sprachlichen oder symbolischen Darstellungsweise, die unterschiedlich nüchtern, auffordernd oder bildhaft sein kann. Ohne sie wird es kaum bewusst. Es ist überdies so, dass wir immer etwas tun, wenn wir denken, selbst wenn wir uns bloß dem Strom der Vorstellungen überlassen; sei es, dass wir dabei Konventionen bestätigen oder uns gegen Konventionen zur Wehr setzen; sei es, dass wir Fragen der Richtigkeit explizit stellen oder eingeübte Denkverfahren eilig weiterverfolgen, ohne sie zu hinterfragen. Die drei Aspekte sind dabei immer aufzufinden, aber mit unterschiedlichen Schwerpunkten und jeweils anderen Zugängen. Weil man sie gut unterscheiden kann, sie aber nicht zu trennen sind, habe ich sie in Form eines Dreiecks festgehalten. Da sie aber auch ineinander übergehen, wenn beispielsweise der performativ-aufführende Charakter einer Rede zugleich auch ihr ästhetischer ist, könnte man sie auch als Kreis verstehen, als Farbkreis, bei dem keine fest zu ziehenden Grenzen das eine vom anderen abtrennen.

Die Fragewörter, die in der Mitte jeder Spalte kursiv gedruckt sind, fungieren als Schlüsselfragen, die den jeweils gemeinten Aspekt deutlich machen. Bereits Austins Untersuchungen haben gezeigt, dass begriffliche Oppositionen nur begrenzt und vorläufig in der Lage sind, der Komplexität der Wirklichkeit gerecht zu werden – er hat sie deshalb wieder fallen lassen, sie haben sich gewissermaßen in der Erprobung selber zerstört, er hat sie durch eine dreigliedrige Unterscheidung ersetzt. Das hier vorgeschlagene dreigliedrige Schema hat gegenüber einem zweigliedrigen den Nachteil, dass es schwerer zu überschauen ist und es zugleich auch schwerfällt, sich festzulegen. Dafür vermag es vielleicht länger zu überdauern – weil es mehr erklärt, sichtbar macht oder gar bewirkt – und es vermag vielleicht auch, jedenfalls für unseren Zweck, ausreichend Aufschluss zu verschaffen.

Die performative Dimension der Anthroposophie

»Wenn einer in der Debatte nur das sagen will, was er schon gewusst hat, dann wird es sicher keine Bedeutung haben, dass er es … vorbringt.«
Rudolf Steiner (GA 339, 81)

»… man muss sie (die Anthroposophie) als etwas nehmen, was ein Umdenken und Umempfinden voraussetzt, was voraussetzt, dass der Mensch sich anders macht, als er vorher war.«
Rudolf Steiner (GA 221, 47)

Zu den schönsten Anekdoten, die aus Begegnungen mit Rudolf Steiner hervorgegangen sind, gehören die von Margarita Woloschin (1882–1973) erzählten. Nach einem seiner Vorträge soll Steiner sie beim Herausgehen im Vorraum, sich zu ihr wendend, gefragt haben: »Können Sie vielleicht durch den Tanz darstellen, worüber ich gesprochen habe?«[246] – So kann nur einer fragen, in dessen Vortragsstil das Leiblich-Bewegte des Tanzes bereits enthalten ist. Und die Idee, dass eine gedanklich-sprachliche Darstellung über den Beginn des Johannes-Evangeliums genauso als Tanz aufzuführen sei wie als Vortrag, deutet auf eine Gleichwertigkeit der Ausdrucksformen hin. Nur, dass der Tanz durch Bewegung und den Leib »spricht«, der Vortrag dagegen durch Sprache und Bedeutung. Der Vortrag, wie ihn Steiner meint, enthält verborgenkeimförmig in sich das Performative des Tanzes, ist selbst schon

246 Margarita Woloschin, ›Aus Tagebuchaufzeichnungen‹, in: Erika Beltle und Kurt Vierl (Hrsg.), ›Erinnerungen an Rudolf Steiner‹, Stuttgart 1979, S. 50.

im Ansatz Performance, während der Tanz den Vortrag aufblühen lässt und ganz zur Erscheinung bringt.[247]

Ein anderes Mal berichtet Woloschin von einem Gepräch mit Steiner über das künstlerische Schaffen und über Kunstwerke. Sie nimmt eine unbedingte Haltung ein: »Entweder ist es [das Kunstwerk] eine Geburt oder eine Missgeburt.« Als Steiner ihr zustimmt, konfrontiert sie ihn mit der Ansicht, dass die Dramen Schurés, die Steiner aufführen ließ, »grobe Illustration, aber keine Kunst« seien. Steiner stimmt ihr auch jetzt zu. Wie rechtfertigt er aber dann seine Wertschätzung für Schurés Dramen? Er lasse sie deshalb aufführen, meint er, weil es in dieser Art keine besseren gebe. Der Handelnde muss mit dem arbeiten, *was es gibt*, dem Konkreten. Er kann nicht warten, bis das Ideale endlich einmal verwirklicht sein wird. Mit solcherlei Erklärungen will sie sich aber nicht zufriedengeben. »Ja, sehen Sie«, sagt er dann zu ihr, »wenn ich eine beschauliche Natur wäre wie Sie, so würde ich nicht anders gesprochen haben. Ich verstehe Sie sehr gut – *aber ich muss wirken.*«[248] – Die letzten Worte Steiners könnten wie eine Signatur über seinem *Leben* und seinem *Werk* stehen – man wird kaum eine Nische finden, die nicht davon geprägt ist. Und sie findet sich noch *nach* seinem Leben, in den Folgen, den Wirkungen seines Werkes, seinen Fortführungen, Transformationen; auch in den vielen Einzelmenschen, die sein Werk aktiv interpretieren, etwa indem sie in Lebensfeldern wie der Pädagogik, der Landwirtschaft, der Medizin, der Kunst oder der Therapie *wirksam* tätig sind. Was ist das für ein Werk, das gewissermaßen von seiner Geburtsstunde an in solcher Art von Wirksamkeit durchzogen ist?

---

247 Die Berührungsflächen von Tanz und philosophisch-künstlerischer Sprache führt anregend und kenntnisreich vor Roger W. Müller Farguell, ›Tanz-Figuren. Zur metaphorischen Konstitution von Bewegungen in Texten. Schiller, Kleist, Heine, Nietzsche‹, München 1995.

248 Ebd., S. 57 f.; Hervorhebung von mir. Dieser Anekdote begegnete ich zuerst bei Karl-Martin Dietz, ›Anthroposophie tun. Beobachtungen zu Rudolf Steiners Führungsstil‹, Heidelberg 1996, 31 f., einer Schrift, die Überlegungen zur Dimension des Performativen *avant la lettre* formuliert.

Und wie realisiert sich in ihm das Prinzip der Wirksamkeit – das Performative?

Im Folgenden werde ich Aspekte der Wirksamkeit und des Performativen im Werk Steiners unter vier Gesichtspunkten skizzieren. Ich werfe einen Blick auf Steiner als Vortragsredner, als Ritualisten, als Schriftsteller und als spirituellen Lehrer. Sowohl im Ritual als auch in der (spirituellen) Übung handelt es sich um Formen der Überschreitung des gesprochenen oder geschriebenen Wortes. Terminologisch verwende ich meist die unbestimmte Form »das Performative«, weil mit dem substantivierten Adverb ein größerer Bedeutungsumfang gegeben ist als mit den ohnehin nicht einheitlich gebrauchten Formen »Performanz« oder »Performativität«. »Performativ« übersetzte ich schlicht mit »wirksam«. Unter »dem Performativen« verstehe ich die Dimension, die sich *zwischen* dem *Ausführen* und dem *Aufführen* von etwas erstreckt, wobei dieses Etwas, darauf liegt ein besonderer Akzent, nicht unbedingt schon vorher da sein muss. Deshalb ist das Performative auch mit dem Doppelsinn von *Darstellen* und *Herstellen* gut bezeichnet. Die neuere Performativitätsforschung kreist um die Spannung, die mit der einheitlichen Gegebenheit dieser in sich unterschiedlichen Aspekte unvermeidbar ist.

Die transformative Kraft in Steiners Vortragskunst

Schon als Student beteiligte sich Steiner an »Übungen im mündlichen Vortrag«.[249] Diese Stunden bei seinem bevorzugten Hochschullehrer Karl Julius Schröer waren kein Rhetorik-Unterricht, bei dem Elemente wirkungsvollen Redens – ganz gleich, worum es ging – gelehrt worden wären. Hier übten die Studenten, in lebendiger Rede anspruchsvolle Inhalte wie Lessings Ästhetik oder

249 Siehe Christoph Lindenberg, ›Rudolf Steiner. Eine Chronik‹, Stuttgart 1988, S. 53 f. und 56 sowie Rudolf Steiner, GA 28, 54 f.

eigenständig Grundbegriffe einer Philosophie der Freiheit darzustellen und zu diskutieren und das möglichst sachgerecht und in diesem Sinn wirkungsvoll zu tun. Später, als Lehrer an der Arbeiterbildungsschule in Berlin, es war um sein 40. Lebensjahr, hält Steiner selber Unterricht in mündlicher Darstellung, der diesem Prinzip verpflichtet blieb.[250] Als Redakteur und Autor der »Dramaturgischen Blätter« äußert er sich auch in der Zeit um die Jahrhundertwende theoretisch zum Genre des Vortrags – in diesem Fall von künstlerischen Texten. Er grenzt die mit bescheideneren Mitteln arbeitende »Vortragskunst« von der »Schauspielkunst« ab und vermisst, dass es weder eine Theorie derselben gebe noch, dass das »künstlerische Sprechen« überhaupt irgendwo gelehrt werde (GA 29, 97–106, vgl. 415). Es gibt, so Steiner, »einen Grad von Schönrednerei, der genau dem Gegenstande entspricht« und es sei ein Dienst am Inhalt, wenn wir »ihm durch Rhetorik zu Hilfe kommen« (ebd., 105 f.). Durch eine ansprechende Darstellung könne der Inhalt sogar gesteigert werden (ebd., 421 f.).

Und schließlich, als Rudolf Steiner nach dem Ersten Weltkrieg in der Dreigliederungsbewegung politisch aktiv wird, hält er Rednerkurse (GA 338 und 339), in welchen an die Stelle der schönen die gute, die gelingende Rede tritt; vielmehr aber noch ein *Gutsprechen* im Sinne jenes »Ethos des Sprache« (GA 339, 39), das sich auszeichnet durch einen Impuls, »Sprachgesten zu formen, die auf ein permanentes Mitarbeiten der Zuhörenden setzen, sowie Sprachräume zu bilden, in denen die Intimität der Begegnung nicht andauernd gestört, weil übergangen wird«, wie Philip Kovce das von ihm herausgearbeitete Motiv einer Ethik des Sprechens bei Steiner charakterisiert.[251] Steiner geht es offenbar nie um den

250 Johanna Mücke / Alwin Alfred Rudolph, ›Erinnerungen an Rudolf Steiner und seine Wirksamkeit an der Arbeiterbildungsschule Berlin 1899–1904‹, Basel 1989, S. 18.

251 Philip Kovce, ›Vom guten Sprechen zum Gutsprechen. Rudolf Steiners Beitrag zu einer »Ethik des Sprechens«‹, in: Johannes Kiersch et al. (Hrsg.), ›Steiner neu lesen. Perspektiven für den Umgang mit Grundlagentexten der Waldortpädagogik‹, Frankfurt am Main 2014, S. 189–205, hier S. 204; zuerst erschienen in ›Die Drei‹ 1/2012.

direkten Gestus, zu überzeugen, sondern um den indirekten Gestus, durch gute, gelingende Worte eine Sache zugänglich zu machen.

Sowohl die Praxis des Vortrags als auch die Reflexion darüber sind ein Doppelmotiv, das sich durch Steiners Lebenswerk hindurchzieht. Der weitaus größte Teil der Gesamtausgabe besteht nicht aus Schriften Steiners, sondern aus mehr oder minder zuverlässigen Nachschriften anderer Menschen von Vorträgen, die immer nur einmalig gehalten und auf die Zuhörerschaft abgestimmt waren und nun in Form gediegener Leinenausgaben eine Art des performativen Widerspruchs zu ihren vergleichsweise flüchtigen, ereignishaften Entstehungsbedingungen darstellen. Nicht nur der quantitative Anteil der Vorträge an Steiners Werk ist eminent und wohl einzigartig, kaum mit Werken anderer Persönlichkeiten zu vergleichen. Auch die Qualität, das Wie seiner Vorträge ist von eigentümlicher Charakteristik. Wer viele Vorträge hält, hat auch viel Gelegenheit, das Vorträgehalten zu üben, sich darin zu erproben, es zu entwickeln, daraus eine Kunst zu machen. Inwiefern?

Seit den Jahren des Unterrichts an der Arbeiterbildungsschule hatte Steiner immer häufiger Gelegenheit, vor sehr unterschiedlichen Foren zu sprechen, teilweise vor sehr großem, mehr als tausend Hörer zählendem Publikum. Seine eigentliche Karriere als Vortragender beginnt aber mit der Tätigkeit in der Theosophischen Gesellschaft, durch die der *Vortragszyklus* zu einem eigenen Genre wird und in deren Verlauf er über die Jahre hin tausende von Vorträgen hält, die von Zuhörern oder Berufsstenographen aufgezeichnet worden sind. In den Briefen an Marie von Sivers, seine spätere Frau und wichtigste Mitarbeiterin beim Aufbau der Theosophischen Gesellschaft in Deutschland, finden wir unmittelbare Berichte darüber, wie Steiner in den Aufbaujahren die Wirkungen seiner Vorträge auf seinen Vortragsreisen einschätzt, welche Erfahrungen er damit macht und was er schließlich aus den verschiedenen Arten des Feedbacks lernt. So heißt es am 16. April 1903 aus Weimar schlicht: »Der Vortrag ist also gehalten. Er war recht gut besucht. … Übrigens sah ich sogleich, dass ich für Weimar manches anders sagen müsste, als ich es in Berlin getan habe. … Ich mache natürlich besonders in fremden Städten für mich immer neue wichtige Erfahrungen bezüglich der Art des Wirkens. Ich hoffe, dass wir vorwärtskommen, wenn ich alle solchen Erfahrungen fleißig verwerte« (GA 262, 49). – Steiner arbeitet systematisch an der Art seines Wirkens. Die *Situativität* der Vorträge ist dabei ein besonderes Thema. Er nimmt während des Sprechens *empathisch* wahr, wie das Publikum ihm zuhört. Aus Basel erfolgt am 15. November 1905 der Bericht: »In Zürich war ein vollbesetzter Saal. Viel innere Zustimmung, aber auch viel innere Opposition, die aber in der nachfolgenden Diskussion *nicht* hervortrat« (ebd., 119).

Immer wieder wird das Atmosphärische, wird die Stimmung hervorgehoben. Sie gewinnt in Steiners Vortragskunst gegenüber dem Argument eine eigene Wertigkeit. Nicht Überzeugungsmittel ist die Stimmung, sondern Mittel des Sprechens, das mehr und anderes zu sagen vermag als der diskursive Einwand, ihn aber nicht ersetzt oder umgeht. – Es ist der 9. Januar 1906, Steiner auf der Fahrt von Zürich nach Lugano: »Das Publikum ging gestern in seltener Weise mit. Und die Stimmung war so gut, dass sie selbst anhielt, als ein junger Gelehrter in der Diskussion auftrat und die so billigen, heute auf der Straße liegenden Einwände vorbrachte« (ebd., 141).

Vorträge zu halten ist auch ein Anarbeiten gegen Vorab-Urteile oder Denkgewohnheiten – ob es jene sind aus dem Bereich der akademischen Wissenschaften, der kirchlichen Konfessionen oder ob es die Schablone des Spiritismus ist. Vor allem auch die eingefahrenen Denkgewohnheiten oder der Wissensdünkel der Theosophen selbst gehören zu den Hindernissen, an denen Steiners Rede »zurückprallt« (ebd. 194). Vorzutragen scheint für Steiner immer auch zu heißen, ein Stück Transformation zu bewirken, sie zu ermöglichen, sie vorzumachen. Das kann auch vergeblich sein. Es kann immer misslingen. An die Stelle des überzeugenden Vortrags tritt deshalb der gelingende. Der Widerspruch zwischen direkter Wirkung (»dressieren«) und gebotenem Freiheitsraum ist Steiner wohl bewusst (ebd. 210). Er wollte mit seinem Sprechen einen Freiheitsraum schaffen. Aber es wurden bei ihm auch Attitüden wahrgenommen, eine »Manier«, »Pose« oder »hohepriesterliche Gebärde«, die abstieß[252] oder ein Befremden, das zumindest einen distanzierten Eindruck[253] hinterließ. Steiners Stil war nicht allen zugänglich und wurde nicht von allen gemocht.

Wie aber hat Steiner auf die ihm aufgeschlossenen Zuhörer gewirkt? Zahlreiche Zeitgenossen, ob sie von Steiner eingenommen waren oder ihm kritisch gegenüberstanden, haben die Art,

---

252 Zu den kritischen Beobachtern der theosophischen Szene gehörte der Autor Hans Freimark (1881–1945), der gleichermaßen an der Kirche wie der »Adyar-Theosophie«, zu der er Steiner zählte, deren distanzierte bis feindliche Haltung gegenüber der Sexualität kritisierte. Von ihm stammt eine Charakterisierung von Steiners Vortragstil, die lediglich eine geschickte Wirksamkeit auf seine Zuhörer wahrnimmt und ihm bescheinigt, dass er weniger »überzeugend« als »überredend« wirke. »Ein geschickter Redner vermag dem Publikum das Absurdeste glaubhaft zu machen, wenn er es nur recht zu packen weiß. Und das versteht Steiner.« Vgl. Hans Freimark, ›Moderne Theosophen und ihre Theosophie‹, Leipzig 1912, S. 40 die Zitate und die Vortragscharakteristik, S. 56f. zum ›erotischen Moment in der Adyar-Theosophie‹. – Der distanzierte Gestus gibt zu denken, bescheinigt Steiner aber immerhin Wirksamkeit. Über den Gehalt von Steiners Aussagen wäre natürlich im Einzelnen, nicht pauschal zu urteilen. Die Gründe für Freimarks Aversion, die sich auch auf Steiners schriftliches Werk bezieht und sich dort an einem Gestus des solitären Bescheidwissens stoßen, sind mir gut nachvollziehbar und als starkes kritisches Moment in die gleichwohl auch wertschätzende Rezeption Steiners einzubeziehen. Vgl. zu Freimark, der auch gegen Steiner agitierte, Norbert Klatt, ›Theosophie und Anthroposophie. Neue Aspekte zu ihrer Geschichte‹, Göttingen 1993, S. 119, 229f., 274. Auch mag bei dem Autodidakten Freimark die Ablehnung des »überheblichen Dünkel[s] der Akademiker,« den er »durch seine Leistung schlagend widerlegte,« eine Rolle gespielt haben. Vgl. dazu Magnus Hirschfeld, ›Von Einst bis Jetzt. Geschichte einer homosexuellen Bewegung 1897–1922‹, Berlin 1986, die Zitate S. 57 f.

253 Der Theosoph der ersten Stunde und spätere Anthroposoph Ludwig Deinhard (1847– 1918) schreibt in einem Brief vom 7. Januar 1911 an Wilhelm Hübbe-Schleiden, wie Steiner auf einen seiner Jugendfreunde wirkte, den er zu einem Vortrag Steiners mitgenommen habe: Er »wollte es sich durchaus nicht ausreden lassen, dass Steiner Schauspieler gewesen sein müsse. Es sei dies ganz und gar das Gebaren eines Schauspielers, was er während des 1 ¾ stündigen Vortrags, den er zum Schluss gar nicht mehr verstanden habe, zu beobachten Gelegenheit gehabt habe.« Norbert Klatt, ›Theosophie und Anthroposophie. …‹, Göttingen 1993, S. 91.

wie er Vorträge hielt, aus ihrer Sicht beschrieben.[254] Was Steiners Stil von dem der anderen Dozenten an der Arbeiterbildungsschule unterschieden haben muss, war der hohe Grad an *Aktivierung* der Zuhörerinnen und Zuhörer, der sich nicht nur in den Diskussionen zeigt (wo vom Setting her im Prinzip *alle* aktiv sind), sondern bereits in der Art des Vortrags (der im Setting lediglich »frontal«, also *einseitig* aktiv ist). Er soll dem Gestus nach nicht in erster Linie Wissen vermittelt, sondern die Fähigkeit zum eigenen Urteil und damit die Selbstständigkeit gestärkt haben.[255] Auch seine theosophischen Hörer berichten von der transformativen Eigenart seiner Vorträge. Ihm zuzuhören sei so gewesen, wie wenn man »praktische Übungen in meditativer Aufmerksamkeit« vollziehe,[256] er »appellierte an die Erkenntnis und machte den Zuhörer frei,«[257] er habe weniger als Mitteilender denn »als Erzieher« gesprochen[258] und als Wirkung seines Sprechens die Stimmung hinterlassen: »man wollte sich verwandeln.«[259]

Mit dem Impuls der Aktivierung ging eine spürbare *Emotionalität* einher. Ein »belebender Strom von Wärme«[260] habe seinen Unterricht an der Arbeiterbildungsschule durchzogen. Vor allem auch eine deutliche *Willensintensität* wurde wahrgenommen, die in der oft beschriebenen Lautstärke seiner Stimme – wenn er an sei-

---

254 Zusammenstellungen aus der Erinnerungsliteratur bei Dietz, ›Anthroposophie tun …‹, S. 31–38, reichhaltig und differenziert bei Peter Selg, ›Rudolf Steiner – zur Gestalt eines geistigen Lehrers. Eine Einführung‹, Dornach 2007, S. 33–48, mit den Anmerkungen 79 ff.; siehe auch Gunhild Kačer-Bock, ›Wie hat Rudolf Steiner gesprochen? Studien zur Entwicklung und Geschichte der Anthroposophie und der Anthroposophischen Gesellschaft‹, Stuttgart 2009, S. 174–194 und Kovce, ›Vom guten Sprechen‹, S. 203.

255 Alwin Alfred Rudolph, ›Rudolf Steiner in der Arbeiterbildungsschule …‹, S. 62 und 64, Johanna Mücke S. 18 in ›Erinnerungen …‹.

256 Andrej Belyj, ›Verwandeln des Lebens. Erinnerungen an Rudolf Steiner‹, Basel 1977, S. 163, vgl. S. 178 f.

257 Herbert Hahn, ›Rudolf Steiner – wie ich ihn sah und erlebte‹, Stuttgart 1961, S. 32.

258 Friedrich Rittelmeyer, ›Meine Lebensbegegnung mit Rudolf Steiner‹, Stuttgart 1970[8], S. 58.

259 Albert Steffen, ›Begegnungen mit Rudolf Steiner‹, Dornach 1955[2], S. 211.

260 Mücke, ›Erinnerungen …‹, S. 18.

nem Thema »zerrte und riss, keuchte und schrie«[261] – zum Ausdruck kam. Gleichzeitig muss ihn in seinem Vortragsstil ein hohes Maß an *Beweglichkeit* ausgezeichnet haben.[262] Er sprach frei und konnte so auf das eingehen, was er im Publikum oder von der Entwicklung des Themas her an neuen Impulsen wahrnahm. Insofern wird auch geschildert, dass er mit dem Publikum im Sprechen deutlich in »Kontakt« war.[263] Das Schweigen- und Zuhörenkönnen wird als eine starke Fähigkeit Steiners beschrieben. »Er hörte gleichsam mit allen Organen.«[264] So konnte denn, bei aller Aktivität und Aktivierung einerseits und zugleich der Fähigkeit zur *Selbstzurücknahme*[265] andererseits, ein Vortrag wie ein »inneres Gespräch mit den Zuhörern«[266] erlebt werden.

Sehr oft wird schließlich auch das hohe Maß an *Verkörperung* seiner Rede geschildert. Seine Gesten, der Wandel seines Gesichtsausdrucks und seine gesamte Leiblichkeit ermöglichten es manchmal seinen Zuhörerinnen und Zuhörern sogar, ohne das gesprochene Deutsch zu beherrschen, dennoch Sinn zu verstehen. »Er verkörperte das, wovon er sprach. Das war nicht ein einfaches Spiel des Ausdrucks.«[267]

---

261 Hermann Friedmann, ›Sinnvolle Odyssee‹, München 1950, S. 174. »Ihr Inhalt war gewiss, was man sublim nennt. Sie würden aber noch viel mehr Eindruck machen, diese Steinerschen Vorträge, wenn sie nicht mit einem so gewaltigen Aufwand an Lungenkraft hinausgeschrieen, sondern mit ruhiger Stimme vorgetragen würden. Aber dies scheint Steiner absichtlich zu tun.« Ludwig Deinhard am 1. September 1909 an Wilhelm Hübbe-Schleiden, vgl. Norbert Klatt, ›Theosophie und Anthroposophie. …‹, Göttingen 1993, S. 91.

262 Hans Kühn, ›Wie es zur Dreigliederungsbewegung kam‹, in: Erika Beltle/Kurt Vierl (Hrsg.), ›Erinnerungen an Rudolf Steiner‹, Stuttgart 1979, S. 213, Hahn, ›Rudolf Steiner …‹ S. 15, Rudolph, ›Erinnerungen …‹, S. 88.

263 Hahn, ›Rudolf Steiner …‹, S. 31.

264 Friedmann, ›Sinnvolle Odyssee‹, S. 174; »Ich höre auf die Schwingungen im Seelenleben der Mitgliedschaft und in meinem lebendigen Drinnenleben in dem, was ich da hörte, entstand die Haltung der Vorträge.« (GA 28, 444, vgl. 451 f.)

265 René Maikowski, ›Schicksalswege auf der Suche nach dem lebendigen Geist‹, Freiburg 1980, S. 19.

266 Hahn, ›Rudolf Steiner …‹, S. 18.

267 Klawidja Nikolajewna Bugajewa, ›Wie eine russische Seele Rudolf Steiner erlebte‹, Dornach 1987, S. 32f., vgl. Assja Turgenjeff, ›Erinnerungen an Rudolf Steiner und die Arbeit am ersten Goetheanum‹, Stuttgart 1973[2], S. 20.

Bei diesen bemerkenswerten Fähigkeiten ist nun keineswegs davon auszugehen, dass Steiner lediglich über ein besonderes Charisma verfügt und es ausgelebt habe. Vielmehr hat er nicht nur konsequent an dieser Darstellungsform *geübt*, sondern auch sowohl eine Theorie der Vortragskunst wie ihre pädagogische Übung im charakterisierten Sinn *gefordert*. Mit den neueren Forschungen zur Performativität werden nun Begriffe und Denkformen angeboten, die eine solche Theoriebildung – und das heißt ein besseres Verständnis – entschieden weiterbringen.

Zu fragen bleibt nach den *Chancen* des Vortrags im ausgeführten Sinn und nach den *Konsequenzen* für einen Begriff des Wissens von jenen »Dingen«, die Steiner ein besonderes Anliegen waren. Zwar fordert er für den »Geistesforscher«, als welchen er sich verstand, eine sachlich deskriptive Haltung: »Darum handelt es sich, dass mit Ausschluss jeder persönlichen Meinung das Beobachtete aus der geistigen Welt erzählt wird« (GA 103, 202). Aber das Erzählen selber ist immer ein produktiver, ein schöpferischer Vorgang. Es gibt keine bloßen »Mitteilungen« aus der geistigen Welt wie aus dem Nachbarraum. Spirituelle Prozesse, geistige Wesenheiten lassen sich nicht schildern (und »sehen«) wie Fische im Aquarium …

In ihrem Buch »Der Vortrag als Performance« beschäftigt sich die Kulturwissenschaftlerin und Theatermacherin *Sibylle Peters* mit den besonderen Möglichkeiten, die Vorträge in dem durch »Power Point« geprägten »Präsentationszeitalter« bieten. Wird das Wissen nur wie auf dem Teller präsentiert oder entsteht es im Moment der Darstellung aus einem aktiven forschenden Prozess? Anders gesagt geht es darum, die »Rückkoppelung von Wissenspräsentation in Wissensproduktion zu untersuchen. … Entscheidend dafür ist die Figuration von Evidenz, denn die Frage, ob Evidenz entsteht oder sich ereignet, ob also ein Nachweis möglich, ein Beweis gelungen oder eine Idee überzeugend dargelegt worden ist, verbindet die Oberfläche der Wissenspräsentation mit der Entstehung von Wissen im Forschungsprozess.

Hier wie dort steht nicht nur in Frage, ob etwas gezeigt und entsprechend benannt werden kann, sondern vor allem, ob es sich zeigt, ob es einleuchtet.«[268] Die Gelingensbedingungen dafür scheinen im leibhaftigen (und damit auch verletzlichen) Vortrag eher gegeben als in der glatten, wirkungsvollen Präsentation.[269] Insbesondere Formen der *Grenzüberschreitung*[270] erhalten für das Genre des Vortrags konstitutive Bedeutung – Grenzüberschreitung in die *Öffentlichkeit* (man denke an Steiners Berliner »Architektenhausvorträge«), über die *Wissenschaftsdisziplinen* hinaus (inwiefern hat Steiner transdisziplinär geforscht oder war er nur Dilettant auf vielen Feldern?) und insbesondere über die Grenzen von *Wissenschaftlichkeit* in Richtung Kunst (die Steiner schon in seinen frühen Studien prototypisch an Goethe kennengelernt hat). Im Anschluss an Peters scheint mir sinnvoll, nach den Folgen zu fragen, die Steiners ganz besondere Art der Grenzüberschreitung im Reden zu seinen *jeweiligen* Zuhörerinnen und Zuhörern für sein eigenes Wissen gehabt hat. In welcher Weise hat sich unter diesem Gesichtspunkt genau die Wissensproduktion Steiners abgespielt als eines forschend Vortragenden, der tendenziell immer *in der Konstellation* mit seinen Zuhörenden und Schülern sein Werk schuf? Zugespitzt und exemplarisch gefragt: Welchen verantwortlichen Anteil haben Steiners Hörerinnen und Hörer an der Beschaffenheit seines Wissens?

Ritualdynamik – Steiner als Ritualist

Innerhalb der Performativitätsforschung bezieht man sich wiederholt und plausibel auf eine Gesetzmäßigkeit, die der Ethnologe Arnold van Gennep (1873–1957) vor gut hundert Jahren in seinem

268 Sibylle Peters, ›Der Vortrag als Performance‹, Bielefeld 2011, S. 13 f.
269 Vgl. ebd., S. 65 ff.
270 Ebd., S. 14 f.

Buch »Les rites de passages« beschrieben hat.[271] Van Gennep unterscheidet bei jedem Übergangsritus drei Phasen: eine erste Phase der Aufnahme in den Ritus (Trennungsphase), eine zweite, mittlere Schwellen- oder Transformationsphase und schließlich eine dritte Phase, das Zurückgehen in die Gesellschaft unter geänderten Bedingungen (Inkorporationsphase). Bei klassischen Ritualen hat sich damit meist der Status der Teilnehmenden verändert: Der Jüngling ist zum Krieger geworden, das getaufte Kind hat einen Namen und ist damit offizielles Mitglied der Gemeinschaft, zwei Menschen sind nach der Trauung ein Ehepaar. Nun ist aber vielfach die Schwellenphase eine Phase der Wandlung, in der die Identität der Teilnehmenden nicht nur vorübergehend auf dem Spiel steht, sondern die in ihrem Geschehen stark transformatorisch und vor allem in ihrem Ausgang vorübergehend ungewiss ist.

Vor gut einem halben Jahrhundert hat der englische Ethnologe Victor Turner (1920–1983) genau diese mittlere Phase hervorgehoben, sie mit den Worten »betwixt and between« charakterisiert und den Ausdruck der »Liminalität« geprägt.[272] Damit ist der Aufenthalt auf der Grenze, im Niemandsland gemeint: nicht mehr »noch« und noch nicht »schon«. Mit dieser Schwellenphase sind die größten Wandlungschancen und ist das stärkste Erleben verbunden, aber auch die größte Orientierungslosigkeit und Herausforderung. Nun interessiert innerhalb der Performativitätsforschung weniger der formale Aspekt von Übergangsriten, nämlich die vollzogene Statusänderung, sondern eher der Erfahrungsaspekt, die Ästhetik des Schwellenerlebnisses. Und vor allem

271 Arnold van Gennep, ›Übergangsriten (Les rites de passage)‹, Frankfurt/New York 2005 (franz. 1909), jüngst herangezogen etwa in: Erika Fischer-Lichte, ›Die verwandelnde Kraft von Aufführungen. Von vorübergehenden zu nachhaltigen Transformationen‹, in: Erika Fischer-Lichte/Kristiane Hasselmann (Hrsg.), ›Performing the Future. Die Zukunft der Performativitätsforschung‹, München 2013, S. 177–190, besonders S. 181 und S. 188 f.

272 Victor Turner, ›Das Ritual. Struktur und Antistruktur‹, Frankfurt/New York 1989 (engl. 1969), S. 94 ff.

unter diesem Aspekt gewinnt van Genneps Dreigliederung der Übergangserfahrung eine universale Geltung. Denn für jede Form von Aufführungen oder von Vorträgen, für alle Arten von Schwellenerlebnissen lässt sich diese Struktur aufweisen. Man geht in einen Vortrag und verlässt damit die gewohnte Alltäglichkeit. Der Vortrag selber vermag das Schwellenerlebnis zu sein, das, wenn es gelungen ist, einen verwandelt wieder in die Normalität entlässt, in die man sich neu inkorporieren muss. Viele Vorträge Steiners scheinen in diesem Sinn für die Partizipanten *gelungen* zu sein.

Nun hat sich Steiner aber auch im ausdrücklichen Sinn der Welt der Rituale zugewendet, nämlich Varianten von Freimaurer-Ritualen, die er aufgegriffen und transformiert hat. Das ist ein noch wenig erforschter, von der Quellenlage her etwas sperriger Bereich seines Werks. Die maßgeblichen Dokumente sind seit einer Reihe von Jahren publiziert (GA 93, GA 265).[273] Wohl unter dem Eindruck der von ihm und seiner ersten Mitstreiterin Marie von Sivers damals verehrten Annie Besant (1847–1933), die sich als Theosophin ab 1902 aktiv der Freimauererei zuwandte,[274] vor allem auch, weil ihm in seinem Umfeld von aktiven Freimaurern (Zavrel, Sellin) entsprechende Kompetenzen zugesprochen wurden,[275] hat Steiner sich mit dem Anspruch, seine Eigenständigkeit

273 Eine empathische Darstellung auf Grundlage bester Kenntnis der Dokumente gibt Hella Wiesberger, ›Rudolf Steiners esoterische Lehrtätigkeit. Wahrhaftigkeit – Kontinuität – Neugestaltung‹, Dornach 1997. Eine erste kritische Kontextualisierung unternimmt Helmut Zander, ›Anthroposophie in Deutschland. Theosophische Weltanschauung und gesellschaftliche Praxis 1884–1945‹, Band 2, S. 961–1015. Als konstitutiv für Steiners Werk (bzw. umgekehrt) stellt neuerdings das Freimaurertum dar Thomas Meyer (Hrsg.), ›Der neue Kain. Die Tempellegende als geistig-moralischer Entwicklungsimpuls und ihre Vollendung durch Rudolf Steiner. Mit den Ritualtexten für den ersten, zweiten und dritten Grad.‹ Herausgegeben und kommentiert von Thomas Meyer, Basel 2013. Rolf Speckner und Jan Snoek danke ich für aufschlussreiche Hinweise und Gespräche zum Masonischen bei Steiner.

274 Andrew Prescott, ›»Builders of the Temple of the New Civilization«: Annie Besant and Freemasonry‹, in: Alexandra Heidle & Jan A.M. Snoek (Eds.), ›Women's Agency and Rituals in Mixed and Female Masonic Orders‹, Leiden / Boston 2009, S. 359–392.

275 Ein entsprechender Hinweis Steiners in seiner Autobiografie wird in der Literatur als falsch klassifiziert und dies wiederum ist Anlass, Steiner der Unredlichkeit zu

zu wahren, auf das Feld der masonischen (freimaurerischen) Rituale begeben. Es ging ihm darum, einen historisch vorgegebenen Ausgangspunkt oder »Rahmen« (GA 262, 131) zu finden, von dem aus er eigene Rituale kreieren konnte, weshalb seine Kontakte und formellen Berechtigungen verhältnismäßig eilig und improvisiert zustande kamen und Steiner sich frühzeitig auch wieder von deren Herkunft distanzierte. Uns interessiert Steiners Intervention ins Feld des Masonischen hier nicht in den Details, sondern grundsätzlich. Denn für einen spirituellen Lehrer, der Steiner ab der Jahrhundertwende faktisch war und der von der Sache her eine starke Beziehung zum Bereich des Performativen hat, liegt es nahe, nichts unversucht zu lassen und auch die besonderen Chancen einzubeziehen und zu nutzen, die sich durch die masonischen Rituale ergeben.

Innerhalb der Performativitätsforschung ist bislang vor allem die Freimaurerei des 18. Jahrhunderts in den Fokus gerückt.[276] Die masonischen Rituale interessieren dabei unter dem Gesichtspunkt einer *Ethik des Habitus*, d.h. der Arbeit an Verhaltensgewohnheiten, die vor allem, neben der praktizierten Geselligkeit, durch das bewusste und stilisierte Üben leiblicher ritueller Handlungen modifiziert und verfeinert und als »Praktiken des Selbst« verstanden werden. Der Begriff des »freimaurerischen Erlebens« spielt dabei eine besondere Rolle, denn durch Erleben sind Handlungen bewusst, ohne dass sie dem Bewusstsein polar und damit sperrig

---

bezichtigen. Vgl. dazu Helmut Möller / Ellic Howe, ›Merlin Peregrinus. Vom Untergrund des Abendlandes‹, Würzburg 1986, S. 164 ff. und Zander, Helmut, ›Anthroposophie in Deutschland. …‹, Göttingen 2007, S. 965 f.. Die neuere Quellenlage ergibt indessen ein anderes Bild – dazu: Tomas Zdrazil, ›Frantisek Zavrel oder der Tscheche, »… der von Rudolf Steiner den Eindruck gewonnen hatte, dass er von geistigen Dingen mehr verstünde als alle Maurer.«‹ In: ›Anthroposophie. Vierteljahresschrift zur anthroposophischen Arbeit in Deutschland‹ (2009) Nr. 248 und 249, S. 135–146 und S. 235–252, sowie Markus Osterrieder, ›Welt im Umbruch. Nationalitätenfrage, Ordnungspläne und Rudolf Steiners Haltung im Ersten Weltkrieg‹, Stuttgart 2014, S. 412 ff.

276 Kristiane Hasselmann, ›Freemasonry and Performance‹, in: Henrik Bogdan/ Jan A.M. Snoek (Hrsg.) ›Handbook of Freemasonry‹, Leiden/Boston 2014, S. 328–354; dort alle weiteren relevanten Literaturhinweise.

gegenüberstehen. Es geht um die Überwindung der Dualität zwischen moralischem Anspruch und alltäglichem Usus.

Im Unterschied dazu verfolgt Steiner mit seiner Adaption der Freimaurerei nicht in erster Linie Verhaltensmodifikationen unter Rücksicht der Moralität und deren Erprobung in Geselligkeit an. Seine Form der Masonik ist eingegliedert[277] in die »Esoterische Schule« der Theosophischen Gesellschaft und verfolgt damit Intentionen der spirituellen Entwicklung (die freilich ohne ethische Entwicklung auch nicht zu denken ist). Während das gewöhnliche theosophische Studium hauptsächlich auf das *Wort* baut (mit Vorträgen und Schriften als Genre), treten in der Esoterischen Schule als einer zweiten Stufe einfache *symbolische Formen* in den Vordergrund, die die Möglichkeiten des Wortes übersteigen. Symbolische Formen können gezeichnet werden, werden aber auch innerlich bewegt. Als dritte Stufe ist nun an *Handlungen* zu denken, leiblich vollführte rituelle Handlungen, die wie beispielsweise die Aktionen von Beuys[278] keiner statischen Form mehr entsprechen, sondern »nur noch« Bewegung sind. Vor allem die Chance, solche Formen auszubilden, hat Steiner meiner Einschätzung nach in den Freimaurerkulten gesucht, auch wenn aufwändig gestaltete Räume, Gerätschaften und Kostüme (ähnlich wie bei Beuys) ein hohes Maß an Materialität voraussetzten.

Nun zeigt sich natürlich auch auf diesem Feld, dass ethische, ästhetische und Erkenntnisfragen im Sinne des hermeneutischen Dreiecks (Siehe das Kapitel »Die Entdeckung des Performativen«) oft schwer voneinander zu trennen sind. Aber es gibt unterschiedliche Schwerpunkte, Zugänge und Intentionen – Handlungs-, Erkenntnis- oder Erlebensintentionen zum Beispiel. Steiners Priorität bestand eindeutig in einer Erkenntnisintention, aber spirituelle Erkenntnis ohne Empfindungswandel ist in seinem Sinn nicht

277 Zander, ›Anthroposophie …‹, S. 961.

278 Vgl. Uwe M. Schneede, ›Ritual als Werk: Josef Beuys' Aktionen‹, in: Axel Michaels (Hrsg.), ›Die neue Kraft der Rituale‹, Heidelberg 2008, S. 67–85.

möglich. Deshalb stellt sich immer die Frage: An welcher Stelle des genannten Dreiecks steige ich ein? Beginne ich mit intellektuellem Studium? Beginne ich mit künstlerischer Übung und entsprechender Verfeinerung des Erlebens? Beginne ich durch Teilnahme an Ritualen und ritueller Übung, mit praktischer Tätigkeit oder Meditation? Wie bringe ich die drei Bereiche in ein (möglicherweise ausgeglichenes?) Wechselverhältnis zueinander? Worauf lege ich *jetzt* den Akzent? Kann ich überhaupt einen der drei Aspekte des Dreiecks vernachlässigen?

Steiners Versuch der Integration der Freimaurerei in sein Lehrsystem hatte neben der Erkenntnisabsicht vor allem eine spirituell-ästhetische Dimension.[279] »Es wäre nun die Aufgabe«, so schreibt er am 25. November 1905 an von Sivers, »das maurerische Leben aus den veräußerlichten Formen aufzufangen und neu zu gebären, wobei natürlich das wieder geborene Leben auch *neue* Formen hervorbringen müsste. Dies sollte unser Ideal sein: *Formen* zu schaffen als Ausdruck des inneren Lebens« (GA 262, 125). Rituelle Formen sind für Steiner »physiognomischer Abdruck … höherer Welten« (ebd., 124), Spuren spiritueller Prozesse. Es sind Handlungen, die in ihrem Vollzug spirituelle Bedeutung tragen, welche sich im Verlauf ihres Vollzugs für die Handelnden klären mag. Es sind Wege der Erkenntnis. Steiner setzt mit seinem masonischen Engagement nicht beim *Wort* an, sondern polar bei der *Geste*, die in dem Maß Bedeutung, d.h. einen bewusstwerdenden Erkenntnisanteil erhält, als sie sich im Vollzug *klärt*.

---

279 Deshalb ist eine Kontextualisierung mit der klassischen Freimaurerei weniger sinnvoll als etwa die mit dem in seinen Ritualen vielfältigen, gewissermaßen bunten, künstlerisch-esoterisch ausgerichteten ›The Hermetic Order of the Golden Dawn‹ oder das Zurückverfolgen von Spuren im Umfeld von Steiners Wiener Zeitgenossen Friedrich Eckstein (1861–1939).

Das transformatorische Element in Steiners Schriften

Als unvergleichlich höheren Anspruch hat Steiner das schriftliche Formulieren gegenüber dem freien Sprechen empfunden.[280] Deshalb tragen seine Schriften auch eine andere Signatur des Worts, sie sind dichter, sind anders zu lesen als etwa Vortragsnachschriften. Aber finden sich Aspekte des Performativen ebenfalls in Steiners Schreibweise? Unlängst hat Martina Maria Sam in ihrem Beitrag zu einem Sammelband mit dem performativ angehauchten Titel »Steiner neu lesen« eine Studie vorgelegt, die sich mit der transformatorischen Funktion des unpersönlichen »Es« in Steiners Schriften auseinandersetzt.[281] Formulierungen mit »Es« verdienen in Steiners Sprache besondere Aufmerksamkeit, weil die sogenannten »subjektlosen Sätze« (wie »es regnet« oder »es duftet«) seinerzeit ein spannendes Thema der Philosophie und Sprachwissenschaften[282] waren. Als wacher Zeitgenosse hatte Steiner sich damit auseinandergesetzt, bevor er seine Kenntnis dann vor allem in seinen späteren mantrischen Sprachschöpfungen in sparsamer, gezielter Form einsetzte. Denn Mantren sind spirituell-poetische Performative, die weniger etwas beschreiben (konstativ) als – für Übende, die sie im Lesen auch entsprechend nutzen – eine Empfindungsänderung bewirken können (performativ). Sie unter-

280 Was sich in den Erfahrungen seiner Leserinnen und Leser spiegelt. Über Steiners frisch erschienene ›Geheimwissenschaft im Umriss‹ schreibt Ludwig Deinhard am 2. Februar 1910: »Ich kann zwar nicht sagen, dass mich der Besitz dieses Buches glücklich mache. Eigentlich eher das gerade Gegenteil. Ich habe mich jetzt bis zur Hälfte durchgequält. Das lange Kapitel über die Weltentwicklung und die Entwicklung des Menschen ist eine Lecture, bei der man glaube ich alle seine Sünden abbüßt. Wenn einem diese Dinge von Steiner mit seiner pathetischen Predigerstimme vorgetragen werden, dann glaubt man, man verstehe sie. Wenn man sie aber Schwarz auf Weiß vor sich hat und soll nun diesem abstrusen Gedankengang folgen, dann packt einen nach kurzer Zeit eine wilde Verzweiflung.« Norbert Klatt, ›Theosophie und Anthroposophie. …‹ Göttingen 1993, S. 90.

281 Martina Maria Sam, ›»… in der Seele entzünden die eigene Tat.« Über Rudolf Steiners geisterweckenden Sprachstil am Beispiel des überpersönlichen »Es«‹, in: Johannes Kiersch et al. (Hrsg.), ›Steiner neu lesen. Perspektiven für den Umgang mit Grundlagentexten der Waldorfpädagogik‹, Frankfurt am Main 2014, S. 121–136.

282 Vgl. ebd., S. 123.

scheiden sich von Ritualen und den klassischen performativen Äußerungen insbesondere dadurch, dass sie keine Statusänderung nach sich ziehen und nicht von gesellschaftlichen Institutionen abhängig sind (wie die Taufe oder eine Heirat), nicht einmal von konkreten sozialen Beziehungen (wie das Versprechen oder der Fluch). Sie liegen im konstitutiven Sinn *vor* diesen. Nun sind Mantren aber bereits besondere Verdichtungen oder Fügungen der Sprache, explizite Mittel, Werkzeuge oder Anlässe der spirituellen *Übung*, auf welche ich erst im nächsten, letzten Abschnitt zu sprechen kommen will. Hier geht es zunächst um die Frage: Findet sich das subjektlose Es, unser Beispiel, auch in Steiners Prosa?

Die Besonderheit subjektloser Sätze besteht ja zum einen darin, dass hier die Sprache gewissermaßen ein Vorbild bietet, wie auf das subjektzentrierte oder subjektlastige Denken verzichtet werden kann, das in der Philosophie des 20. Jahrhunderts verschiedentlich als starke Beschränkung empfunden wurde und weshalb zum Beispiel ein Martin Heidegger in seiner Spätphilosophie auf diese Sprachmöglichkeit zurückgegriffen hat.[283] Zum anderen besteht ihre Besonderheit darin, dass sie auf jede einschränkende Bestimmung (»dies«, »jenes«) verzichtet, die in gewissem Sinn immer eine Festlegung und dadurch Verarmung bedeutet. Eine Verarmung, weil jede Bestimmung anderes ausschließt. Formulierungen mit »es« verweisen demgegenüber auf eine Offenheit, also potenziell auf Bereicherung. Schon »es« ist weniger bestimmt als »er« oder »sie«.

Ein Beispiel aus Steiners Prosa sei der erste Satz der zweiten Auflage seiner »Philosophie der Freiheit« (GA 4): »Zwei Wurzelfragen des menschlichen Seelenlebens sind es, nach denen hingeordnet ist alles, was durch dieses Buch besprochen werden soll.« Der Satz eröffnet das Buch und nennt zuerst ein zentrales Doppel-Motiv. Er wirkt umständlich und manieriert. Steiner hätte auch schreiben können: In diesem ganzen Buch werden zwei grund-

---

283 Martin Heidegger, ›Zur Sache des Denkens‹, Tübingen 1969, S. 5 f., 19 f., 41 ff.

legende Fragen des Seelenlebens besprochen. Das wäre ein wünschenswert unkomplizierter Aussagesatz, der nichts an Information gegenüber Steiners Formulierung unterschlagen würde. Steiner aber artikuliert in seiner Art einen Rhythmus, der in den Satzgliedern dreimal anhebt. Der Sprachduktus bringt mich in Bewegung. Er stiftet Beziehung unter den Satzgliedern und indem ich lese, bilde ich diese Beziehung (zwischen: Wurzelfragen – alles – was) mit eigener Aktivität selber. Wie von einem Choreographen werde ich, als Tänzer, geführt, drei Schritte, drei große Bewegungsbögen zu machen, die sich wieder in kleinere gliedern.

Das »es« nun, das im ersten Teilsatz genutzt wird, lässt ihn wie die Antwort auf eine Frage erscheinen (»Was ist es?«), die erst noch gestellt werden müsste bzw. im Außerhalb des Buches gestellt worden ist oder sich je stellt. Es klingt wie eine Antwort auf eine Frage, die erst noch gefunden werden muss. Es klingt aber auch wie ein Aufzeigen, wie ein Vorzeigen von etwas, das für sich besteht, das zunächst schlicht und undifferenziert aufgewiesen wird. Kein Begriff, kein Argument, sondern ein Beobachtetes. Aus der Art der sprachlichen Schilderung bereits ergibt sich ein Verweis auf die im Untertitel genannte Methode des Buches, »seelische Beobachtungen« in naturwissenschaftlich strengem Sinn zu schildern. Gewiss haben auch die verwendeten Laute bei einem so bewusst mit Lautqualitäten umgehenden Autor eine Funktion. Bemerkenswert ist das zweimalige Vorkommen (also die Wiederholung) der aktivierenden Konsonanten Z, W und R innerhalb der ersten beiden Worte, welche durch das nachgeschobene »sind es« fast den Charakter eines zeitlosen Bildes erhalten. An der Schwelle zum Buch finden wir zunächst nicht Sachinfos, sondern das Fragemotiv und einen gegliederten Bewegungsimpuls vor, also performativ Bewegtes, nicht statische Fakten.

Auch die Prosa Steiners ist so gestaltet, dass ich auf unterschiedlichen Ebenen etwas tue, wenn ich sie lese. Man könnte geradezu als Qualitätsmaßstab an sie das Kriterium anlegen, in welchem Maß und in welcher Art Steiners Ausdrucksweise einen transformatorischen Charakter zeigt. Je nachdem wäre sie als mehr oder weniger *gelungen* zu bezeichnen. Durch das, was ich im Lesen tue, soll etwas entstehen, was Sibylle Peters »Figuration der Evidenz« genannt hat. Denn für die Erfahrung von Evidenz ist es speziell bei den Steiner'schen Themen weniger wichtig, »ob *etwas* gezeigt und entsprechend benannt werden kann, sondern vor allem, ob *es* sich zeigt, ob *es* einleuchtet.«[284] Wenn es sich zeigt, ist es im Steiner'schen Sinn das nicht durch einen Beweis *Dargestellte*, sondern das fragil in der eigenen Lesetätigkeit *Hergestellte*. »Wer diesen Weg wirklich durchschreitet«, sagt er im Blick auf das Lesen eines Buches wie »Die Geheimwissenschaft im Umriss«, »hat auch schon das Beweisende erlebt; es kann nichts durch einen von außen hinzugefügten Beweis geleistet werden« (GA 13, 41). Insofern ist Steiners Geisteswissenschaft ohne das performative Element nicht zu denken.

Der unscheinbare Moment der Übung

Dass Steiners Werk ohne eine übende Haltung kaum angemessen rezipiert werden kann, dürfte vor diesem Hintergrund deutlich sein. Das übende Element ist quasi überall veranlagt und gefordert. Darüber hinaus aber stellt Steiner in zahlreichen Schriften Übungen, meist Formen der Meditation, auch explizit dar. Oft ist im Singular von Steiners »Schulungsweg« die Rede. Aber weder der Singular (der ein monothetisches System unterstellt) noch das Wort Schulung (das eine Ausbildung im festgelegten Sinn nahelegt) sind besonders angemessen. Die Systematik und der konkrete Inhalt seiner Übungsvorschläge haben sich über die Zeit und je nach Situation und Bedarfslage verändert.[285]

284 Peters, ›Der Vortrag …‹, S. 65 ff.; Kursivsetzung von mir.

285 Neuigkeiten, kritische Diskussionen und weiterführende Perspektiven dazu finden sich auf der von Anna-Katharina Dehmelt betriebenen Internetseite www.infameditation.de.

Was aber ist Übung? Und was ist von Steiners Übungen im Besonderen zu halten? In unserem bildungsorientierten Milieu, in dem ich diese Zeilen formuliere und zu lesen gebe, ist mit Übung insbesondere das Moment der Wiederholung verbunden und darüber hinaus das Moment der sukzessiven Verbesserung in einer vorab festgelegten *Könnensforderung*. Was aber zum Üben mindestens gleichwertig gehört, ist die Haltung der *Erfahrungsoffenheit*. Die Aspekte der sukzessiven Verbesserung einerseits und Offenheit andererseits scheinen schwer in einem Begriff vereinbar, da es ja meist Erfahrungen des Scheiterns, Misslingens, Ungenügens, der Enttäuschung, Langeweile oder der Andersheit und Fremdheit sind, die das Moment echter und offener Erfahrung verbürgen. Es sind Erfahrungen, die einem vorgefassten Ziel der Übung zuwiderlaufen, es durchkreuzen und die kaum planbar oder kalkulierbar sind. Während wir im akkumulativ gedachten Üben immer besser werden, werden wir im offen vollzogenen Üben – anders. Der Erziehungswissenschaftler Malte Brinkmann entwickelt in seiner umfangreichen und lohnenden Studie »Pädagogische Übung« ein differenziertes Konzept, das diesem elementaren Aspekt von Üben gerecht wird. Konsequenterweise sieht er in solcherart »negativen Erfahrungen« die Grundlage von Lernen (durch Übung) überhaupt, weil »erst in der negativen Erfahrung, in der Aporie und in der Erschütterung von Selbstverständlichkeiten eine Öffnung und Überschreitung von Erfahrung stattfinden kann.«[286]

Was nun den Kontext der spirituellen Übungen, der Meditation angeht, unterscheidet sich der Typus von Steiners Übungsanweisungen vor allem dadurch von den auf Offenheit angelegten buddhistischen oder daoistischen Meditationen (wie etwa dem »Sitzen in Vergessenheit«), dass bei ihm *bestimmte Inhalte vorgegeben* sind, die meditiert werden. Fällt dann die eben angesprochene

286 Malte Brinkmann, ›Pädagogische Übung. Praxis und Theorie einer elementaren Lernform‹, Paderborn 2012, S. 406.

elementare Bedeutung »negativer Erfahrungen« weg? Bei genauerem Hinsehen zeigt sich dieser Aspekt des Unabsehbaren keineswegs im Sinn von in der Anweisung nicht mitformulierten Akzidenzien der Übung wie dem Misslingen oder der Erfolglosigkeit, sondern in prägnanten Beispielen vielmehr so, dass gerade die Negation des Erfolgs Ausgangspunkt der Übung wird: die zunächst unartikulierte *Grenzerfahrung* als solche (GA 21, 21 ff., 135 ff.), das *Gegen-den-Strich-Bürsten* der Erfahrung im »Verlegen« von Gegenständen, dem »Ändern« der Handschrift, dem »rückwärts« Vorstellen eines Ablaufs, dem sich »von außen« Betrachten, dem »Verzicht« auf Wunscherfüllung, dem »Aufschub« einer Entscheidung im Ausgestalten eines Dilemmas oder der bewussten »Enthaltung« von Kritik zum Beispiel (GA 143, 9 ff., GA 108, 256 ff., GA 57, 256 ff.). Das sind Formen der Umkehrung, der Umstülpung, der Unterbrechung oder Störung von Gewohnheiten, Formen der »Negativität« also, die auf kein bestimmtes Ziel hinführen und allenfalls eine indirekte Zielformulierung zulassen. Und ein Meditationsinhalt gar wie die Satzfolge »Es denkt mich – Es webt mich – Es wirkt mich« (GA 266/2, 453 ff.)[287] erscheint auf diesem Hintergrund nicht nur wie eine Umkehrung der europäischen Philosophiegeschichte als ganzer (wo immer »Ich« es bin, der denkt), sondern geradezu wie die sprachliche Inkorporation der Hinfälligkeit meines Übens – indem sie diese, die Unmöglichkeit des Übens, zu seinem, des Übens Ausgangspunkt macht.

Epilog: Steiners Werk und die »Anthroposophie«

Ich komme zurück zu den Eingangsmotiven meiner Darstellung der Entdeckung des Performativen. Steiners Werk, so meine These, ist daraufhin angelegt, dass es von seinen Rezipienten *performativ hervorgebracht* wird. In diesem Fall – und nur in diesem –

287 Vgl. Sam, »»In der Seele entzünden ...«‹, S. 129–131.

wäre von »Anthroposophie« die Rede. Das Performative befindet sich immer im *Zwischenfeld* zwischen unterschiedlich beteiligten Akteurinnen und Akteuren und ist durch die *überschreitende Orientierung* an einer übergeordneten Sache gekennzeichnet. Jede solche Hervorbringung nun ist aufgrund der damit verbundenen Schwellenerfahrung nicht nur eine Anverwandlung, sondern auch eine Verwandlung. In jeder Verwandlung steht die Identität einer Sache oder einer Person in Frage. Wenn aber das Performative die Substanz von Steiners Werk durchzieht, dann kann der Anspruch auf starre Identität nicht im Vordergrund stehen. Die Vielfalt der Interpretationen ist als notwendiger Bestandteil der Rezeption, die sich auf »Interpretation« niemals beschränkt, nur zu begrüßen. Mehr als die Identität (das Feststehende) gilt das Performative (die Verlebendigung). Ganz im Sinne von Austin ist die an Gelingensfragen orientierte Verlebendigung von der an Wahrheitsfragen orientierten Identifizierung zu unterscheiden und ihr Verhältnis zu gewichten. Und wenn wir mit Judith Butler überdies im Feld des Gelingens eine »unbekannte Zukunft der Worte« vermuten, auch der anthroposophischen, dann sollten wir nie aufhören, jene Bedeutungen zu befragen, »die wir zum Leben brauchen«, und Gesten wagen, »die noch ungeklärt sind«, um sie zu erkunden.

Der Erzähler Rudolf Steiner

Traditionell verstehen wir unter Erzählungen Geschichten, die in Form von Mythen, Märchen oder Romanen kulturell überliefert sind oder von Schriftstellern und Schriftstellerinnen verfasst werden. Sie gelten als Produkte der Phantasie. Auch wenn sie für unsere Lebensorientierung Bedeutung haben und das Fiktive sowie das Imaginäre so etwas wie eine anthropologische Disposition darstellen,[288] sind Erzählungen als eine Art Feierabendprodukte doch von der nüchternen Tagesarbeit und dem klaren Tatsachenwissen geschieden. Ein Roman ist eben, nach traditionellem Verständnis, keine Biografie und eine historische Erzählung kein Roman. Doch die selbstverständliche Unterscheidung zwischen dem *Faktischen,* das für den wissenschaftlichen, und dem *Fiktiven,* das für den künstlerischen Text gilt, ist fragwürdig geworden. Erzählen können wir nämlich immer schon beides: erfundene Geschichten und tatsächlich erlebte. Die Erzählung als produktive Schöpfung kann sich so eng wie möglich an die erlebten Tatsachen halten oder vor Erfindungslust übersprudeln, immer ist sie Erzählung, erzählende Tätigkeit.

---

288 Vgl. Wolfgang Iser, ›Das Fiktive und das Imaginäre. Perspektiven literarischer Anthropologie‹, Frankfurt a. M. 1991, S. 15 f. und 405. Der naheliegende Ausdruck »homo narrans« wurde zuerst von Walter Fisher verwendet, in: ›Human Communication as Narration‹, Columbia / SC 1987. – Zu neueren Ansätzen in der Erzähltheorie vgl. die Überblicksdarstellung von Ansgar und Vera Nünning: ›Von der strukturalistischen Narratologie zur »postklassischen« Erzähltheorie: Ein Überblick über neue Ansätze und Entwicklungstendenzen‹, in dies.: ›Neue Ansätze in der Erzähltheorie‹, Trier 2002, S. 1–33.

So ist aus dem Erzählen allein nicht abzuleiten, dass das Erzählte Erfindung sei. Vielmehr birgt das Erzählen eine Menge an mentalen, sozialen, kulturellen und kognitiven Möglichkeiten und Voraussetzungen, die vor der Unterscheidung von Faktischem und Fiktivem liegen. Und in ganz unterschiedlichen Wissens- und Praxisfeldern wird das Erzählen heutzutage neu bewertet und in seinen Potentialen entfaltet. So wurde Storytelling zum vielversprechenden Mittel der Organisationsentwicklung;[289] Unternehmen wie der Hörgerätehersteller Sonova entdeckten das Corporate Storytelling als neue Form der »Kommunikation«, durch das in den sozialen Netzwerken anrührende Lebensgeschichten in Form aufwändiger Dokumentarfilme erzählt werden, die das Produkt wahrheitsgemäß und emotional berührend in seinem Dienst für Menschen zeigen – und damit zugleich wirksam bewerben;[290] innerhalb des Journalismus entwickelte sich das Erzählen »wahrer Geschichten« als ein eigenes Genre;[291] auch in bildungstheoretischen Überlegungen beschreibt man Erzählen als das in allen Umbrüchen beständige und zukunftsträchtige Element des Lernens;[292] und in den letzten Jahrzehnten ist das Erzählen von Geschichte als wissenschaftliche Darstellungsform eine ernsthafte Konkurrenz der sich an nüchternen Fakten und Statistiken abarbeitenden analytischen Sozialgeschichte geworden;[293] selbst die »harten« Wissenschaften

289 Vgl. Michael Loebbert, ›Storymanagement. Der narrative Ansatz für Management und Beratung‹, Stuttgart 2003.

290 Dies instruktive Beispiel berichtet die NZZ-online am 23. Mai 2017 unter https://www.nzz.ch/wirtschaft/wettbewerb-der-unternehmensfilme-das-unternehmen-als-geschichtenerzaehler-ld.1295938 [19.9.2020]. Der Büchermarkt quillt über von wohlfeilen Ratgebern zum Storytelling für PR und Marketing – und darüber hinaus für alle Lebenslagen.

291 Vgl. Mark Kramer & Wendy Call (Hrsg.), ›Telling True Stories: A nonfiction writers' guide from the Nieman Foundation at Harvard University‹, New York 2007.

292 Vgl. Claudia Fahrenwald, ›Erzählen im Kontext neuer Lernkulturen. Eine bildungstheoretische Analyse im Spannungsfeld von Wissen, Lernen und Subjekt‹, Wiesbaden 2011.

wie Physik, Chemie oder Biologie werden zu »Wirklichkeits-« bzw. »Wissenschaftserzählungen«, wenn die Wissenschaftsforschung untersucht, unter welchen Bedingungen ihre Erkenntnisse zustandekommen und wie sie sich historisch entwickelt haben.[294]

Über alle diese Felder hinweg und zugleich ihnen vorausliegend ist Erzählen zu einem Universalphänomen geworden, das, wie es der Literaturwissenschaftler Fritz Breithaupt herausarbeitet, überhaupt erst soziales Einfühlungsvermögen, also Empathie, ermöglicht[295] oder das, wie es prominent der Kognitionspsychologe Jerome Bruner darstellte, für das Zusammenspiel vergangener Erfahrungen und zukünftiger Erwartungen im Bewusstsein und damit für die Identität der Person schlicht nötig ist.[296] Sowohl die Beziehung zu anderen als auch die zu uns selbst ist diesen Forschungen zufolge ohne Erzählung nicht möglich. Erzählen, so wird argumentiert, ist nicht Ort beliebiger Erfindungen, sondern wirksames und elementares Mittel strukturierten Denkens.[297] Wird Erzählen dergestalt als eine unverzichtbare Bewusstseinsleistung analysiert und ausgewiesen, zeigt sich nicht minder der Mensch als das Wesen, das immer schon erzählt und sich durch

---

293 Vgl. Gérard Noiriel, ›Die Wiederkehr der Narrativität‹, in Joachim Eibach & Günther Lottes (Hrsg.): ›Kompass der Geschichtswissenschaft‹, Göttingen 2002, S. 255–270 und pointiert kritisch Hans-Ulrich Wehler mit seinem Wiener Vortrag: ›Literarische Erzählung oder kritische Analyse? Ein Duell in der gegenwärtigen Geschichtswissenschaft‹, Wien 2007. – Der Gesichtspunkt der Waldorfpädagogik auf dieses Thema wird ausgeführt bei M. Michael Zech, ›Geschichte als Sinnstiftung und das Wirklichkeitsproblem‹, in: ›RoSE – Research on Steiner Education‹ Vol. 5 / Special issue 2014, pp. 90–99.

294 Vgl. Christina Brandt, ›Wissenschaftserzählungen. Narrative Strukturen im naturwissenschaftlichen Diskurs‹, in Christian Klein & Matias Martinez (Hrsg.): ›Wirklichkeitserzählungen. Felder, Formen und Funktionen nicht-literarischen Erzählens‹, Stuttgart & Weimar 2009, S. 81–109. Dieser Sammelband enthält auch Beiträge zum juristischen Diskurs, zu Medizin und Psychotherapie, Historiographie und Ökonomie, Theologie, Politik und Journalismus sowie zu »Kollektiverzählungen« und zum Internet als Erzählmedium.

295 Vgl. Fritz Breithaupt, ›Kulturen der Empathie‹, Frankfurt a. M. 2009.

296 Vgl. Jerome Bruner, ›Acts of Meaning‹, Cambridge / Mass. 1990.

297 Vgl. David Herman, ›Stories as a Tool for Thinking‹ in: David Herman (Hrsg.): ›Narrative Theory and the Cognitive Sciences‹, Stanford 2003, S. 163–192.

das Verstehen von Erzählungen im Leben orientiert: »homo animal narrans est«. Das heißt nicht, dass jede Form wissenschaftlicher Erkenntnis oder nüchterner Rechnung in Erzählung aufginge. Aber ihre Verhältnisse zueinander sind neu zu verhandeln und in eine Allgemeine Erzähltheorie zu integrieren.[298]

Woher die Konjunktur der Erzählung?

Lässt sich – vorab – die Konjunktur des Erzählens erklären? Wir leben in einer Welt, in der wir von Informationen überschwemmt werden, in der wir im Prinzip alles wissen können, aber nicht mehr wissen, wie wir uns in der Informationsflut zurechtfinden können. Erzählen bietet die Möglichkeit, Wissen auszuwählen, zu gewichten und zu strukturieren; es schafft Übersicht und Schwerpunkte, wo wir mit der maximalen Summe an Informationen allzu leicht verloren wären. Das nutzen Journalisten in den Newsrooms der Nachrichtenredaktionen.[299] Nachrichten sind eines, wissenschaftliche Forschung ist ein anderes. Aber auch Forschungsergebnisse werden in hohem Maße popularisiert und es ist keineswegs so, dass sie dadurch an Glaubwürdigkeit gewinnen. Und ein überkommener Maßstab wie jener der Objektivität gegebenen Wissens thront keinesfalls mehr selbstverständlich über ihrem Haupt. Objektivität ist selber ein historisch gewordener Maßstab, der neben andere gestellt werden kann.[300] Er ist nicht *mehr* als Erzäh-

---

298 Ich verweise hier auf die sehr anregende Ausarbeitung von Albrecht Koschorke: ›Wahrheit und Fiktion. Grundzüge einer Allgemeinen Erzähltheorie‹, Frankfurt a. M. 2012. – Den »Narrative Turn« in den Humanwissenschaften finden wir bei Martin Kreiswirth: ›Narrative Turn in the Humanities‹, in: David Herman et al. (Hrsg.): ›Routledge Encyclopedia of Narrative Theory‹, London & New York 2005, S. 377–382.

299 https://www.nzz.ch/wirtschaft/geschichtenerzaehlen-wie-der-newsroom-die-arbeit-in-der-unternehmenskommunikation-veraendert-ld.1294955?mktcid=nled&mktcval=107_2017-5-22 [zuletzt eingesehen am 12.9.2020]

300 Vgl. Lorraine Daston & Peter Galison: ›Objektivität‹, Frankfurt a. M. 2007, 405 f.: »Die Geschichte von den epistemischen Tugenden in der Wissenschaft handelt von

lung, aber auch nicht *weniger*. Denn was hier Orientierung schafft, ist die Strukturiertheit von Erzählung.[301] Über das bloße Resultat hinaus ist Erzählung offen für die Darstellung von Fortschritt, Entwicklung und Selbstreflexion. Sie ist selbst ein Medium von Forschung. Der Glaubwürdigkeitsverlust wissenschaftlicher Aussagen scheint nur ein Widerschein zu sein des Verlusts der Glaubwürdigkeit von sinnstiftenden Institutionen wie den Kirchen oder politischer Parteien. Was tritt dann an die Stelle der »großen Erzählungen«, die uns bisher immer noch Halt gaben?[302] An die Stelle der großen mögen kleine Erzählungen treten; Erzählungen, die wir selber überschauen und nachvollziehen können; die unsere lebensweltlichen Erfahrungen in sich aufnehmen; die zwischen der Nähe unserer Umgebung und der gnadenlosen globalen Informiertheit vermitteln; die uns Handlungsoptionen anzeigen und als fortgesetztes Erzählen gegenüber dem unbedingten Anspruch der Tatsachen, mit welchen wir konfrontiert sind, den Prozess wach halten. Erzählung ist immer mehr als bloßes Wissen. Erzählen vermittelt meine Sicht der Dinge mit jener der anderen. Wer erzählt oder einer Geschichte lauscht, ist im Prozess: als Person, die emotional berührt ist und zugleich die Option des Guten oder Besseren erwägt. Die Chancen von Erzählung, wie sie heute gesehen werden, sind, dass sie ein verkörpertes, auf Handlung offenes Wissen darstellt, das für uns als Individuen – und gar nicht so sehr als Gruppenmitglieder – ein ethisch waches

---

Neuerung und Transformation: Naturwahrheit, Objektivität und geschultes Urteil haben eine wie die andere ein Geburtsdatum und eine Biographie; jede von ihnen modelte Wissenschaft und Selbst [...] nach ihrem eigenen Bild um. Und doch dienten alle drei Tugenden, jede auf ihre Weise, einem gemeinsamen Ziel: eine getreue Wiedergabe der Natur [...].«

301 Vgl. Stefan Böschen & Willy Viehöver: ›Narrative Autorität und Wissensproduktion‹, in Safia Azzouni et al, (Hrsg.): ›Erzählung und Geltung. Wissenschaft zwischen Autorschaft und Autorität‹, Weilerswist 2015, S. 303–336. Die Fragestellung der Autoren ist, wie unter Bedingungen des Glaubwürdigkeitsverlusts durch Erzählung gerade Glaubwürdigkeit geschaffen wird.

302 Das »Ende der großen Erzählungen« war die zeitdiagnostische These von Jean Francois Lyotard in seiner berühmt gewordenen Auftrags-Studie ›La condition postmoderne‹, Paris 1979.

Verhalten ermöglicht.[303] Unter dem Vorzeichen der Erzählung lässt sich kein »post-faktisches« Zeitalter ausrufen. Wenn sich Erzählung vom Faktischen entfernt, so führt sie doch wieder dahin zurück.

Erzählung und Erfahrung

Kaum ein Autor hat mit solcher Sensibilität die Chancen von Erzählung ausgelotet wie Walter Benjamin (1892–1940). Er tut dies in seinem 1936 entstandenen Text »Der Erzähler«, in dem er dessen Verlust beklagt. Die Erzählung – und mit ihr der Erzähler – sei im Verschwinden begriffen: »Es ist, als wenn ein Vermögen, das uns unveräußerlich schien, das Gesichertste unter dem Sicheren, von uns genommen würde. Nämlich das Vermögen, Erfahrungen auszutauschen.«[304] Dieses Vermögen wird von dem Überhandnehmen der Information verdrängt. Die Allpräsenz und Nacktheit der Information verdrängt geradezu die Möglichkeit, Erfahrungen zu machen. Vor allem aber ist es die restlos belehrende und geheimnislose Art, in der sich Erklärungen an Information anheften, was das Erzählen vertilgt: »Es ist nämlich schon die halbe Kunst des Erzählens, eine Geschichte, indem man sie wiedergibt, von Erklärungen freizuhalten.«[305] Während wir von der Information erwarten dürfen, dass sie sich rückhaltlos zeigt und keinen Erklärungsbedarf offen lässt, ihn vielmehr mitliefert, hält die Erzählung etwas zurück, was aber kein Manko ist, sondern zum Gewinn wer-

---

303 Vgl. dazu den Abschnitt ›Narrativität und Moralität‹ in Norbert Meuter: ›Geschichten erzählen, Geschichten analysieren. Das narrativistische Paradigma in den Kulturwissenschaften‹, in Friedrich Jaeger & Jürgen Straub (Hrsg.): ›Handbuch der Kulturwissenschaften. Band 2: Paradigmen und Disziplinen‹, Stuttgart & Weimar 2004, S. 140–155, hier 153 f.

304 Walter Benjamin: ›Der Erzähler. Betrachtungen zum Werk Nikolai Lesskows‹, zitiert nach ders.: ›Erzählen. Schriften zur Theorie der Narration und zur literarischen Prosa. Ausgewählt und mit einem Nachwort von Alexander Honold‹, Frankfurt a. M. 2007, S. 103.

305 A.a.O., S. 109.

den kann: »Die Information hat ihren Lohn mit dem Augenblick dahin, in dem sie neu war. Sie lebt nur in diesem Augenblick, sie muss sich gänzlich an ihn ausliefern und ohne Zeit zu verlieren sich ihm erklären. Anders die Erzählung: sie verausgabt sich nicht. Sie bewahrt ihre Kraft gesammelt und ist noch nach langer Zeit der Entfaltung fähig.«[306] Erzählen ermöglicht demnach, Erfahrungen zu machen von einer Tiefe und in einer zeitlichen Breite, die nicht allein auf Ruhe und Besonnenheit, sondern mehr noch auf Reifung und Entwicklung angelegt sind. Nicht weil er mir etwas verschwiege, kann ich vom Erzähler noch nach Jahren lernen oder überrascht werden; sondern weil er nichts Unangemessenes dazutut, verfügt die Geschichte über ein Entwicklungspotenzial, das der Information fehlt. Wie ein Same ist sie der Entfaltung auch in einem anderen Zeitalter fähig. Kann sein, dass wir später etwas anders verstehen; oder dass wir erst in die Situation kommen müssen, in der uns eine Erzählung nützt. Denn »offen oder versteckt« führt jede wahre Erzählung »ihren Nutzen mit sich. Dieser Nutzen mag einmal in einer Moral bestehen, ein andermal in einer praktischen Anweisung, ein drittes Mal in einem Sprichwort oder einer Lebensregel – in jedem Fall ist der Erzähler ein Mann, der dem Hörer Rat weiß.«[307]

Auch wenn Benjamin uns mit dem Blick auf den Erzähler Nikolai Lesskow eine Idylle vorführt oder an eine solche appelliert, sind doch in idealtypischer Weise Grundzüge von Erzählung angesprochen, deren Gehalt und Geheimnishaftigkeit wir nicht zu leichtsinnig verschenken sollten. Hinzu kommt ein weiteres Merkmal: Der Erzähler stiftet Gemeinschaft. »Wer einer Geschichte zuhört, der ist in der Gesellschaft des Erzählers; selbst wer liest, hat an dieser Gesellschaft teil.«[308] Ein Individuum erzählt und Individuen sind es, die lauschen. Wenn im Moment der Erzählung

---

306 A.a.O., S. 110.
307 A.a.O., S. 106.
308 A.a.O., S. 120.

eine Welt geteilt wird, so mag die Spur ihrer Einzigartigkeit sich zwar in der Welt des Alltags erhalten. Aber restlos mischt sie sich nicht, weder mit dem Alltag noch mit späteren und früheren Erzählsituationen selber. Denn was immer er erzählt, der Erzähler erzählt persönlich und in eigenem Tempo – vielleicht ja auch genau auf seine Zuhörer bemessen. Es bleibt ein Rest Distanz in der Erzählgemeinschaft. Es bleibt Zurückhaltung in der Geschichte. Daraus entsteht ihr Potenzial.

Vor dem Hintergrund dieser knappen Bestandsaufnahme der Aktualität wie auch Vielseitigkeit der Erzählforschung möchte ich nun in meiner weiteren Darstellung plausibel machen, dass es lohnend ist, sich dem Werk und der Person Rudolf Steiners unter Gesichtspunkten der Erzählforschung zu nähern. Steiner hat zwar keine explizite Theorie des Erzählens vorgelegt. Implizit findet sich aber ein Verständnis der Besonderheit von Erzählung vielerorts von ihm ausgesprochen. Und, wie in den eingangs zitierten Sätzen deutlich wird, ist es präzise das Wort *erzählen*, das Steiner sowohl für sein philosophisches wie auch für sein späteres theosophisches Werk markant in Anspruch nimmt. Diesen Sinn von Erzählung sollten wir genauer erläutern.

Zunächst können wir festhalten, wie aktuell auf dem zeitgenössischen Theoriehintergrund Steiner erscheint, wenn er sich einen Erzähler nennt. Freilich, er tut es beiläufig. Die Termini Erzähler oder Erzählung stehen in keiner Überschrift seiner Werke. Sie werden auch nicht lang erläutert. Sie fallen in einer persönlichen Situation, dienen der Abgrenzung und Präzisierung. Und überdies hat das Wort Erzählung in Steiners Zeit keine Konjunktur – besonders, wo es um die Charakterisierung eines wissenschaftlichen Werkes geht. Der Anspruch, um 1900 ein wissenschaftliches Werk vorzulegen und sich gleichzeitig Erzähler zu nennen, wäre absurd gewesen. Denn das 19. Jahrhundert hatte eine klare, aufs Genre von Roman, Novelle oder auch Märchen eingeschränkte Vorstellung vom Erzählen. Dennoch verfügt Steiners Werk, das bildungsgeschichtlich im 19. Jahrhundert wurzelt, über ein Potenzial, das wir aus diesem Kontext herausheben und es sich im heute gänzlich anderen Umfeld ein Stück weit anwurzeln lassen können.

Die Konjunktur der Erzählung kommt heute seinem Werk entgegen. Gerade weil Erzählen, »da es sich indifferent verhält gegenüber der Unterscheidung von Fiktion und Realität, in einen Gegensatz zu dem vom 19. Jahrhundert favorisierten Ideal des positiven Wissens«[309] rückt. Indem er die erkenntniskonstitutive und »objektive« Rolle der Wahrnehmung betonte, blieb Steiner diesem Ideal einerseits treu; indem er die produktive Seite des Denkens, die performative des Wirkens, die Notwendigkeit der Selbstverwandlung und die subtile Qualität einer Wissenschaft vom Geist oder des Übersinnlichen betonte, war er dabei, dieses Ideal zu modifizieren. Trotz aller Kritik am Materialismus war für Steiner der Idealtypus der unbestechliche, über »objektives« Wissen verfügende Naturwissenschaftler. In mancher Hinsicht ist das veraltet – was nicht zuletzt die Ansätze einer allgemeinen Erzähltheorie zeigen. Sollte Steiner denn, wenn er selbst als Geisteswissenschaftler noch dem in den Naturwissenschaften vorgeprägten Objektivitätsideal anhing, nichts mehr wünschen, als unter heutigen Bedingungen ein guter Erzähler zu sein?

Erzählgenres bei Rudolf Steiner

Steiner war kein Literaturwissenschaftler, genausowenig ein Autor erzählender literarischer Texte. Aber als Herausgeber des naturwissenschaftlichen Werks von Goethe war er mit dessen literarischem Werk wohl vertraut. Als Redakteur des »Magazins für Litteratur« war es überdies jahrelang seine Aufgabe, literarische

309 Alexander Honold, ›Noch einmal. Erzählung als Wiederholung – Benjamins Wiederholung des Erzählens‹, in: Walter Benjamin: ›Erzählen. Schriften zur Theorie der Narration und zur literarischen Prosa.‹ Ausgewählt und mit einem Nachwort von Alexander Honold, Frankfurt a. M. 2007‹, S. 303–342, hier 321.

Neuerscheinungen zu besprechen.[310] Vor allem schließlich in seinem weitläufigen Vortragswerk kommt er auf Beispiele der traditionellen oder aktuellen Werke der Erzählgattungen zurück. Er greift sie auf, um mit der Hilfe von Erzählungen seine Themen voranzubringen; um mit ihrer Hilfe zu erläutern; um eine Moral ohne moralische Regel zu entwickeln; oder um zu zeigen, inwiefern in einer überlieferten Erzählung eine geisteswissenschaftliche Angelegenheit sich indirekt darstellt.

Es gibt kaum Grenzen der Belesenheit Steiners. Die verwendeten Beispiele reichen vertikal durch die Jahrtausende und horizontal durch die Kulturen. Auch zahlreiche selbst erlebte oder berichtete Anekdoten aus einem reichen Schatz der Lebenserfahrung fehlen nicht. Und bei all dem ist Steiner nicht der feinsinnige, etwas vergeistigte Literat, für den man ihn halten könnte, sondern ein Praktiker mit Augenmaß. Einer, der das Herz am rechten Fleck hat. Besonders deftig weiß er zu erzählen vor den Männern (»Meine Herren«, wie er sie gewöhnlich anspricht), die als Arbeiter am Goetheanum bauten. Sie hatten das Privileg, eigens Vorträge von ihm zu hören. Überall, wo es geht, stellt er sich in der Tonlage auf sein Publikum ein, versucht einen gemeinsamen Erzählraum zu stiften. Seine Vorträge sind zwar keine reinen Erzählungen in Benjamins Sinn, weil sie sich der Erklärung nicht vollkommen enthalten. Und doch ist er dort, wo er in seinen tausenden von Vorträgen Geschichten einwebt – als Ausgangspunkt, strukturierendes Material oder belebendes Element – in eminenter Weise Erzähler.

Und als Erzähler ist er immer schon Anreger, Gestalter. Wer erzählt, gibt nicht nur wieder, sondern entwirft auch. Wenn Jerome Bruner (1915–2016), von dem schon die Rede war, zwei eigenständige Modi des Denkens unterschied, einen »paradigmatischen«, logisch-wissenschaftlichen, der dem Ideal mathematischer Ableitung verpflichtet ist, und einen »narrativen«, der nicht vorwiegend auf Wahrheit, sondern auf Plausibilität und Glaubwürdigkeit

310 Vgl. ›Gesammelte Aufsätze zur Literatur 1884–1902‹ (GA 32).

baut, weil es sich um *Handlungs- und Erfahrungswissen* handelt, dann hat der narrative Modus bei Steiner einen hohen Stellenwert.[311] Einmal heißt es von einer Geschichte, die er heranzieht, es käme nicht darauf an, ob sie wahr sei, sondern ob sie wahr sein könnte: »Gewiss, die Erzählung mag eine Legende sein, aber darauf kommt es nicht an, denn ein jeder von uns wird sagen: In diesem Augenblick – die Begebenheit mag wahr oder nicht wahr sein – könnte die Begebenheit möglich sein und sich so zugetragen haben, auch wenn sie sich in Wahrheit nicht so zugetragen hat.« (GA 61, 167)[312]

Neben dieser eher beiläufigen, aber doch fundamentalen Einbeziehung von Erzählungen nimmt Steiner aber auch die eigenen Themenfelder in den Blick, schafft neue Erzählformen, regt an oder erstaunt mit seinen Ideen. Einige Beispiele seien angeführt. Im Buch »Das Christentum als mystische Tatsache und die Mysterien des Altertums« benennt er das Dreiecks-Verhältnis der griechischen Mythen (narrativ-bildhaft) zu den Mysterienkulten (rituell-performativ) und der platonischen Philosophie (philosophisch-begrifflich) als ein eigenes, spannendes Thema. Es sollte vertieft werden, gerade aufgrund der Forschungen, die mittlerweile dazu

---

311 Jerome Bruner, ›Two Modes of Thought‹ in ders.: ›Actual Minds, Possible Worlds‹, Cambridge / Mass. 1986, S. 11–43. »The imaginative application of the model leads […] to good stories, gripping drama, believable (though not necessarily ›true‹) historical accounts. It deals with human or human-like intention and action and the vicissitudes and consequences that mark their course.« A.a.O., S. 13.

312 In ähnlicher Weise unterscheidet Aristoteles an einer sehr bekannten Stelle zwischen der Dichtung, die berichtet, was geschehen könnte und der Historie, die berichtet, was geschehen ist und wie es sich zufällig ereignet hat (*De art. poet.* 1451b). Aristoteles wertet die Dichtung gegenüber der Historie damit auf. Vgl. dazu auch die Überlegungen von Reinhart Koselleck, ›Fiktion und geschichtliche Wirklichkeit‹, in: Ders., ›Vom Sinn und Unsinn der Geschichte. Aufsätze und Vorträge aus vier Jahrzehnten‹, herausgegeben und mit einem Nachwort von Carsten Dutt, Berlin 2010, S. 80–95. – Eine besondere Situation in diesem Kontext ist der Zusammenhang zwischen historischem Ereignis und gleichzeitigem inneren seelischen Miterleben, wie Steiner es für den zweiten Teil des Johannes-Evangeliums geltend macht: »Namentlich der zweite Teil ist nicht bloß eine Erzählung dessen, was sich auf irgendeinem Weltenplane *ereignet hat*, sondern es wird beschrieben, was jeder in seinem Inneren *erleben kann*.« (GA 97, 44; Hervorhebungen von mir.)

vorliegen. Es geht ihm – in Anlehnung an Platon – um die »literarische Form für die Vorgänge in den Mysterienstätten« (GA 8, 63), um das *Verhältnis von Erzählen, Aufführen und Philosophieren*. Ganz anders greift er das Thema *Märchen* auf. Im Rahmen seiner »Mysteriendramen« lässt er das Verhältnis analytischer und bildhafter Darstellung unter den Charakteren aushandeln.[313] Die gemüthafte, nicht von der Schärfe des Bewusstseins geplagte Erzählerin Frau Balde[314] begegnet dem nach Bildern dürstenden, trockenen Historiker Capesius.[315] Ein neues, in gewisser Weise unerhörtes Genre ergibt sich aus Steiners narrativen Darstellungen aus der *Akasha-Forschung* zum »Fünften Evangelium«, in welchen er die im Neuen Testament überlieferten Erzählungen über das Leben Jesu aus eigener Anschauung narrativ ergänzt.[316] Auch *Karma-Forschung* bedarf der Erzählung. »Die Untersuchungen sind eben solche des Anschauens ... deshalb ist keine andere Methode gerade in der Besprechung solcher Dinge möglich als eine Art erzählender Methode. ... Das Zurückführen eines Erdenlebens auf ein anderes geht nur in erzählender Form, denn da ist nur die Anschauung das Maßgebende.« (GA 235, 134 vgl. 213). Erzählen bezieht sich auch hier in besonderer Weise auf Anschauung, sprich: eigene Erfahrung.

---

313 Vgl. ›Vier Mysteriendramen‹ (GA 14, 33 f., 193, 197, 235 f. und 384 f.), sowie dazu erläuternd (GA 125, 156); (GA 127, 194 ff.); (GA 147, 87 ff. und 154 f.).

314 »Ich kann die Märchenbilder, die in mir / Durch sich allein sich formen, nur erzählen ... «, ›Vier Mysteriendramen‹, (GA 14, 384).

315 »Und Frau Felicia erzählt / In Bildern wunderbar (...) Ich denke dann an eines nur mit Klarheit, / Wie meiner Seele neues Leben fließt / Und wie hinweggebannt / Mir alle Seelenlähmung ist.« (A.a.O., S. 33 f.)

316 ›Aus der Akasha-Forschung. Das Fünfte Evangelium‹ (GA 148). Vgl. Peter Selg, ›Rudolf Steiner und das Fünfte Evangelium. Eine Studie‹, Dornach 2005. Selg zeigt unter Einbeziehung von Notizen Andrej Belyjs etwas von der einmaligen Ereignishaftigkeit dieser Vorträge und auch, dass diese Darstellungen eine Art gemeinsamen Raums mit den Zuhörern verlangten.

Soziale Wirksamkeit von Erzählung

Führt der Leitfaden der Erzählung auf der einen Seite in diese subtile spirituelle Dimension, so findet sich auf der anderen Seite im lebenspraktischen Kontext der Waldorfpädagogik Steiners herausfordernde Anregung, »sinnige« oder »moralische« Geschichten zu erfinden und zu erzählen, die nicht moralisch oder naturkundlich belehren, sondern anregen und im Medium der Phantasie Verständnis und Empathie ermöglichen.[317] Bekanntlich wird an Waldorfschulen das Erzählen als Unterrichtsmittel überhaupt hoch geschätzt und kultiviert.[318] Schließlich nennt Steiner selbst die *Statuten der Anthroposophischen Gesellschaft* dezidiert »nicht

317 Noch vor der Gründung der Waldorfschule im Herbst 1919 kommt Rudolf Steiner darauf ausführlich zu sprechen, am 26. April 1918 nämlich so: »In alten Zeiten haben die Menschen versucht, den Sinn der Umwelt instinktiv zu empfinden. ... die Tiermärchen, die Tiersagen, die Tierfabeln ... Zu dem können wir nicht zurückkehren. Aber etwas anderes muss dafür ausgebildet werden, so dass die Menschen nicht nur das lernen, was sie sich jetzt in ganz abstrakter Weise einochsen über die Tiergestalt. ... Lassen sie die Beschreibung eine sinnvolle sein, lassen sie den Löwen wieder etwas werden, was sich herausgestaltet in der Schöpfung in anderer Weise als die Hyäne, als das Känguruh. Dann wird der Mensch sich wiederum sinnvoll in die Schöpfung hineinleben, ... der Geist wird beweglich ...« (GA 174b, 346); am 21. Oktober 1917 schon ist die Rede von einer »Art liebevoller Betrachtung ... über das Leben der Tiere, ... zum Beispiel recht bildlich zu schildern, wie sich die Ameisen benehmen in ihrem Zusammenhang, wie diese Ameisen zusammenleben und so weiter ... Sie müssen immer mehr und mehr ausgebaut werden, diese symbolisierten Erzählungen von Geschichten, die sich im Tierleben abspielen. Recht sinniges Erzählen von einzelnen individuellen Geschichten, das wird Platz greifen müssen ...« (GA 177, 202 f., vgl. auch die dort noch folgenden Seiten und einen späteren Vortrag vom 28. Oktober 1917, wo das Thema kritisch differenzierend aufgegriffen wird: »Man muss da namentlich unterscheiden zwischen dem, was real in der Wirklichkeit wurzelt, und dem, was etwa jemand, der an der Oberfläche der Natur zu tippen gewohnt ist, als allerlei allegorische, symbolische Dinge erzählt. Dadurch würden die Kinder nur dem wirklichen Naturgeschehen entfremdet. Nicht darum handelt es sich, ihnen symbolisch, allegorisch Dinge zu erzählen, sondern sie in das wirkliche Naturgeschehen hineinzuführen, ... alle Allegorik vermeiden ...«, ebd., 262 f.). So sind also Steiners Ideen bei der Gründung der Waldorfschule schon ausgebildet. Vgl. zu den verschiedenen Aspekten des Erzählens im Unterricht (GA 295, 17 ff., sowie 37 und 48); (GA 297, 173 f.); (GA 297a, 158); (GA 300a, 139).

318 Angelika Wiehl, ›Erzählen – eine grundlegende Methode der Waldorfpädagogik‹, in: Bund der Freien Waldorfschulen, Lehrerrundbrief Nr. 106, Mai 2017, S. 86–104.

Feststellungen, sondern einfache Erzählungen desjenigen, was der im esoterischen Sinne aufzufassende Vorstand in Dornach aus seiner Initiative heraus für die anthroposophische Bewegung tun will. ... Es wird nicht auf abstrakte Grundsätze hingewiesen, sondern auf etwas Lebendiges, auf etwas, was da ist. ... Erzählungen sind diese Grundsätze, nicht Statuten.«[319] Ein ähnliches Verhältnis seiner Person sieht Steiner in seinen Vorträgen zur Begründung und Gestaltung der *Christengemeinschaft* als Institution: »Ich habe die Aufgabe, alles zu geben, was das Spirituelle der Sache ist, auch soweit sich das Spirituelle hineinstreckt in die Organisation; ich habe die Aufgabe, zu erzählen, wie es sich hineinstrecken kann. Ich habe die Aufgabe, zu sagen, wie es sein könnte.«[320]

Wir sehen an dieser knappen und gedrängten Umschau im Werk, dass Steiner das Erzählen, auch wenn er es kaum zum eigenen Thema wählt oder ausführlich darüber reflektiert, dennoch in dem, was er daraus macht und in der Art, wie er es aufgreift und verwendet, sehr wirksam und in gewisser Weise präzis ist. Das kann auch, genau wie die Forderung, die Statuten der Anthroposophischen Gesellschaft mit Vehemenz als Erzählungen zu verstehen, durchaus etwas von Avantgarde haben.

Welche Funktion haben aber nun die Erzählung und Steiner als Erzähler im Blick auf sein gesamtes Werk? Ich habe dafür, um einen Überblick zu ermöglichen, das heuristische Schema zusammengestellt. Es benennt wichtige Aspekte einer allgemeinen Erzähltheorie, wie sie für das Verständnis von Steiners Werk unter Bedingungen der Gegenwart in Anschlag gebracht werden sollten. Die einzelnen Aspekte stehen durchaus in einem Spannungsverhältnis zueinander und beziehen sich meist in sich auf mindestens einen anderen Aspekt aus dem Kreis. Es sind Aspekte, die sich

319 (GA 240, 39 und 93, vgl. 204); auch abgedruckt in: (GA 260a, 176 und 355 f.).
320 (GA 344, 169).

Schema 4

Der Erzähler – heuristisches Schema

Struktur
innere Kohärenz,
Komposition,
Stimmigkeit,
begriffliche Dichte

Status
des Erzählers
Position und
Haltung

Chancen
der Erzählung,
Entwicklungskraft,
künstlerisches Potenzial

Referenz
Sachbezug,
Objektivität,
welche Sache?

Erzähler

Situation
der Erzählung
Bezug zu den
Rezipienten

Geltung
bloßes Anhören
einer Sache,
weder Zustimmung
noch Ablehnung,
schweben

Genre

rezipiert:	*produziert:*
Roman	Buch
Märchen	Serie einer Zeitschrift
Mythos	Vortrag
Anekdote	Drama
Fabel	Spruchdichtung
Alltags-erzählung	

zwar aus dem Werk – teils als von ihm formulierte Themen, teils als an das Werk zu richtende Fragen – ergeben. Doch ergeben sie sich gleichermaßen aus den bisherigen knappen Ausführungen zur Erzähltheorie.

Die schwebende Geltung des Erzählten

Ein wichtiges Thema in unserem Kontext ist der als Motto dieses Buches zitierte Satz, dass der Geistesforscher »nicht anders wirken [möchte] als ein *Erzähler*«.[321] Das Zitat stammt aus der ersten Zeit der theosophischen Wirksamkeit Steiners und antwortet auf eine Leserfrage, wie es mit dem »Personenkultus« in der theosophischen Bewegung stehe. Dabei geht es nicht um konkrete charismatische Leitungspersönlichkeiten und deren Wirkung, sondern vielmehr um die prinzipielle Struktur, dass die Theosophie von Persönlichkeiten getragen wird, die einen besonderen Status haben, weil sie über besondere Erkenntnismöglichkeiten verfügen. Eine dieser Persönlichkeiten ist eben Steiner. Denn er kann aus eigener hellsichtiger Forschung »Mitteilungen« aus der »geistigen Welt« machen, die zunächst nur ihm zugänglich sind. Da die meisten oder alle anderen über diese Schlüsselqualifikation nicht oder nur unzureichend verfügen, sind sie in einem möglichen Abhängigkeitsverhältnis, stehen in der Gefahr eines »blinden Autoritätsglaubens« und müssen, zumindest der Struktur nach, um »ihre Freiheit und Selbstständigkeit« fürchten. Steiner antwortet eben auf diesen sachgemäßen und berechtigten Einwand mit dem Modell des Erzählers, der hier schon sehr früh an die Stelle des Gurus tritt. Und an die Stelle des Glaubens an oder der Unterwerfung unter den Guru – das ist an Bedeutung nicht hoch genug einzuschätzen – tritt schlicht »*zuhören*, das heißt weder blind glauben noch blind kritisieren«. »Zuhören« ist schon der Formulierung nach besonders wach und das Gegenteil gläubiger Blindheit.

Einem Erzähler schlicht zuzuhören, auch das geht daraus hervor, ist ein eigentümlicher, ein besonderer Balanceakt. Ich darf auf keinen Fall fixiert *glauben*, wenn ich auch begründetes, aus Erfah-

321 Vgl. Rudolf Steiner im Mai 1905 in der Zeitschrift ›Lucifer-Gnosis‹ zum Thema ›Personenkultus in der theosophischen Bewegung‹, (GA 34, 386). Alle im Folgenden nicht ausgewiesenen Zitate aus diesem Text. Hervorhebungen im Original.

rung resultierendes Vertrauen in den Erzähler haben kann. Der narrative Modus ist, wie Jerome Bruner meint, auf Plausibilität, Glaubwürdigkeit, auch auf eine Art stilles Praxiswissen ausgerichtet. Wer ohne zu hören kritisiert, verschließt sich dem Fundus impliziten Wissens. Idealerweise geht es dem Erzähler gegenüber also darum, in der Aufmerksamkeit zu schweben – einer Aufmerksamkeit, die durch Erklärungen zwar gestört, aber nicht verhindert würde. Es ist dies eine Aufmerksamkeit, wie sie auch die moderne Kunst fordert, nämlich sich der Theorie und Erklärung zunächst zu enthalten. »Ich erzähle einfach: dies ist in mir vorgegangen, während ich das Werk betrachtet habe. … Die wahrhaft moderne Kritik kann keine Regel anerkennen; ihr ist jedes Kunstwerk eine neue Offenbarung.«[322]

Die Erzählung fordert derart, dass das Gehörte nicht vorab beurteilt wird, sondern zunächst als solches gelten darf. Es muss jetzt nicht »bewiesen« (GA 8, 21),[323] »bewahrheitet« (GA 34, 184), »geglaubt« (GA 54, 25 und 283) oder »geprüft« (A.a.O., S. 226) und schon gar nicht »Partei ergriffen« (GA 120, 78) werden, weil es sonst – das ist die Gefahr – sein Potenzial nicht entfalten kann. Der einer Erzählung Folgende soll möglichst frei und unabhängig sein. Und der Erzähler will deshalb – wie es in einer weiteren Schilderung des Vorgangs heißt – »weder herrschen noch bekehren, sondern allein erzählen, was er geschaut hat«.

Steiner unterscheidet »drei Arten des Zuhörens«: die sich unterwerfende, die sich auflehnende und drittens »das einfache Hinhören … indem man einfach die Ideen auf sich wirken lässt und ihre Wirkungen beobachtet« (GA 94, 41). Kenner von David Bohms Werk zum Dialogprozess werden sich an seine Ausführungen über das »in der Schwebe halten« im Dialog erinnert fühlen. Er spricht dort freilich von ungebetenen Reaktionen und Gefühlen wie Wut, der gegenüber man sich in ähnlicher Weise forschend

322 ›Moderne Kritik‹, in: (GA 30, 541 f.)

323 Vgl. (GA 61, 272), (GA 62, 47f.) und (GA 135, 39)

verhalten möge. Sein Vorschlag ist, Zustimmung oder Ablehnung nicht zu unterdrücken, sondern die Bewusstseinsinhalte »in der Mitte gleichsam wie auf einem instabilen Punkt – wie auf Messers Schneide – in der Schwebe zu halten, so dass wir den ganzen Prozess betrachten können.«[324] Hat Steiner die Gestalt des Erzählers angeführt, um sich vom Guru zu verabschieden, so wird der Erzähler in diesem Kontext zum Gesprächspartner, zum dialogischen Partner erklärt.[325] Und der entsprechend dialogische Prozess des Zuhörens geht über das bloße Anhören von etwas hinaus, entpuppt sich als die Kunst, Aussagen in ihrer Geltung probeweise in der Schwebe zu halten. Mit anderen Worten: sie als Hypothesen zu verstehen.

Die ontologische Referenz des Erzählens

Die Geltung von Erzählung besteht zunächst darin, dass sie nicht beurteilt wird, dass Zustimmungs- und Wahrheitsfragen im Hintergrund stehen. Freilich bleiben diese nicht aus, sie sind nur für den Moment der Erzählung zurückgestellt. Das Beurteilungsvermögen nimmt seine Kriterien anderswo her. Die Bewahrheitung erfolgt durch das, was Steiner »gesunde Logik« (GA 125, 54) nennt. Es sind Logik, Struktur, Kohärenz und Komposition (GA 55, 186) einer Erzählung, auch die in der physischen Welt erworbenen (GA 69a, 123) Wahrheitskriterien, über die der Weg der Beurteilung folgt. Dabei bleibt aber die Frage, wovon Steiner eigentlich erzählt, wenn er erzählt: »Ich erzähle nur, ich erfinde nicht.« (GA 253, 161) Erzählen ist für ihn weit entfernt von Erfindung, wenn

---

324 David Bohm, ›Der Dialog. Das offene Gespräch am Ende der Diskussionen‹, Stuttgart 2014, S. 144 f.

325 Diesen Weg skizziert auf einem anderen Feld Peter Dellbrügger in ›Vom Guru zum Gesprächspartner. Auflagenvergleich von »Wie erlangt man Erkenntnisse der höheren Welten«‹, in: ›Archivmagazin. Beiträge zur Rudolf Steiner Gesamtausgabe Nr. 1: Zur Gründung der Anthroposophischen Gesellschaft 1912/13‹, Dornach 2012, S. 156 ff.

auch das, worauf sich seine Erzählungen beziehen, sich oft wie Erfundenes anhört. Darin besteht die Crux und die Chance zugleich der Erzählung. Denn sie will etwas vermitteln, was wohl für den Erzähler, nicht aber für uns da ist. Es könnte durch die Erzählung sichtbar werden. Und es ist je anders, was da erzählt wird. Sind die »Dinge«, auf die sich eine Erzählung bezieht, Zahlen, geometrische Figuren oder begrifflich formulierte Gesetzmäßigkeiten?[326] Sind sie historischen Ereignissen gleich, die sich gerade nicht Gesetzmäßigkeiten fügen und im Augenblick ihres Geschehens in ihrem Verlauf völlig offen waren?[327] Sind es karmische Zusammenhänge oder frühere Weltzustände, welche »die Wissenschaften ganz anders erzählen« (GA 100, 17) würden? Sind es Einweihungsgeschehnisse an der Schwelle oder schlicht übersinnliche Wesensglieder? Sind es Gesetzmäßigkeiten der Metamorphose der physischen Leiber? Erlebnisse der Beobachtung des Denkens? Zeithistorische Ereignisse?

Je nach der Referenz wird auch die Tonlage eine andere sein. Ein Gegenstand mag es nahelegen, »mit einer mathematischen Kühle« (GA 243,185), mit »Nüchternheit und Trockenheit« (GA 136, 28; GA 115, 211) zu erzählen, ein anderer hingegen – in Abgrenzung zu einem verdorrten theosophischen Allegorisieren – »Lust und Vergnügen« (GA 124, 201 f.) zu wecken. Die Erzählung

---

326 Der Mathematiker Elisha Scott Loomis hat in seinem Werk ›The Pythagorean Proposition‹, Ann Arbor / Mich. 1940, nicht weniger als 215 Beweise für den Satz des Phythagoras gesammelt – 215 Erzählungen, die sich alle auf ein an sich invariantes Gesetz beziehen. Lässt sich der Gehalt dieses Satzes von den unterschiedlichen Wegen seiner Erzählung und den damit verbundenen Erfahrungen trennen?

327 Vgl. Jonas Grethlein, ›»Narrative Referenz«. Erfahrungshaftigkeit und Erzählung‹, in Thimo Breyer & Daniel Creutz (Hrsg.): ›Erfahrung und Geschichte. Historische Sinnbildung im Pränarrativen‹, Berlin & New York 2010, S. 21–39, der ausführt, dass durch Erzählung die Geschichte etwas von ihrer im Zeitverlauf offenen Erfahrungshaftigkeit zurück erhält – sie wird dadurch authentischer. Zu einer möglicherweise fingierten Rede bei Thukydides schreibt er: »Auch wenn sie nicht die Worte wiedergeben, die gesagt wurden, so erzeugen sie doch die Gegenwärtigkeit der Vergangenheit. Durch sie gelingt es Thukydides, Offenheit und Kontingenz zu rekreieren und damit einen wichtigen Aspekt der Vergangenheit wiederzugeben.« A.a.O., S. 36

kann von einem performativen Hinweis begleitet sein, dass hier Tatsachen erzählt werden. Aus dem Sachgehalt ergeben sich jeweils unterschiedliche Ansprüche der Geltung – und andere Erzählformen.

Die Chancen der Erzählung

»Die Theosophie hat es nicht zu tun mit Forderungen und Geboten, sondern mit Tatsachen und Erzählungen. [...] Die der Wahrheit entsprechende Erzählung bildet die Lebenskräfte für die Fortentwicklung.« (GA 96, 321) Eine theosophische Erzählung hat immer eine Wahrheitsverpflichtung, eine Sachausrichtung. Doch sie wird nie so weit gehen, dass sie sich in diesem Anspruch aufzehrt, weil sie sich an (scheinbaren) Informationen abarbeitet. Denn ihre »Wahrheiten« oder »Tatsachen« sind Erfahrungen, Prozesse oder Werke und Wesen, von denen wir vorher nichts wussten oder – wenn wir es wussten – keine Erfahrung hatten. Der Erzähler wird nicht nur so berichten, dass ihre Lebendigkeit nicht verloren geht, vielmehr wird er das so tun, dass sich ihre Lebendigkeit auch mitteilt. Denn in der Erzählung wird etwas »zurück behalten« (GA 12, 65) das wie im Samenkorn »lebendige Kräfte« (GA 9, 79)[328] verwahrt, und das ist so etwas wie die »Zündkraft der bloßen Erzählung«, (GA 12, 66)[329] die als »Anreger« (GA 34, 184) wirkt und das Gefühl »ahnender Zustimmung« (GA 34, 185) formiert, eine »Kraft und Stärke« (GA 61, 197), die sich nie in einer bloßen Hypothese finden würde. Und schließlich gilt: »Erzählung ist stärker als Auslegung.« (GA 103, 182)

Bewahrt Steiners Erzählhaltung ein hohes Maß aufrichtiger Sachreferenz, so sind die Sachen, von denen er erzählt, in Wirklichkeit so prekär, dass wir froh sind, wenn sie sich dadurch in den

---

328 vgl. (GA 182, 36)
329 vgl. (GA 267, 508)

Raum unserer Erfahrung begeben. Walter Benjamin hat, im Hinblick auf den prekären Status des Erzählers – ich habe dies oben schon zitiert – mit spitzbübischer Ernsthaftigkeit behauptet, dass das »Gesichertste unter dem Sicheren« beim Erzählen nicht so etwas wie ein unverrückbares Narrativ sei, sondern dies: »das Vermögen, Erfahrungen auszutauschen«.

Die Esoterik der Erzählung – Goethes Rätselmärchen

> »Es fühlt ein jeder, dass noch etwas drin steckt, er weiß nur nicht, was.«
>
> Johann Wolfgang von Goethe über das »Märchen«[330]

Befassen wir uns mit dem Erzähler Rudolf Steiner, dann sollten wir uns auch in das Thema der »Esoterik der Erzählung«[331] vertiefen. Genau dafür treffen wir im Werk Steiners auf einen Schlüsseltext. Es ist »Das Märchen« aus Goethes »Unterhaltungen deutscher Ausgewanderten«, einer Sammlung von sechs Novellen und dem Märchen im Zusammenhang einer Rahmenhandlung.[332] Was lässt sich daraus über die Esoterik der Erzählung lernen? Inwiefern konstituiert diese Schrift Goethes in ihrem Kontext eine Erzählung über die Art, wie wir »höhere Erkenntnisse« erlangen könnten? Wie hat Steiner sie aufgegriffen? Und warum hat sie für ihn einen so hohen Stellenwert?

Ich entwickle meine Darstellung zur Bedeutung dieses Textes in einer Folge von sieben Thesen: Die ersten drei sind allgemeiner Natur; in den Thesen vier bis sechs geht es um den Stellenwert des

---

330 Nach einer Tagebuchaufzeichnung Riemers vom 21. März 1809, vgl. Friedrich Wilhelm Riemer, ›Mitteilungen über Goethe‹, hrsg. von Arthur Pollmer, Leipzig 1921, S. 302.

331 Die Formulierung stammt von Jörg Ewertowski. Sie war Titel eines gemeinsam gestalteten Thementages am 7. April 2018 im Rudolf Steiner Haus Stuttgart, an dem auch Überlegungen zu Goethes ›Märchen‹ dargestellt und besprochen wurden. Den Teilnehmenden danke ich für anregende Beiträge und die offene Gesprächsatmosphäre, Jörg Ewertowski für die Einladung und unseren Austausch.

332 Goethe zitiere ich nach der von Erich Trunz herausgegebenen Hamburger Ausgabe (=HA), München 1981. Die ›Unterhaltungen‹ sind dort zu finden in Bd. VI, S. 125–241, darin ›Das Märchen‹ auf den Seiten 209 ff..

»Märchens« für Steiner und Goethe und seine besondere Art, in die Rahmenhandlung der »Unterhaltungen« eingebunden zu sein; in der siebten, hier abschließenden These gehe ich auf die Verbindung ein, die Esoterik und Exoterik in dem Typus von esoterischer Erzählung, mit dem wir es bei Goethe und Steiner zu tun haben, miteinander eingehen. Nicht möglich ist es an dieser Stelle, auf einzelne der vielen subtilen Motive – wie das »geistig-seelischen Tasten«[333] der Schlange, die Übung für den rechten Moment oder die Einbildungskraft als »Musik auf uns selbst«[334] – einzugehen und sie zu vertiefen.

Steiners Erzählen ist ein Medium zwischen Mitteilung und Erfahrung

Nach dem Erscheinen seiner Schrift »Die Philosophie der Freiheit« (1893/4), also zu einer Zeit, in der Steiner noch nicht als Esoteriker gelten kann, schreibt er an die Wiener Schriftstellerin Rosa Mayreder (1858–1938): »Ich lehre nicht; ich erzähle, was ich innerlich durchlebt habe. Ich erzähle es so, wie ich es gelebt habe.«[335] Wichtig ist ihm zunächst die Unterscheidung von Lehren und Erzählen. Und indem er das Erzählen gegenüber dem Lehren bevorzugt, macht er zugleich zweierlei deutlich: Seine Haltung ist erfahrungsorientiert, er möchte seine eigenen, nicht nur erlebten, sondern – tiefer noch – gelebten Denk-Erfahrungen sichtbar machen. Und er möchte auf jeden Gestus der Belehrung verzichten. Erzählen heißt für ihn, schlechthin eine belehrend-maßregelnde oder Vorgaben machende Haltung hintan zu stellen und vielmehr einen Möglichkeitsraum der Beobachtung zu konstituieren. Dafür ist die Nähe zum eigenen Erleben und zum Leben überhaupt nötig. Der Erzäh-

333 ›Von Seelenrätseln‹ (GA 21, 23).
334 HA Bd. VI, S. 209.
335 Brief vom 4. November 1894 (GA 39, 231 f.).

ler, nicht der Lehrer, vermag sich dem Leben zu nähern. Das Erzählen öffnet ein Feld, das Gelebte zu erleben und damit der tieferen Erfahrung zugänglich zu machen. Der Erfahrungsbezug steht im Vordergrund, nicht die Lehrintention.

Gute zehn Jahre später – Steiner hat in der Zwischenzeit neben anderen Lehrer-Rollen, wie jener an der sozialistischen Arbeiterbildungsschule, die Rolle eines esoterischen Lehrers in der Theosophischen Gesellschaft eingenommen – kommt er auf die wesentliche Rolle des Erzählens für die Mitteilung von Erfahrungen zurück. Jetzt geht es ihm aber nicht darum, in welcher Art das Erzählen den Bezug zur eigenen Erfahrung verbürgt, sondern er betont die eher zustimmende oder ablehnende Haltung der Rezipienten. Spielt für diejenigen, die der Erzählung lauschen, die Person, die erzählt, spielen ihr Status, ihre Autorität, spielt ihr Charisma eine besondere Rolle? Nein, meint Steiner, das könne bei ernsthafter Erwägung nicht der Fall sein. Denn:

> »Derjenige, welcher die Mitteilungen macht, will – immer vorausgesetzt, dass er wirklich im Herzen Okkultist oder Theosoph ist – nicht anders wirken als ein Erzähler. Er sagt: ich habe dies oder jenes erfahren, oder mir ist von solchen, die es wissen können, dies oder jenes mitgeteilt worden.«[336]

Die Haltung des Erzählers sei dabei keineswegs immer die naheliegende, sondern eine, die bewusst eingenommen werden müsse, sowohl vom Erzähler selbst wie von den Zuhörenden. Von einem »Autoritätskultus« müsse man sich schon entschieden freimachen, meint Steiner. Der Erzähler selber dürfe weder »blinden Glauben« noch »persönliche Anerkennung« verlangen,[337] ebenso wie der Hörer »weder blind glauben noch blind kritisieren«[338] dürfe.

---

336 ›Personenkultus in der theosophischen Bewegung‹, in ›Lucifer-Gnosis‹, Mai 1905, (GA 34, 386).

337 A.a.O., S. 387.

338 A.a.O., S. 386.

Erzählen verlangt Wachheit, es ist kein Schlummervorgang. Und die Haltung des Erzählers gilt sowohl auf der Sprecher- wie auf der Hörerseite als Regulativ gegenüber Verirrungen. Vielleicht ist sie mehr noch als das: eine hohe und immer gefährdete Kunst nämlich, mitzuteilen, ohne belehren zu wollen; zu lehren, ohne Geltung zu verlangen; den Möglichkeitsraum der Erfahrung offenzuhalten.

Steiners Erzählen erhebt Anspruch auf Wissenschaftlichkeit

Wenn der zweite Untertitel der »Philosophie der Freiheit« die Art des Zustandekommens ihres Inhaltes charakterisiert, so klingt das etwas anders als in der eben zitierten persönlichen Mitteilung an Rosa Mayreder. Die Schrift, so lesen wir auf dem Titelblatt, biete nämlich »Seelische Beobachtungsresultate nach naturwissenschaftlicher Methode«.[339] Was im privaten Brief als Erzählung gilt, kommt uns öffentlich auf dem Buchtitel im Gewand des naturwissenschaftlichen Experimentallabors entgegen – als ob darin ein Stück Leben abgestorben wäre: nüchterne Bestandsaufnahme. Resultat. Steiner legt auf die sachliche Beobachtung wert, keine Willkür soll im Spiel sein. Doch bei genauerem Hinsehen zeigt die hier verwendete Metapher des Experimentallabors dieselbe Qualität wie die der Erzählung: nämlich die der unpersönlichen, suggestionslosen Sachlichkeit. Was die Orientierung an dieser Haltung angeht, waren die Naturwissenschaften um 1900 eine Leitwissenschaft. Sie verbürgten unter dem Titel der »Objektivität« ein Höchstmaß an selbstloser Erkenntnisgesinnung. An diesem Niveau maß sich Steiner und er wollte auf keinen Fall dahin-

339 ›Die Philosophie der Freiheit – Grundzüge einer modernen Weltanschauung‹ (GA 4, 3) (Deckblatt). In der ersten Auflage fehlt das Wort »seelisch«, es handelt sich dort lediglich um »Beobachtungsresultate nach naturwissenschaftlicher Methode«.

ter zurück. Würde er diese Orientierung auch heute so einnehmen?

Unlängst hat der in Zürich lehrende Biologe und Philosoph Michael Hampe eine Kritik der Philosophie vorgelegt, in der er sich von der unreflektiert eingenommenen Haltung des Belehrens und Behauptens in den akademischen Wissenschaften distanziert.[340] An die Stelle des behauptenden Lehrens tritt für ihn, ähnlich wie bei Steiner, das Erzählen. Das Erzählen erhält da Bedeutung, wo wir über den Ursprung unserer Begriffe nachdenken, ihn zu erwischen versuchen. Darum bemüht sich auch Steiner in seiner »Philosophie der Freiheit«. Dies Ansinnen spielt aber in den akademischen Wissenschaften meist keine Rolle. »Denn über die jeweiligen individuellen Anfänge philosophischen Denkens und Argumentierens, über begriffliche Grundentscheidungen, ist keine argumentative Auseinandersetzung mehr möglich. Aber man kann von ihnen erzählen, es ist möglich, plausibel zu machen, wie eine Person zu ihren begrifflichen Grundentscheidungen gekommen ist. Dies kann geschehen, indem man die Innenwelt eines Menschen entfaltet, der die Wirklichkeit auf bestimmte Weise wahrnimmt, die einem selbst vielleicht unmöglich oder sehr fremd ist.«[341]

Nicht nur in der Philosophie erweist sich Erzählen als aufschlussreicher als das Behaupten oder bloße Argumentieren. Auch in den Naturwissenschaften tritt es an die Seite des Erklärens. Erzählung ist »auch eine Art der Erklärung, aber eben keine, die das Neue auf das Alte oder das Verschiedene auf das Immergleiche zurückführt, sondern eine, die durch genaue Beschreibung die Aufmerksamkeit so lenkt, dass Sinnzusammenhänge, Übergänge, Plausibilitäten entstehen, die nicht die Übergänge deduktiver Schlüsse sein müssen.«[342]

---

340 Michael Hampe, ›Die Lehren der Philosophie. Eine Kritik‹, Berlin 2014.

341 A.a.O., S. 19.

342 Ders., ›Eine kleine Geschichte des Naturgesetzbegriffes‹, Frankfurt a. M. 2007, S. 26f.

Gerade weil es Steiner auf die Entstehung von Begriffen, die genaue Beobachtung und das Denken von Entwicklung ankommt, bevorzugt auch er eine wissenschaftliche Haltung, die das Erzählen als eine Grundtätigkeit ansieht. Michael Hampe wäre heute ein Gesprächspartner für ihn.

Die Esoterik der Erzählung ist eine Frage des Gelingens

Eine esoterische Erzählung vermag etwas zu bewirken, ohne dabei unfrei zu machen – das können wir schon aus Steiners Darstellung der Erzählhaltung ableiten. Dabei sind Fragen des Gelingens und damit der Performativität zunächst wichtiger als Wahrheitsfragen, weil letztere auf allgemeine Kriterien angewiesen sind, die vorab schon feststehen müssen und damit für Neues keinen Maßstab bilden können. Ob dagegen etwas gelingt, ist nicht unbedingt absehbar. Sowohl Begriffe wie mathematische Axiome sind zwar im Vorfeld der Esoterik ein wichtiges erzieherisches Mittel, aber ihre Geltung, so gab Steiner zu verstehen, verlieren sie im Kernbereich der Esoterik.[343] Dagegen baut Esoterik auf ein weites Feld der Aneignung, wie in einer Teilnehmernotiz aus einer esoterischen Stunde Steiners vom 3. September 1913 festgehalten wird:

> »Die Art der Auffassung nur macht den Esoteriker aus. Wenn es uns gelingt, das, was äußerlich an uns herangebracht wird, zu verinnerlichen, so sind wir Esoteriker. Die Verinnerlichung des Exoterischen ist Esoterik. Wir sind Esoteriker, wenn wir das, was uns äußerlich mitgeteilt wird, in unserem Inneren wirklich erleben, nicht nur denkerisch, sondern mit allen Sinnen und Seelenkräften.«[344]

---

343 Vgl. Esoterische Stunde vom 3. September 1913 (GA 266/III, 155 und 158). In Steiners ›Philosophie der Freiheit‹ wird der Wahrheitsbegriff bezeichnenderweise nicht thematisiert.

344 A.a.O., S. 154.

Wahrscheinlich ist es kein Zufall, dass einige Tage vor dieser Stunde die erste Eurythmie-Aufführung stattfindet – die erste Aufführung einer Kunst also, die esoterischen Ursprung hat und zugleich alle Sinne und Seelenkräfte aktiviert. In seiner vorbereitenden Ansprache paraphrasiert Steiner die Märchenerzählerin Felicia Balde aus seinen Mysteriendramen (auch Mysteriendramen waren in diesen Tagen aufgeführt worden). Die Märchengestalten, so meint die Erzählerin in Steiners freier Wiedergabe, seien oft nicht als Sprache, nur als Bewegung erfahrbar. Deshalb sei der Tanz ein ganz angemessenes Ausdrucksmittel. Bewegung könne man aber auch erzählerisch verstehen, wenn man die Kunst beherrsche, »das Herz eine Weile in den Kopf hinauffahren zu lassen. […] Da kann man dann erzählen«. (GA 147, 155). Erzählt wird vom Herzen her, einem inneren Bewegungsorgan. Das ist nicht nur metaphorisch gemeint.

»Das Märchen« – ein esoterischer Schwellentext

Steiners autobiographische Darstellung »Mein Lebensgang« widmet seiner Beschäftigung mit Goethes »Märchen« zwei ausführliche Passagen. Die eine betrifft seine innere Entwicklung, die andere den Moment, da er im Kreis der Berliner Theosophen zu wirken beginnt. Der entscheidende Punkt, der Goethes »Märchen« innerlich wichtig macht, ist sein Anregungspotential.

> »Nicht die Erklärung, wohl aber die Anregung zu seelischem Erleben, die mir von der Beschäftigung mit dem Märchen kamen, waren mir wichtig. Diese Anregung wirkten […] bis in die Gestaltung meiner später geschaffenen Mysteriendramen hinein. […] Mir wurde, was sich als Seeleninhalt in Anlehnung an das Märchen ergab, ein wichtiger Meditationsstoff.«[345]

---

345 (GA 28, 182 f.) Der Zusammenhang zwischen Goethes ›Märchen‹ und Steiners ers-

Der Anstoß, sich unterm Gesichtspunkt der esoterischen Entwicklung mit diesem Text zu beschäftigen, geht auf Steiners Jahre in Wien zurück und erfolgt spätestens Mitte der 1880er Jahre. Seine Beschäftigung damit erstreckt sich über eine längere Zeit.[346] Sie wurzelt so gesehen tiefer in Steiners Biographie als sein Eintreten als Lehrer in die anglo-indisch inspirierte theosophische Szene nach 1900. Sie dürfte für die spirituelle Kompetenz, die ihm im Jahr 1900 anscheinend vom einen auf den anderen Moment zur Verfügung steht, verantwortlich sein. Ganz offensichtlich bemüht sich Steiner auf der Grundlage des »Märchens« bereits ernsthaft um seine esoterische Entwicklung, als er der anglo-indischen Theosophie in seiner Umgebung noch distanziert gegenübersteht.[347]

Hat dieser Text Goethes einen nicht zu unterschätzenden Einfluss auf Steiners innere esoterische Entwicklung gehabt, so greift Steiner in dem Moment, als er beginnt, in einem kleinen Kreis öffentlich über Esoterik zu sprechen, darauf zurück. Der Text erhält nun eine andere Funktion. Er wird zur Vorlage, zum

---

tem Mysteriendrama ist auch Thema in mehreren akademischen Arbeiten, so bei Alexander G. Höhne, ›Spiegelmetaphorik in Rudolf Steiners »Vier Mysteriendramen«. Textsemantische Untersuchungen‹, Tübingen 2006, S. 143–146 und Christian Clement, ›Die Geburt des modernen Mysteriendramas aus dem Geiste Weimars. Zur Aktualität Goethes und Schillers in der Dramaturgie Rudolf Steiners‹, Berlin 2007, S. 71–91 und 165–234.

346 An dieser Stelle verweise ich summarisch auf die umfassende Monographie von Dietrich Spitta, ›Goethes Einweihung und sein Märchen von der grünen Schlange und der schönen Lilie‹, Stuttgart 2008, insbesondere die Hinweise auf weitere Quellen zu Steiners Beschäftigung mit dem ›Märchen‹ auf S. 285 ff. Alle wichtigen anthroposophischen Beiträge sind hier aufgeführt.

347 Friedrich Eckstein, Steiners Gesprächspartner in den Wiener Tagen, hat diesen offenbar auf die esoterische Bedeutung von Goethes Symbolik im ›Märchen‹ und in ›Faust. Der Tragödie zweiter Teil‹ hingewiesen. Die Quellenlage über diese Zeit ist allerdings dünn und Ecksteins Selbststilisierung als Steiners spiritueller Lehrer schlechthin wirkt eher geheimnisvoll-raunend als zuverlässig informierend – vgl. Friedrich Eckstein, ›Alte unnennbare Tage‹, Wien 1936, S. 131 und 184 f.; ebenso Christoph Lindenberg: ›Rudolf Steiner. Eine Chronik‹, Stuttgart 1988, S. 93. Auch die Recherchen Rolf Speckners zu Eckstein aus dem Jahr 2013 bringen für unser Thema keine neuen Fakten: www.rolf-speckner.de/anthroposophie/friedrich-eckstein-als-okkultist [26.7.2019]

Sprungbrett, zum Haltepunkt für Steiners erstes Sprechen über Esoterik. In schriftlicher Form hat er bereits am 28. August 1899 im »Magazin für Litteratur« sein Verständnis von »Goethes geheimer Offenbarung« für ein allgemein gebildetes Publikum formuliert.[348] Jetzt, als er nach einem ersten Vortrag über Nietzsche in der Theosophischen Bibliothek des Ehepaars Brockdorf das esoterische Interesse der Zuhörenden bemerkt, schlägt er Goethes »Märchen« als Thema für den Vortrag in der Folgewoche vor. Dieser findet am 29. September 1900 statt: »Und in diesem Vortrag wurde ich in Anknüpfung an Goethes Märchen ganz esoterisch.«[349] Das »führte dazu, dass Brockdorffs mich einluden, vor den mit ihnen verbundenen Mitgliedern der »Theosophischen Gesellschaft« regelmäßig Vorträge zu halten« (GA 28, 393). Goethes Erzählung »Das Märchen« ist die Schwelle nach außen, über die Steiner in sein Wirken innerhalb der Theosophischen Gesellschaft schritt. Und es ist die Schwelle nach innen, über die er Jahre zuvor als Meditationsstoff konkret erlebend in die Sphäre der Esoterik eingetreten war. So ist diese Erzählung sowohl historisch-biographisch wie auch systematisch ein esoterischer Schwellentext. Wer sich die Erzählung zu einem inneren Erleben bringe, so Steiner, befinde sich »im Vorhof der Esoterik« (GA 28, 392).

---

348 Vgl. Rudolf Steiner: ›Goethes geheime Offenbarung‹ (GA 30, 86–99). Dort auf S. 90 der Hinweis auf einen ersten Vortrag zum Thema im Wiener Goethe-Verein im Jahre 1891. Eine überarbeitete Neuauflage des Aufsatzes findet sich in ders.: ›Goethes Geistesart in ihrer Offenbarung durch seinen »Faust« und durch das Märchen von der Schlange und der Lilie‹ (GA 22, 63 ff.).

349 (GA 28, 392); vgl. Christoph Lindenberg, ›Rudolf Steiner …‹, S. 182 f.

Die »Unterhaltungen« sind ein Essay über die Möglichkeiten von Erzählung

Oft wird übersehen, dass »Das Märchen« lediglich Teil eines größeren Erzählzusammenhangs ist, nämlich der »Unterhaltungen deutscher Ausgewanderten«.[350] Diese handeln von einer zusammengewürfelten Gruppe von Menschen aus der Gesellschaftsschicht des Adels, die vor den Auswirkungen der Französischen Revolution geflohen sind und nun in provisorischer Form in einem Haus verweilen. Da sich auch in ihren politischen Diskussionen die Stimmung des Krieges und heftiger Streit fortsetzen, fordert die Baronesse, alle letztlich aggressionsschürenden Gespräche über Politik zu lassen und stattdessen die Kunst der Mitteilung und des Erzählens zu pflegen. »Vielleicht haben wir nie nötiger gehabt, uns aneinander zu schließen«, sagt sie,

> »und … uns zu zerstreuen. … Lasst alle diese Unterhaltungen, die sich sonst so freiwillig darboten, durch eine Verabredung, durch Vorsatz, durch ein Gesetz wieder bei uns eintreten! Bietet alle Kräfte auf, lehrreich, nützlich und besonders gesellig zu sein! Und das alles werden wir – und noch weit mehr als jetzt – benötigt sein, wenn auch alles völlig drunter oder drüber gehen sollte. Kinder, versprecht mir das!«[351]

Die Vereinbarung, zu erzählen stiftet für die Geflüchteten die Möglichkeit, unter chaotischen Bedingungen den unmittelbaren Frieden in der Gemeinschaft wiederherzustellen und zu halten. Erst das Erzählen, nicht das Tagesgespräch, schafft menschliche

350 Nicht so in dem jüngst erschienenen und in jeder Hinsicht empfehlenswerten Essay von Albert Vinzens, ›Die Nacht des Erzählens. Unterhaltungen mit Goethes Ausgewanderten‹, Stuttgart 2018. Von ihm habe ich weiter unten das Bild des Schlusssteins übernommen.

351 HA Bd. VI, S. 139.

Kultur, wo sie fehlt. Das vorsätzliche Erzählen ist Kommunikation, die gewaltfrei macht.

Nach dem Erzählversprechen werden in der kleinen Gruppe der Reihe nach sechs Novellen erzählt und kommentiert, deren Einfluss auf das Miteinander spürbar ist, bis zuletzt wie ein Schlussstein »Das Märchen« folgt. »Das Märchen« ist zweifellos Steigerung und Metamorphose in dieser Reihe und es hebt sich durch mehrere Merkmale von den übrigen Geschichten ab: Typographisch ist es die einzige Geschichte mit eigener Überschrift; die handelnden Figuren sind nicht mehr reale Menschen sondern Seelenkräfte; Sprache und Erzählstruktur werden dichter und stärker geformt;[352] zum Märchen hin findet ein »paradigmatischer Wechsel« statt, es zeigt eine eigene, rekonstruierbare Logik;[353] biblische Motive gewinnen Bedeutung;[354] die Bilder und das ritualisierte Sprechen verweisen auf die hermetische Tradition und den Kontext der Mysterienkulte;[355] es ist die einzige Geschichte, die nicht improvisiert vorgetragen wird; und sie bildet den Abschluss, die Rahmenhandlung bricht danach ab. Von daher wird es verständlich, dass dieser Text oft für sich ediert und kommentiert wurde. Er kann für sich stehen. Aber dann ist er wie ein Juwel, das aus einem Ring gebrochen wurde. Es verliert seine Beziehung zum Alltag, zum Leben und zum Handeln. Goethe indessen hat »Das Mär-

---

352 Von den ›Unterhaltungen‹ als einem Essay spricht ebenfalls Günter Dammann: ›Goethes »Unterhaltungen deutscher Ausgewanderten« als Essay über die Gattung der Prosaerzählung im 18. Jahrhundert‹, in Harro Zimmermann (Hrsg.): ›Der deutsche Roman der Spätaufklärung. Fiktion und Wirklichkeit‹, Heidelberg 1990, S. 1–24. Der Ausdruck »Essay« meint, dass Goethe in seiner Erzählung zugleich über ein Thema reflektiert. Dammann beschränkt sich allerdings auf das Thema der literaturwissenschaftlichen Gattungsfrage, während ich meine, dass es um wesentlich mehr geht.

353 Vgl. Carl Niekerk, ›Bildungskrisen. Die Frage nach dem Subjekt in Goethes »Unterhaltungen deutscher Ausgewanderten«‹, Tübingen 1995, S. 149.

354 Vgl. Christian Clement, ›»Offenbares Geheimnis« oder »geheime Offenbarung«? Goethes Märchen und die Apokalypse‹, in: ›The Goethe Yearbook‹ Vol. 17 (2010), S. 239–257.

355 Vgl. Robin A. Clouser, ›Love and Social Contracts. Goethe's Unterhaltungen deutscher Ausgewanderten‹, Bern u.a. 1991, S. 192 ff.

chen« in den Kontext lebendiger Menschen gestellt, weil es in Lebensfragen eingebunden ist und dort seine Wirkung entfalten kann. Es steht nicht für sich. Esoterik und Alltag sind ohne einander bedeutungslos.

In allen Geschichten geht es in irgendeiner Form um Liebesbeziehungen. Anfangs noch Spukgeschichten oder mit einem fantastischen Charakter ausgestattet, nähern sie sich zunehmend dem konkreten Leben. Goethes Lebensmotiv der freiwilligen Entsagung in Liebes- und überhaupt Lebensangelegenheiten wird entwickelt und gerade in der letzten Novelle vor dem »Märchen« konkret ausgeführt. Es ist das Thema, das in »Wilhelm Meisters Wanderjahren« breit entfaltet wird, jenem Roman, an dem Goethe bereits einige Zeit – und jetzt, während er die »Unterhaltungen« schreibt, mit neuem Schwung – arbeitet.[356] Vor allem wird deutlich, dass Liebe durch Selbstgestaltung entwickelt werden kann und in den Erzählungen bis ins »Märchen« hinein auch sichtbar entwickelt wird. Sie wirkt in den Handlungen der Akteure, ohne dass sie eigens benannt werden müsste. Sogar das Erzählen selber, es handelt nicht nur von Qualitäten und Taten der Liebe, es kann als solches ein verwandelnder Akt der Liebe sein, indem es befriedet und vielleicht sogar befreit.[357] Was der Alte im »Märchen« lächelnd, aber sich seiner gewiss, von der Liebe sagt, dürfen wir ebenso dem Erzählen zuschreiben: *Das Erzählen herrscht nicht, aber es bildet, und das ist mehr.*[358]

Mit den »Unterhaltungen‹ antwortet Goethe 1794/5 auf die Anfrage Schillers zur Mitarbeit an seiner Literaturzeitschrift »Die Horen«, indem er ihm nicht nur einen Text zur Veröffentlichung

356 Vgl. Jane K. Brown, ›Goethe's Cyclical Narratives. Die Unterhaltungen deutscher Ausgewanderten and Wilhelm Meisters Wanderjahre‹, Chapel Hill 1975; Lothar Blum, ›Goethes »incalculable Productionen«. Zur Kontextualität von Wilhelm Meisters Lehrjahren und den Unterhaltungen deutscher Ausgewanderten‹, in: Friedhelm Marx & Andreas Meier (Hrsg.): ›Der europäische Roman zwischen Aufklärung und Postmoderne‹, Weimar 2001, S. 35–50.

357 Vgl. Albert Vinzens: ›Die Nacht des Erzählens …‹, S. 145 ff.

358 Vgl. HA Bd. VI, S. 238, Zeile 11 f..

anbietet, sondern, mehr noch, in indirekter Weise auf Schillers ebenfalls dort veröffentlichte »Briefe über die ästhetische Erziehung des Menschen« Bezug nimmt. Ganz gleich, ob wir diese Antwort als Teil eines »literarischen Dialogs«[359], als »Replik«[360] oder gar als »satirische Antithese«[361] und »Komplementärverfahren«[362] gegenüber Schillers Begriffs-Programm verstehen – sie fällt eindeutig aus. Und sie gibt bei der gemeinsamen Kernfrage nach der Bildbarkeit des Menschen vor dem Hintergrund eines schreckenerregenden zeitgeschichtlichen Geschehens der Erzählung, der leichten Unterhaltung und dem Märchenbild gegenüber der begriffsscharfen Denkleistung den Vorzug. Zwar mag in der Rangfolge der kulturellen Entwicklung der Begriff höher stehen als das Märchenbild, aber gilt das auch, wenn es um die Anerkennung guter Ideale im Leben geht – ganz gleich, ob wir sie »Erziehung«, »Bildung« oder »Selbstkultur« nennen?

Erzählen ist »Embodied Communication« und Bildung von »Resilienz«

Das hochgradig komponierte Kunstmärchen, von dem hier die Rede ist, lässt sich keinesfalls auf eine bloße Bildsprache reduzieren, genausowenig wie Schillers »Ästhetische Briefe« nur bildlose

359 Hartmut Reinhardt, ›Ästhetische Geselligkeit. Goethes literarischer Dialog mit Schiller in den Unterhaltungen deutscher Ausgewanderten‹, in Peter-André Alt u.a. (Hrsg.): ›Prägnanter Moment. Studien zur deutschen Literatur der Aufklärung und Klassik‹, Würzburg 2002, S. 311–341.

360 Peter Pfaff, ›Das Horen-Märchen. Eine Replik Goethes auf Schillers Briefe über die ästhetische Erziehung‹, in Herbert Anton u.a. (Hrsg.): ›Geist und Zeichen‹, Heidelberg 1977, S. 320–332.

361 Ulrich Gaier, ›Soziale Bildung gegen ästhetische Erziehung. Goethes Rahmen der »Unterhaltungen« als satirische Antithese zu Schillers »Ästhetischen Briefen« I-IX‹, in: Helmut Bachmeier & Thomas Rentsch (Hrsg.): ›Poetische Autonomie? Zur Wechselwirkung von Dichtung und Philosophie in der Epoche Goethes und Hölderlins‹, Stuttgart 1987, S. 207–272.

362 A.a.O., S. 233.

Gedankenfolgen wären.[363] Mehr noch lädt »Das Märchen« nach Goethes eigenem Bekunden »zu Deutungen ein, indem es Bilder, Ideen und Begriffe durcheinanderschlingt«.[364]

Und dieses Deuten ist von Goethe so gemeint, dass es sich nicht abschließen lässt. In der Tat hat Goethe mit Genugtuung alle allegorischen Deutungsversuche gesammelt – nur um zeigen zu können, dass solche Zuordnungen zwar plausibel sind, aber eine für alle eindeutige Lösung gibt es nicht. So fördert »Das Märchen« den geselligen Austausch über Lösungsmöglichkeiten, ohne dass irgendeine als die eigentliche hätte aufgewiesen werden könnte. Damit erweckt es bei den Rezipienten ein »Gefühl für Vielstimmigkeit«, stellt eine »ästhetische Vorschule der Empathie« dar, »die Starrsinn und Parteigeist vermeidet«.[365]

Andererseits ist »Das Märchen« mit der Rahmenhandlung und den übrigen erzählten Novellen durchaus verbunden. In den »Unterhaltungen« finden wir verschiedene Lebensentwürfe, sie führen Scheitern vor, existenzielles Gelingen und elementare Verwandlung. Und selbst die sogenannten Bilder des »Märchens» sind nicht reine Bilder, sondern als Seelengebärden auch »Kräfte, die in den Tiefen wurzeln, im Bewusstsein aufleuchten« (GA 28, 392) und als »Gedankenimpulse« (GA 22, 71) beschrieben werden können, die zwischen Phantasiegestalt und Gedanke übergehen und vermitteln. Wir treffen auf jene Art von bildhaftem Denken, die einerseits vorführt, dass es auch eine »lebensvolle übersinnliche Anschauung« (GA 22, 71) geben könne und die andererseits

---

363 Das zeigt genussvoll Thomas Wirtz, ›Dichter auslegen. Über Bild und Begriff im Briefwechsel zwischen Schiller und Goethe‹, in Helmut J. Schneider u.a. (Hrsg.): ›Bildersturm und Bilderflut um 1800. Zur schwierigen Anschaulichkeit der Moderne‹, Bielefeld 2001, S. 53–70.

364 Tagebucheintrag vom 14. Juni 1816, in: ›Goethes Werke, hrsg. im Auftrage der Großherzogin Sophie von Sachsen, III. Abteilung: Goethes Tagebücher. Band 5 (1813–1816)‹, Weimar 1893, S. 391.

365 Günter Oesterle, ›Die »schwere Aufgabe, zugleich bedeutend und deutungslos« sowie »an nichts und alles erinnert« zu sein. Bild- und Rätselstrukturen in Goethes »Das Märchen«‹, in Helmut J. Schneider u.a.(Hrsg.), ›Bildersturm …‹, S. 185–209, hier 201.

weiß, dass nur über die satte Vermittlung und Gestaltung von Gefühls-, Phantasie- und Leibeskräften Ideen wirksam werden und sich von der bloß faktischen Welt lösen können. So gesehen sind die »Unterhaltungen« eine Form der Kommunikation, welche die leibliche und emotionale Grundlage nicht abspaltet, sondern ganz einbezieht, auch wenn sie sich nicht darauf beschränkt: »Embodied Communication«.[366] Und gerade deshalb auch eine Form der Kommunikation, die nicht ermüdet, sondern bildet, und dies nachhaltig, bis in den gesundenden Funktionen des Leibes hinein: Bildung von »Resilienz«.[367]

Die esoterische Erzählung verweist über sich hinaus

»Das Märchen« als esoterische Erzählung weist dergestalt über sich hinaus. Zum einen verweist es in das konkrete Leben, auf Fragen der Lebensführung, der irdischen Existenz und der sinnlichen Erkenntnis. Das wird formal durch die Einbettung in die Rahmenhandlung und die Beziehung einzelner Motive zu den übrigen Geschichten deutlich. Zum anderen verweist es auf die innere Entwicklung, bietet mit seiner Erzähldynamik und den satten Bildern wie der grünen Schlange, dem unbeholfenen Riesen oder den flachsenden Irrlichtern und ihren Gesten, Worten und Handlungen eine Partitur für seelisches Erleben, für meditative Kräftigung. Es beschreibt in der Systematik des Erzählens darüber hinaus Schritte der übersinnlichen Erkenntnis – was an anderem Ort näher zu zeigen wäre.

366 Dieses mittlerweile gut erforschte grundlegende Feld der Kommunikation wird als »Embodiment« beschrieben, eine pragmatische Einführung bieten Maja Storch & Wolfgang Tschacher, ›Embodied Communication. Kommunikation beginnt im Körper, nicht im Kopf‹, Bern 2016.

367 Vgl. dazu grundsätzlich Vera Nünning, ›How to Stay Healthy and Foster Well-Being with Narratives, or: Where Narratology and Salutogenesis Could Meet‹, in: Jan Alber, Greta Olson (Hrsg.), ›How to Do Things with Narrative. Cognitive and Diachronic Perspectives‹, Berlin / New York 2017, S. 157–186.

Nun zeichnet es den Typus von Esoterik, den Steiner entwickelt und Goethe ganz offenbar hier angelegt hat, aus, dass beide Seiten – die innere Vertiefung und die äußere Wirksamkeit – in einem Gleichgewicht stehen oder zumindest stehen sollen. An dieser Stelle kann ich auf die subtilen Beispiele, die sich in Goethes Text finden, nicht eingehen. Wir bleiben im »Vorhof der Esoterik« und unternehmen keine tastenden Schritte in das anschließende Gebäude. Doch will ich zumindest festhalten, dass es damit um das Thema der Referenz geht, genau gesagt um die Frage nach jener Wirklichkeit, auf die sich die Erzählung, auch die esoterische, bezieht. Goethes Referenzrahmen ist weit gesteckt. Anders als Schillers Programm für die »Horen« es vorsah, beschränkt sich Goethe nicht auf die politikferne Behandlung allgemein-kultureller Themen, sondern riskiert den Bezug auf das aktuelle Zeitgeschehen: die Französische Revolution, die Koalitionskriege, die Belagerung von Mainz, deren Augenzeuge Goethe selbst kurze Zeit zuvor gewesen war. Andererseits lässt er das Personal seiner Rahmenhandlung Novellen erzählen, aber auch über Politik, Moral und Ästhetik diskutieren. In dem Augenblick, als die Baronesse zum Erzählpakt auffordert, betrifft eine ihrer motivierenden Fragen auch die Dimension der Naturreiche und der unmittelbarsten sinnlichen Erfahrung:

> »Ist die Lust gänzlich verschwunden, mit der ihr von euren Spaziergängen eine merkwürdigen Stein, eine wenigstens uns unbekannte Pflanze, ein seltsames Insekt zurückbrachtet und damit Gelegenheit gabt, über den großen Zusammenhang aller Geschöpfe wenigstens angenehm zu träumen?«[368]

Der Referenzrahmen dieser »Unterhaltungen« umfasst die gesamte Welt, und für den Begriff der Wirklichkeit ist es lediglich entscheidend zu unterscheiden, um welche Dimension es sich

368 HA Bd. VI, S. 139.

dabei handelt – um Stein, Pflanze Tier, Geschichte, moralisches Verhalten, Gespenstergeschichten usw. All das sollte nicht vermischt oder verwechselt werden, hat aber auf jeweils seine Art Wirklichkeitscharakter. Und so ist es auch mit der inneren Qualität der Bilder, in die sich der Text Goethes mit Beginn des »Märchens« umstülpt und der nun eine eigene Dynamik erhält, weil es in diesem Innenraum der Erzählung um die Ausbildung von Seelenkräften geht, um das »Aneignen der Organe« (GA 22, 72), mit denen dann seelische und geistige Qualitäten differenziert wahrgenommen werden können. Die Referenz dieser Erzählung ist damit die geistige Welt als besonderer Erfahrungsraum, den wir nur durch eigene innere Aktivität betreten. Diese Aktivität beginnt mit der Intensivierung des Erlebens beim Lesen. Doch wir sollten nicht übersehen, dass bereits das anfängliche Erzählen eine Form der Arbeit an sich selbst darstellt, die im Leben wirkt. Die innere Entwicklung ist nichts ohne die äußere. »O ihr Menschen«, ruft in den »Unterhaltungen« die Baronesse aus, noch bevor in ihr die moralische Intuition des Erzählpaktes gereift ist, »wird die Not, die euch unter ein Dach, in eine enge Hütte zusammendrängt, euch nicht duldsam gegeneinander machen? … Könnt ihr … nicht an euch selbst arbeiten …?«[369] Die kollektive und durchaus prekäre Arbeit eines jeden an sich selbst beginnt daraufhin mit der Vereinbarung – zu erzählen.

369 HA Bd. VI, S. 135.

Aus der Akasha-Chronik erzählen

»Der Raum ist der allwissende Erzähler.«[370]

Der Ausdruck »Akasha-Chronik« (engl. *akashic records)* erscheint bei Rudolf Steiner als terminologischer Import aus der anglo-indischen Theosophie des 19. Jahrhunderts im Sinne eines überpersönlichen Weltgedächtnisses, als »das Geistig-Bleibende des Weltgeschehens«[371]. Die geläufige Bezeichnung für den Zugang zu diesem Gedächtnis lautet »Lesen in der Akasha-Chronik«. Der Ausdruck selbst und das entsprechende »Lesen« werden von Steiner nicht systematisch begrifflich entwickelt, und oft ist dies »Lesen« mit anderen Weisen der spirituellen Erkenntnis austauschbar und wird auch schon einmal »Lesen im Chaos« (GA 225, 162) genannt. In seinen Vorträgen erzählt Steiner vielfach darüber, im schriftlichen Werk taucht der Ausdruck zentral nur in der frühen Aufsatzreihe »Aus der Akasha-Chronik« (1904 bis 1908) auf, in der »Geheimwissenschaft im Umriß« (1910) wird er lediglich noch beiläufig – und dies nur in Anführungsstrichen – erwähnt (GA 13, 142). Da diese Aufsatzreihe von der Darstellungsweise her die am meisten erzählerische Schrift Steiners ist, liegt es nahe, sie unter dem Gesichtspunkt der Narrativität auch eigens zu betrachten. Als Rezipienten seiner Schriften sind wir überdies nicht eigentlich Zeugen seines Zugangs zur Akasha-Chronik. Vielmehr sind es seine Mitteilungen, ist es sein Erzählen, sind es die »Ausdrucksformen« (GA 28, 432), wovon wir Kenntnis nehmen, weshalb es nahe

370 Marica Bodrožić, ›Das Wasser unserer Träume‹, München 2016, S. 61.
371 ›Die Geheimwissenschaft im Umriß‹ (GA 13, 142).

liegt, weniger von einem Lesen, als vielmehr von einem »Erzählen aus (oder von) der Akasha-Chronik« zu sprechen.

Auf kaum einem der Gebiete, über die Steiner spricht, ist es so schwer wie auf diesem, es im gewöhnlichen Denken nachprüfbar zu machen und ist die Wahrscheinlichkeit so hoch, Steiners Darstellungen zurückzuweisen oder achselzuckend beiseitezuschieben. Das mag auch ein Grund sein, weshalb es zu diesem Thema kaum weitere Literatur gibt: weil wir auf diesem Gebiet hilfloser sind als auf anderen, weil wir weniger mitreden, miterzählen können und wenn, dann eher meinen, auf ein bloßes wortgetreues Nacherzählen angewiesen zu sein – wenn wir es denn überhaupt schätzen. Im Folgenden nähere ich mich diesem Thema in zwei Randgängen. Der erste bemisst sozusagen den Abstand, den wir von den Texten Steiners haben, indem er die Literatur, die uns dazu hinführen kann, ins Auge nimmt. Wie haben seine akademisch orientierten Leser dieses Thema bisher aufgegriffen? Dabei wird die Wahl offenbleiben, ob wir Steiner hermeneutisch eher als Künstler, als Wissenschaftler oder als Forscher begreifen wollen. Mit dem zweiten Randgang wage ich mich direkt an die Aufsatzreihe Steiners heran, allerdings mit zwei eher formalen Schwerpunkten. Der eine fragt nach den Rahmenbedingungen seines Erzählens, also nach der Zeitschrift, in der sie erschien, den Entstehungsbedingungen und vor allem auch nach dem spezifischen Moment in der allmählichen Verfertigung der Steiner'schen Lehre, den diese Aufsätze markieren. Der andere Schwerpunkt widmet sich detailversessen einem kleinen irritierenden Moment, einer nur scheinbar zu vernachlässigenden Marginalie. Es sind die Anführungsstriche, die Steiner anfangs setzt – und die er in späteren Folgen stillschweigend weglässt. Mehr als das – etwa ein Eingehen auf die inhaltlichen Motive, Bilder, Szenen und Schemata sowie auf erzähltechnische Besonderheiten – ist im gegebenen Rahmen nicht möglich.

Am Brunnen der Götter

In seiner »Chronik der Gefühle« berichtet der Erzähler und Filmemacher Alexander Kluge von einem Treffen mit dem Filmregisseur Andrej Tarkowski, bei dem sich beide über den gemeinsamen Plan einer »Verfilmung« von Rudolf Steiners Texten »Über die Akasha-Chronik« verständigten.[372] Während Kluge seinerseits die konkreten Schritte der Realisation im Blick hatte, stand für Tarkowski die besondere Bildsprache im Vordergrund. Diese könne keinesfalls Steiners Erzählungen nacherzählen oder »abfotografieren«, sie müsse vielmehr gezielt Empfindungen wecken, die dann in offener Form den Zugang zu dem von Steiner Erzählten – oder dessen Quellen – ermöglichen können. Die zu zeigenden Bilder seien gebunden an besondere konkrete Orte wie ein offenbar schon von Ovid erwähnter Brunnen im Keller eines Hauses bei Neapel. Tarkowski hatte diesen Ort aufgesucht:

> »Ich habe beim Eintritt sogleich die Empfindung gehabt, sagte Tarkowski, dass der Weg wenig tiefer, gleich unterhalb des Bodens, zu einem jener Brunnen führt, die die Verbindung zur Unterwelt darstellen. Um diese Empfindung geht es in dem ganzen Film. Es nützt nichts, diesen Ort zu filmen, sagte ich, nicht einmal wenn wir die Grabungen nach dem Brunnen dokumentieren, fänden wir irgendetwas im Sinne von Rudolf Steiner. Nein erwiderte er, aber jene Empfindung […] werde der seismographische Führer sein, der die Bilder lenkt.«[373]

Für das kooperative Filmprojekt bedeute das in der Herstellung dann auch methodisch, dass die Regisseure an solchen besonderen Orten gemeinsam über Erzählungen sprechen sollten, die aus der

---

372 Alexander Kluge, ›Chronik der Gefühle. Band I: Basisgeschichten‹, Frankfurt a. M. 2000, S. 472–478. Zu diesem Projekt vgl. auch Ruth Renée Reif & Alexander Kluge: ›Wilde Verlässlichkeit‹; in: ›Die Drei‹ 3/2016, S. 66.

373 Alexander Kluge, ›Chronik der Gefühle. Band I‹, S. 473 f.

Akasha-Chronik schon existierten. Tarkowski war der Meinung, dass man

> »an Orten, die eine Segnung, ein Klima haben und an denen sich auch Brunnen befinden, auch wenn man sie nicht sieht, […] dass man dort darüber sprechen solle. Dass man Texte der *Akasha-Chronik* einander darlegen solle und dann, durch den Ort und Gespräche und Vertiefung in Texte angeregt, anfängt zu filmen, und was man dann filmt, das werde etwas von dem Brunnen der Götter enthalten.«[374]

Die nicht-narrative, aber empfindungsgesättigte Bildsprache des Films wird so zu der als Brunnen imaginierten Schwelle, über die hinüber (oder hindurch oder hinab) die Rezipienten Anregungen und vielleicht auch substanzielle Erfahrungen erhalten, um (ähnlich wie Goldmarie im Märchen von Frau Holle) in die ganz andere Sphäre einer eigentlichen Akasha-Chronik eintreten zu können – einer Chronik, die sowohl eine sehr weit reichende Dimension der überpersönlichen Erinnerung als auch eine besondere Moralität verbürgen soll. Um Zugang zu finden, müsse man nicht nur warten können »auf die Ankunft der Bilder«[375], sondern sich insbesondere im Anschauen des flüssigen Elementes üben: »Wir müssen alle Verschiedenartigkeiten des Wassers und des Fließens beobachten, sagte Tarkowski […] Es sind die Gewässer, die die Verbindungen halten durch die Zeitalter.«[376]

---

374 Alexander Kluge, ›Verdeckte Ermittlung. Ein Gespräch mit Christian Schulte und Rainer Stollmann‹, Berlin 2001, S. 26.

375 Alexander Kluge, ›Chronik der Gefühle. Band I‹, S. 477.

376 A.a.O.

Tarkowskis Regeln

Fassen wir zunächst zusammen. Für Tarkowski gilt es, besondere historisch oder sakral aufgeladene Orte (»Brunnen der Götter«) zu finden; an diesen soll über Steiners Texte gesprochen werden; das Medium des Erzählens sollen nicht Worte sein, sondern Empfindungen, die durch Bilder transportiert werden; die Empfindungen »lenken« die Bilder; diese Bilder werden nicht erzeugt, sondern entgegengenommen, sie erscheinen von sich aus, überpersönlich; wer zur Akasha-Chronik filmen will, muss sich im Anschauen des flüssigen Elementes üben, denn die Substanz dieser Chronik selber hat fließenden Charakter.

Tarkowskis Regeln wären bestimmt zu einem guten Teil auf Steiners Zustimmung gestoßen. Anschauungsübungen des Flüssigen hätte er sehr begrüßt, auch wenn sie für ihn eher in die elementarische Welt geführt haben. Aber das Flüssige ist belebt und permanent beweglich, so dass es auf die Bewegtheit[377] der Akasha-Chronik vorbereiten könnte. Wenn Tarkowski vorschlägt, über Schriften Steiners zu sprechen, dann entspricht das in lockerer Form dem Studium, das Steiner als erste Stufe der übenden Entwicklung ansieht. Tarkowski sieht Steiner als Experten für das Thema und damit als eine wichtige Orientierung an. Für Steiner würde ein bestimmter Ort auf der Erde aber wohl weniger bedeutsam für die Erkundung sein.[378] Und er würde auch nicht den Weg über die Empfindung wählen, um in einen übersprachlichen,

---

377 »Die Bilder der Akasha-Chronik sind nicht unbeweglich. Sie entfalten sich beständig wie lebende Bilder, wo die Dinge und Personen sich bewegen [...].« (GA 94, 83); »Die Akasha-Bilder sind eben richtig lebendige Gebilde.« (GA 95, 28); »Das Akasha-Bild ist tatsächlich etwas Belebtes, kein steifer Automat.« (GA 93a, 158); ähnlich (GA 89, 281 f.).

378 Steiners überlieferte Worte von seinem Besuch in den Ruinen von Tintagel, auf die ich gleich noch eingehe, sowie seine Bezugnahmen darauf in späteren Vorträgen haben episodischen Charakter, keinen systematischen. Er würde für seine Forschungen nicht so ansetzen, an einen bestimmten Ort zu gehen, um dort etwas über die übersinnliche Geschichte zu erfahren. Gleichwohl gibt es Übergänge. Das betrifft etwa auch die Bedeutung historischer Daten, vgl. (GA 99, 44 f.).

überbegrifflichen Bereich zu kommen, sondern den des Denkens. Eine besondere Übereinstimmung ergibt sich in der Haltung, in der die Bilder aus der Akasha-Chronik entgegengenommen werden. »Wer es dazu bringt, darauf zu verzichten, seine Gedanken zu verbinden, der gelangt zu dem Lesen der Schrift in der Akasha-Chronik,« führt Steiner aus. Und:

> »Eines ist aber dabei notwendig: das persönliche Ich so weit ausgeschaltet zu haben, dass es keinen Anspruch darauf macht, die Gedanken selbst zu verbinden. [...] Das ist – okkult aufgefasst – das, was man im Mittelalter das ›Opfer des Intellektes‹ genannt hat. Es bedeutet das Aufgeben meiner eigenen Meinung, meiner eigenen Überzeugung. So lange ich selbst meine Gedanken verbinde, und meine Gedanken nicht höheren Gewalten zur Verfügung stelle, die auf der Tafel des Intellektes dann gleichsam schreiben, so lange kann ich nicht okkulte Geschichte studieren.«[379]

Der Film freilich, von dem die Rede ist, wurde nie realisiert. Tarkowski war wohl schon krank, er starb zwei Jahre nach dem Gespräch. Er scheint die treibende Kraft für das Projekt gewesen zu sein, Kluge der offen-interessierte Partner. Immerhin hat Kluge, der sich auch am Beispiel des Schicksalsgedankens besonders für Steiner interessiert,[380] uns von diesem Projekt erzählt. Und diese kurze Erzählung über die ersten Skizzen eines Planes ist aussagekräftig, weil sie in der schöpferischen Lebenserfahrung der Beteiligten wurzelt. Hinzu kommt, dass wir es mit einem heiklen Thema zu tun haben, zu dem es – etwa im Unterschied zu Reinkarnation und Karma-Forschung – kaum Darstellungen gibt. Denn

---

379 (GA 265, 29 f.); vgl. (GA 92, 22 ff.)

380 Alexander Kluge, ›Die Lücke, die der Teufel lässt. Im Umfeld des neuen Jahrtausends‹, Frankfurt a. M. 2003, S. 315. Die Bezugnahme ist dort philologisch wohl nicht richtig. Von der Sache her ist sie es schon und sie findet sich in der Substanz auch sonst vielfach in Kluges Werk.

wer würde von sich, wie Steiner, nach wissenschaftlichen Maßstäben in Anspruch nehmen, in einem Weltgedächtnis »lesen« zu können? Wer würde meinen, auf Augenhöhe mitreden zu können? Wer, insbesondere mit akademischem Hintergrund, würde ein solches Unterfangen ernst nehmen?[381]

Ein Blick in die Forschungsliteratur

Dennoch gibt es ein paar Schriften mit wissenschaftlichem Anspruch, die sich des Themas bereits angenommen haben. Sie setzen unterschiedliche Akzente. Ein knapper, recht eigenständiger Versuch stammt von Johannes W. Schneider. Er ist vor einigen Jahren in der Zeitschrift »Die Drei« erschienen und versteht das Stichwort als »Gedächtnis der Erde«.[382] Ausgangspunkt ist dabei eine persönliche Begegnung mit Emil Bock, der über die Fähigkeit verfügt habe, historisch bedeutende Orte im Gehen zu erspüren. Allerdings stellt Steiner selbst einen systematischen Zusammenhang von geographischem Ort und okkulter Geschichte in diesem Sinn nicht systematisch-methodisch dar, wenn es auch in seiner eigenen Forschungspraxis Ausnahmen dazu gibt, wie seine Schilderungen und Erlebnisse bei einem Besuch in der Burgruine von Tintagel im August 1924, an welchem Ort er den Schilderungen seiner Mitbesuchenden zufolge spirituelle Erlebnisse im Sinne des Lesens in der Akasha-Chronik hatte[383] und dessen besondere geographisch-atmosphärisch-meteorologische Situation er in späteren Vorträgen für eine spirituell verfeinertes Wahrnehmen als Ausgangsfeld schilderte, von dem aus auch heutige Besucherinnen

381 Vgl. dazu pointiert Rüdiger Sünner, ›Das innere Atlantis. Zum Akasha-Projekt von Alexander Kluge und Andrej Tarkowski‹, in: ›info3‹ 7–8/2008, S. 45–49.

382 Johannes W. Schneider, ›Akasha – Das Gedächtnis der Erde‹, in: ›Die Drei‹ 5/2009, S. 33–39.

383 Vgl. Chrispian Villeneuve, ›Rudolf Steiner in Britain. A Documentation of his Ten Visits 1902–1925‹, London 2009, S. 1051 ff.

und Besucher in eine Stimmung kommen könnten, wie sie Artus-Ritter in vorchristlicher Zeit geprägt hätten.[384] Ein Lesen in der Akasha-Chronik im engeren Sinn wäre das freilich nicht. Es zeigt aber die erzählerische Vielfalt und Offenheit des Themas. Insofern gibt es Übergänge und »unorthodoxe« Varianten des »Lesens« in der Akasha-Chronik, die zunächst einmal durch die Kompetenz des Erzählers Steiner zusammengehalten oder verbürgt werden.[385]

Eine ausführliche Darstellung von Andreas Neider stellt im Wesentlichen ein strukturiertes Referat von Darstellungen Steiners dar – auch da, wo zeitgenössische Forschungen zum kulturellen Gedächtnis und zur Hirnforschung herangezogen oder Überlegungen zur digitalen Kultur angestellt werden.[386] Meine Vorbehalte gegen Neiders Darstellung richten sich auf der sachlichen Ebene gegen die zentrale und grundlegende Funktion der Reinkarnationserfahrung, die er als Voraussetzung der Akasha-Forschung ansieht[387], und gegen den nicht eingelösten Anspruch, die Akasha-Chronik als einen objektiven Tatbestand aufzuweisen. Auf

384 Vgl. die Vorträge vom 10. September 1924 in Dornach (GA 238, 48 ff.) und vom 21. August 1924 in Torquay (GA 243, 240 ff.). Steiners Duktus und Resümee ist in diesem Kontext stark poetisch-erzählerisch und appelliert an das Gefühl: »Und man möchte sagen: Wenn man heute hinschaut auf die Trümmer des Artusschlosses, so fühlt man heute noch aus der Akasha-Chronik die Steine herunterfallen von dem, was einstmals mächtige Schlosspforten waren, und mit dem Herunterfallen dieser Steine fühlt man etwas wie ein irdisches Bild des Heruntersinkens der Intelligenz, der kosmischen Intelligenz aus den Händen des Michael in die Gemüter der Menschen hinein.« (GA 240, 243 f.)

385 Mit diesen Überlegungen greife ich eine Kritik von Rüdiger Sünner an meiner auch hier wiederholten Aussage auf, dass für Steiner »ein bestimmter Ort […] wohl weniger bedeutsam für die Erkundung« der Akasha-Chronik sei (›Die Drei‹ 11/2018, S. 32). Hier deuten sich bei Steiner Durchmischungen oder Interdependenzen zwischen einer *per definitionem* rein geistigen Akasha-Chronik und dem Physischen der Erde an, die weiter zu erörtern wären. Sie verweisen auf den situativen Charakter von Erzählung. Zu Tintagel vgl. Rüdiger Sünner, ›Geheimes Europa. Reise zu einem verborgenen spirituellen Erbe‹, Berlin 2017, S. 169–178.

386 Andreas Neider, ›Die Evolution von Gedächtnis und Erinnerung. Lesen in der Akasha-Chronik‹, Stuttgart 2008, komplementär dazu Rudolf Steiner, ›Lesen in der Akasha-Chronik. Ausgewählte Texte. Herausgegeben und kommentiert von Andreas Neider‹, Dornach 2008. Kurzdarstellungen Neiders zu diesem Thema finden sich in: ›Die Drei‹ 12/2008 und ›Das Goetheanum‹ Nr. 41/2007.

387 Anders Johannes W. Schneider in ›Akasha – Das Gedächtnis der Erde‹, s.o.

der Ebene von Darstellungsweise und Haltung erklärt er Steiners Werk sowie die Akasha-Chronik als außerhalb jeder möglichen philologischen Kritik befindlich und setzt beides damit in eine sterile Glasglocke, die zwar eine verehrend-distanzierte Darlegung der weitläufigen Aussagen und gelegentlich eine systematische Ergänzung ermöglicht, weniger aber eine starke Verbindung mit der eigenen und der kulturellen Erfahrung sowie der jeweiligen Selbstständigkeit. Auch wird nicht ein gemeinsames diskursives Feld mit der zeitgenössischen Esoterikforschung hergestellt, was Neider aber intendiert. – Demgegenüber finden wir in Helmut Zanders umfangreichem Werk zur Anthroposophie[388] eine Passage, die Steiners Schrift »Aus der Akasha-Chronik« behandelt und die an prägnanten Beispielen erstmals ausführlich den Wert und die Unumgänglichkeit historisch-kritischer Forschung auch in Bezug auf Steiners Werk vorführt. Indessen enthält diese Schrift verhältnismäßig viele Fehler und wenig solide Interpretationen. Sie ist insbesondere durch die vernehmbar zynisch-distanzierte Haltung des Autors in ihren Interpretationsmöglichkeiten beschnitten.

Der aktuellste Beitrag zum Thema besteht in der zweihundert Seiten starken Einleitung von Christian Clement zum Band 8 der von ihm herausgegebenen Kritischen Ausgabe der Schriften Steiners (SKA 8), die neben dem reifen Text »Die Geheimwissenschaft im Umriss« auch ein frühes Fragment zur Kosmogonie sowie unseren einschlägigen Text enthält.[389] Das Wort »Akasha« entstammt, wie eingangs erwähnt, der indisch-angelsächsischen Theosophie vor 1900, und Clement arbeitet heraus, inwiefern diese immerhin starke Quelle Steiners lediglich eine »äußere Form

388 Helmut Zander, ›Anthroposophie in Deutschland. Theosophische Weltanschauung und gesellschaftliche Praxis 1884–1945‹, Göttingen 2007, S. 615 ff.

389 Rudolf Steiner, ›Schriften zur Anthropogenese und Kosmogonie‹, Schriften, Kritische Ausgabe (SKA) Band 8, 1–2, Stuttgart-Bad Cannstatt 2018; die Einleitung findet sich in Band 2, S. I-CCI. Dort (S. LXII f.) finden sich auch Nachweise der erwähnten Fehler und Fehlinterpretationen im Werk Zanders.

seiner Esoterik« darstelle und dass er mit der mit diesem Ausdruck gemeinten Sache eigentlich an die europäische Tradition einer »Mitwissenschaft mit der Schöpfung« anschließe und sie fortsetze.[390] – Eine Perle dieser Edition stellt das knappe Vorwort von Wouter J. Hanegraaff[391] dar, der mit der »Psychometrie« des amerikanischen Alternativmediziners Joseph Rodes Buchanan die amerikanische theosophische Vorgeschichte der letztlich synonymen Ausdrücke »Hellsehen« und »in der Akasha-Chronik lesen« bis zu Rudolf Steiner ausarbeitet, die die Scharnierstelle dieser Geschichte diskussionswürdig in der Verbindung mit Kants Begriff der »produktiven Einbildungskraft« sieht und vor allem seine Ausführungen auf ein Dilemma hin zuspitzt, mit dem wir es im Feld unserer Fragestellung unweigerlich zu tun bekommen: Wenn die Akasha-Chronik ein wissenschaftliches Thema sein soll, dann muss sie für alle gleichermaßen zugänglich und nachprüfbar sein. Da aber das »Lesen« in ihr ein hohes Maß an Selbstentwicklung voraussetzt, ist es nur wenigen oder gar nur einem Spezialisten möglich – dem dann geglaubt werden muss, womit der Anspruch auf Wissenschaftlichkeit nicht mehr gilt. Aus autoritärer Perspektive würde das heißen: »Wenn du verstündest, dann würdest du zustimmen – wenn du also nicht zustimmst, ist somit klar, dass du noch nicht verstehst.«[392]

---

390 Ebd., S. LVII.

391 Wouter J. Hanegraaff, ›Rudolf Steiner und die hellsehende Einbildungskraft‹, in: SKA 8.1, S. VII-XXII.

392 Len Bowman, ›The Status of Conceptual Schemata. A Dilemma for Perennialists‹, in: ›Aries‹ 11/1990), S. 12. Von Hanegraaff zitiert in SKA 8.1 S. XX.

Das »argumentum ad verecundiam« und die Erzählsituation

Nun ist es genau der Punkt der Berufung auf Autorität, des »argumentum ad verecundiam«[393] wie Hanegraaff auch sagt, an dem Steiner die Rolle des Erzählers einführt. Auch wäre es falsch, anzunehmen, dass an dieser Stelle des Umgangs mit angenommenem Wissen »argumentiert« würde, noch dazu in der diktatorisch vorgegebenen Form der Ja-Nein-Entscheidung wie in dem angeführten Zitat. Der zitierte Satz macht das Problem deutlich, verstellt aber zugleich die Lösung. Es ist ein logisch untaugliches Scheinargument, das als »Argument« berechtigt nur in der »Sozialen Epistemologie«[394] seinen Ort hat und dort eine klärende Rolle spielen kann, wo es um Niveau-Unterschiede des Wissens und Könnens geht, um Expertise und Anerkennung. Aus welchem Grund beziehe ich mich auf eine Person als Autorität? Warum entscheide ich mich z.B., bei einer mir empfohlenen Gesangslehrerin Unterricht zu nehmen? Warum bevorzuge ich eine bestimmte Tageszeitung gegenüber einer anderen? Nach welchen Kriterien schätze ich eine Person als Expertin? Von wem lasse ich mir einen Ratschlag erteilen? Warum interessiere ich mich für die Reiseerzählung einer Person?

Fragen wie diese machen deutlich, dass es letztlich um eine erfahrungsgestützte und mehr oder weniger in den Gründen explizierbare Entscheidung geht, jemandem zuzuhören und damit eine Wissens- oder Könnens-Expertise in Anspruch zu nehmen. Es handelt sich um ein feines Spiel der Beziehung, das sich in jedem Zusammentreffen von Personen wechselweise entfalten kann und das insbesondere dort stark wird, wo wir jemandem

393 Lateinisch für »Beweis durch Ehrfurcht«.

394 Alvon Goldman & Thomas Blanchard, ›Social Epistemology‹, in: Edward N. Zalta (Hrsg.): ›The Stanford Encyclopedia of Philosophy Archive‹ (Summer 2018 Edition) – https://plato.stanford. edu/archives/sum2018/entries/epistemology-social/ [12.10.2018].

Expertise, Autorität und Kompetenz zubilligen.[395] Weil aber diese Situation prinzipiell autoritär missbraucht werden kann,[396] führt

395 Noch in Hans-Georg Gadamers Hermeneutik sind Tradition und Autorität selbstverständliche und rational motivierte Werte: »Die Autorität von Personen hat aber ihren letzten Grund nicht in einem Akt der Unterwerfung und der Abdiktion der Vernunft, sondern in einem Akt der Anerkennung und der Erkenntnis – der Erkenntnis nämlich, dass der andere einem an Urteil und Einsicht überlegen ist und dass daher sein Urteil vorgeht, d.h. vor dem eigenen Urteil den Vorrang hat. Damit hängt zusammen, dass Autorität nicht eigentlich verliehen, sondern erworben wird und erworben sein muss, wenn einer sie in Anspruch nehmen will. Sie beruht auf Anerkennung und insofern auf einem Akt der Vernunft selbst, die, ihrer Grenzen inne, anderen bessere Erkenntnis zutraut. ... So ist die Anerkennung von Autorität immer mit dem Gedanken verbunden, dass das, was die Autorität sagt, nicht unvernünftige Willkür ist, sondern im Prinzip eingesehen werden kann.« Hans-Georg Gadamer, ›Wahrheit und Methode. Grundzüge einer philosophischen Hermeneutik‹, Tübingen 1973[3] [1960], S. 263 f. Gadamer bezieht sich hier auf einen Begriff von Autorität, der uns mittlerweile lebensweltlich fremd geworden ist. Ich ersetze ihn durch den Begriff der Expertise. Diese setzt weniger die Einsehbarkeit als vielmehr das tatsächliche und je erneuerbare Eingesehenhaben der Gründe für Autorität voraus.

396 Der Missbrauch beginnt bereits, wenn das oben formulierte Dilemma ohne sachliche Begründung in Szene gesetzt wird. Es mag dann Personen mit der Zuschreibung von Charisma als zynische Rechtfertigung dienen. – Über eine entspannte, kritische, gut reflektierte und letztlich positive Beziehung zur Rolle spiritueller Gurus oder Lehrer verfügt Mariana Caplan aufgrund ihrer Erfahrungen in der nordamerikanischen spirituellen Szene in ihrem Buch ›Brauchst du einen Guru? Fluch und Segen einer spirituellen Schüler/Lehrer-Beziehung‹, Saunstorf 2013. Ein anschauliches Beispiel für den Missbrauch und die Inszenierung von Charisma eines spirituellen ›Meisters‹ bietet André van der Braak mit seinem autobiographischen Buch ›Liegestütz zur Erleuchtung. Lehrjahre bei einem amerikanischen Meister‹, Winterthur 2004, in dem er indessen ebenso die Tonlagen der Unterwerfung durchspielt. Steiner ist von einer vergleichbaren Form der Forderung von willkürlicher Unterwerfung freilich weit entfernt. Das gilt auch gegenüber einer stark ästhetisch formalisierten, gleichwohl als Macht wirksamen Inszenierung von Charisma, wie sie Stefan George kultiviert hat. Vgl. dazu die pointierten Darstellungen in Thomas Karlaufs Buch ›Stefan George. Die Entdeckung des Charisma‹, München 2007. Im Kontext von Rudolf Steiner und seinem Werk stellt sich allerdings die kritische Frage des Umgangs mit einer (überlegenen) *Autorität.* Sie wird von Steiner selbst mit der Aufforderung zur *Prüfung* aller Aussagen beantwortet, die allerdings sowohl individuell wie in den Formen der Vergemeinschaftung keinen geringen Anspruch darstellt. Vgl. dazu den Abschnitt ›Prüfung und Autorität‹ in Günter Röschert, ›Anthroposophie als Aufklärung‹, Steinbergkirche/Neukirchen 2016, S. 213–219. Helmut Zanders Überlegungen zum Umgang mit der Autorität Steiners und dessen Werk sind zwar beherzigenswert, bleiben aber als pauschale Urteile unbefriedigend und sind nicht selten falsch (›Anthroposophie in Deutschland‹, S.608–612 und 766 f.). Sein Eindruck, dass letztlich »eine der Einübung in die ›Devotion‹ vergleichbare Wegleitung des Schülers in Kritikfähigkeit

Steiner das Konzept des Erzählers ein. Denn erstens bin je ich es, der sich entscheidet, einem Erzähler zuzuhören, und zweitens ist die Maßgabe, nach der ich ihm weiter und fortgesetzt zuhöre, ob sich das, was er erzählt, mit meinen Erfahrungen deckt und sie für mich sinnvoll erweitert. Denn beim Erzählen geht es nicht darum, durch Argumente zu zwingen, sondern es geht um das Vermögen, Erfahrungen zu ermöglichen und auszutauschen. Und wenn Rudolf Steiner nicht anders wirken will denn als Erzähler, dann appelliert er an die sich entwickelnde Erfahrungsfähigkeit jeder zuhörenden Person genauso wie an ihr Vermögen, die Geltung, die sie den Erzählinhalten zuschreibt, primär in ihrer eigenen Erfahrung zu begründen und nicht in der dem Erzähler zugeschriebenen Expertise oder Autorität. Das verlangt nicht selten das Vermögen, dass Aussagen, was ihre Geltung angeht, aktiv in der Schwebe gehalten werden müssen. Und dies Vermögen ist auch eine Frage der Übung sowie der Fähigkeit, zu differenzieren.

Wirklichkeitsebenen des Erzählens und Zuhörens

»Wenn ich mir also vorstelle, wie Steiner […] einen Vortrag hält, dann folge ich zunächst diesem Vortrag und höre ihm heute zu. Das ist meine Umgangsform. Die Frage wäre dann, warum meine Neugier durch ihn so sehr angestachelt wird. Die Frage ist also

---

und Selbstständigkeit« fehle (ebd., S. 611), lässt außer Acht, dass einerseits die Devotion selber nur ein Bestandteil des »Schulungsweges« ist und es auch dazu keine »Wegleitung« gibt und dass andererseits viele verstreute Anleitungen und Aufforderungen zur kritikfähigen Selbständigkeit in Steiners Werk existieren, die mindestens so strukturiert sind wie die Anleitung zur Devotion. So wird zum Beispiel in der direkten Unterweisung auf das »Unterscheidungsvermögen« (GA 266 II, 101) verwiesen. Das Unterscheidungsvermögen ist das Grundvermögen von Kritik. Allerdings sind die entsprechenden Ausführungen nie unter einem entsprechenden Titel zusammengefasst und systematisch expliziert worden, was bestimmt sinnvoll wäre, einmal zu tun.

nicht, ob er mich als Mathematiker überzeugt.«[397] Der kritische Filmemacher und promovierte Jurist Alexander Kluge, der so spricht, nimmt Steiner in souveränem Gestus als Erzähler ernst, und er differenziert kritisch nach der Wirklichkeitsebene, auf der er sich angesprochen fühlt. Es ist eine Wirklichkeitsebene *in Entwicklung,* bei der noch gar nicht klar ist, worin sie bestehen wird, auf die aber die Neugier und die Ahnung eindeutig verweisen. Kluge begegnet Steiner in erster Linie als einem Künstler, von dem neue Erfahrungen und überraschende Konzepte zu erwarten sind: »Ich halte es für dogmatisch zu sagen: ›Aha, hier an dieser Stelle ist er zu widerlegen, da flunkert oder übertreibt er … Wo hat er das her?‹ Das ist vollkommen uninteressant. Für mich ist er zunächst einfach ein *ahnungsvoller Poet.* Das würde mir zunächst reichen.«[398]

So zuzuhören ist eine *Möglichkeit,* und bestimmt nicht die schlechteste, weil sie Chancen neuen Verstehens eröffnet. Wenn ich Steiner als einem ahnungsvollen Poeten zuhöre, dann lege ich kaum Schranken an und vertraue empathisch darauf, dass sich aus vorerst völlig undeutlichen oder widersinnigen Bildern so etwas wie eine neue Einsicht oder Erfahrung ergibt. Ich kann ihm aber auch als Mathematiker zuhören, als Historiker oder Pädagoge und mich dabei fragen, was sich an der Mathematik, die bestehen bleibt, meinem historischen Wissen, das auf Fakten beruht, meinem Erfahrungswissen als Lehrperson, das ich in mir trage, verändert, indem ich eine neue Sicht, einen anderen Blick auf sie werfe. Ich muss es für möglich halten, zulassen, es wollen, dass ich mich dabei verändere und entwickle und gleichermaßen auf *meine* Erfahrung vertrauen, die mit der des Erzählers keinesfalls kongruent werden muss. Die Erfahrungsräume des Erzählens überschneiden sich nie ganz, und nach jedem echten Erzählen kehrt jede

397 Zitat von Alexander Kluge in Gawan Fagard, ›Die Fliege im Bernstein. Alexander Kluge über Rudolf Steiner und Andrej Tarkowski, Teil I‹, in: ›all-over – Magazin für Kunst und Ästhetik‹ #6, Frühjahr 2014, S. 41 – http:// allover-magazin.com/wpcontent/uploads/2014/03 / A0_06_GESAMT.pdf

398 A.a.O., S. 40.

beteiligte Person nicht ungerührt in ihren eigenen Raum zurück. – Wir gehen nun einen Schritt weiter und wenden uns in einem zweiten Randgang Steiners Schrift zunächst in ihrem Kontext zu.

Der Kontext: Die Zeitschrift »Lucifer-Gnosis«

Gleich nach der Begründung der deutschen Sektion der Theosophischen Gesellschaft war es Rudolf Steiner als eine »Notwendigkeit« erschienen, »eine eigene Zeitschrift zu haben« (GA 28, 421). Um von Anfang an die Selbstständigkeit seiner Lehre gegenüber der englischen Theosophie zu ermöglichen, müsse »etwas entstehen, das aus seinem eigenen Keim sich entwickele, ohne irgendwie sich, dem Inhalte nach, abhängig zu stellen von dem, was die Theosophische Gesellschaft lehren ließ. – Das konnte ich nur durch eine solche Zeitschrift« (ebd.). Sie wird zunächst in kleinem Umfang und bescheidenem Rahmen von Marie von Sivers und Steiner selbst produziert und erlebt dann im Lauf der Jahre bis zur Einstellung mit Heft 35 im Jahr 1908 immer größeren Zuspruch. Bis zum Schluss wurden die Hefte persönlich von Steiner und Marie von Sivers adressiert und in Waschkörben zur Post getragen. Steiner bemerkte später, dass ihm das wichtig gewesen sei, »weil er so mit seinen Lesern persönlich in Verbindung« gestanden habe.[399] Die Zeitschrift hatte also einen recht persönlichen Charakter, im theosophischen Umfeld wurde sie auch Steiners »Privatblatt«[400] genannt, war auf eine kleine Leserschaft abgestimmt, trug

399 Ludwig Kleeberg, ›Wege und Worte. Erinnerungen an Rudolf Steiner aus Tagebüchern und Briefen‹, Stuttgart 1990, S. 24.

400 Brief von Wilhelm Hübbe Schleiden an Ludwig Deinhard vom 19. Januar 1905, zitiert in Norbert Klatt, ›Theosophie und Anthroposophie. Neue Aspekte zu ihrer Geschichte aus dem Nachlass von Hübbe-Schleiden (1846–1916) mit einer Auswahl von 81 Briefen‹, Göttingen 1993, S. 89. Hübbe-Schleiden, der selbst Erfahrung als Herausgeber der theosophisch-spiritistischen Zeitschrift ›Sphinx‹ hatte, war Steiners Zeitschrift gegenüber recht skeptisch gestimmt und nannte – im Frühjahr 1904 – sie auch mal einen »totgeborenen Carnevalsscherz«, deren Titel »ein Gipfel von Geschmacklosigkeit, Taktlosigkeit und Ungeschicklichkeit« sei (ebd., S. 79), was

sich finanziell selbst und stellte in der Kommunikation eine Zwischenform dar zwischen dem ausgearbeiteten Buch, dem lebendigen Vortrag und der Unterweisung in direktem persönlichen Kontakt.

Die Kürze der Texte und das zunächst regelmäßige monatliche Erscheinen unterstrich den Charakter dieser Zwischenform, denn einerseits war die Darstellung solide schriftlich, andererseits aber entstanden die Texte fortlaufend[401] und »allmählich« (GA 28, 430). Die tendenzielle Beweglichkeit und Leserorientierung kam besonders zum Zuge, als die Rubrik »Fragen und Antworten« eingefügt wurde, die den Dialog mit den Leserinnen und Lesern als Form explizit machte. Wenn die Zeitschrift »Grundlage« war von Steiners »Wirken« (ebd., 423), stand damit die Funktion im Vordergrund, Geistesschüler erreichen zu können. Er konnte sich bei Vorträgen auf diese Schriften stützen und zur weiteren Beschäftigung auf sie verweisen.[402] In der Aufsatzserie »Aus der Akasha-Chronik« meinte er den »Grund gelegt« (GA 28, 423) zu haben für seine spätere Kosmologie, auch wenn diese im Duktus und in den inhaltlichen Aussagen anders aussieht. Mit dem Motto: »Keine menschliche Einzelmeinung stehe über der Erforschung der Wahrheit«[403], das an das Gründungsmotto der »Theosophical Society« von 1875 anklang, zeigte er sich zwar als Führungsperson, die eine Gruppe zusammenhalten wollte, genauso wurde aber auch auf den fortlaufenden Prozess Wert gelegt, den die Erforschung der Wahrheit bedeutet. Forschen steht höher als eine Meinung zu haben.

---

nebenbei deutlich macht, mit welchen Abgrenzungsdynamiken es Steiner zu tun hatte.

401 Steiner arbeitete daran auch unterwegs während seiner Vortragsreisen. Vgl. (GA 28, 423) und Karl Boegner, »›Rudolf Steiner als Herausgeber und Redakteur von ›Lucifer-Gnosis‹«. Eine Dokumentation zum anthroposophischen Frühwerk 1902-08‹, in ›Die Drei‹ 9/1985, S. 619–641.

402 Vgl. (GA 52, 395; GA 93, 72; GA 102, 76).

403 ›Zur Einführung von Luzifer-Gnosis‹ (GA 34, 109). Der Aufsatz entstand im Januar 1904 aus Anlass der Zusammenlegung der Zeitschriften ›Luzifer‹ und ›Gnosis‹.

Gibt es einen Erzählanlass?

In der Vorbemerkung des ersten Textes von »Aus der Akasha-Chronik« weist der Autor auf zwei Quellen zum ersten Thema »Unsere atlantischen Vorfahren« hin. Neben Platon sei das das Büchlein »Atlantis nach okkulten Quellen« von William Scott-Elliot, das im Jahr zuvor in deutscher Übersetzung und in einem Auszug auch schon im Vorläufer »Gnosis« seiner Zeitschrift erschienen war.[404] Da es sich hier um ein Thema von großer Faszinationskraft handelt, darf angenommen werden, dass das Interesse bei Steiners Zuhörern und Lesern groß war, auch von ihm etwas dazu zu hören. Und umgekehrt wird Steiner ein Interesse daran gehabt haben, sich aus seiner eigenen, möglicherweise kritischen Sicht[405] dazu zu äußern. Im Text selber spricht Steiner allerdings nur von einer »Ergänzung«[406], seine Abweichungen gegenüber dem Text von Scott-Elliot sind jedoch so stark, dass besser von einer »kohärenten Verformung«[407] die Rede wäre, die dem Ausgangstext in seinen Veränderungen und Weglassungen eine neue Atmosphäre gibt und damit – von allen Details abgesehen – eine weniger an kruden sinnlichen Elementen (Versatzstücken des

404 SKA 8.1, S. 48f. Die fast nicht mehr zugänglichen Hefte der Erstausgaben würden mehr von den Entstehungsbedingungen zeigen als der hier vorliegende Text des ersten Sammelbandes und zweiten Nachdrucks. Er entspricht allerdings der von Steiner veranlassten ersten Redaktion des Textes für eine zusammenhängende Publikation und zeigt – nachträglich – eine Struktur im Text auf, die bei den ersten Veröffentlichungen zwar veranlagt, aber als solche noch nicht sichtbar war. Während der Text der SKA 8.1 vor allem durch seine zahlreichen Kommentare und ergänzenden Materialien gewichtig ist, bringt die zeitgleich (2018) erschienene 7., vollständig revidierte Auflage der Gesamtausgabe (GA 11) nun einen philologisch sorgfältig durchgesehenen Text der selben noch von Steiner verantworteten Erstauflage als Büchlein, macht die späteren redaktionellen Eingriffe rückgängig und begründet die editorischen Entscheidungen transparent. Was die Textqualität und die editorische Transparenz angeht, sind also beide Editionen gleichwertig.

405 Die explizite Abgrenzung gegenüber Sinnett erfolgt schon in einem der späteren Aufsätze, vgl. SKA 8.1, S. 175. Die Kritik an Scott-Elliot erfolgt in einem Vortrag am 28. Mai 1907, (GA 99, 45 f.)

406 SKA 8.1, S. 49

407 Siehe dazu das Kapitel Zum Begriff des Dogmas.

englischen Empire im 19. Jahrhundert) orientierte Erzählstimmung erzeugt.[408] Gewiss hat Steiner mit seinen eigenen Texten auf Scott-Elliot mehr reagiert, als dass er schon den Impuls gehabt oder die Reife bei sich gesehen hätte, eine kosmologische Schrift zu veröffentlichen. Er anerkannte diese Schrift, knüpfte an und modifizierte in dem Sinn, wie er es für angemessen hielt. Das Selbsterzählen zeigt sich stärker im Umerzählen oder Andererzählen als im Neuerzählen.

Steiners implizite Selbstexpertise

Nun sind Steiners Aufsätze bis 1910 – dem Jahr des Erscheinens der »Geheimwissenschaft« – in zwei Sonderdrucken erschienen und dann erst 1939 von Marie Steiner in Buchform herausgebracht worden. Besonders gefragt war offenbar der erste Teil der Aufsätze mit dem Titel »Unsere atlantischen Vorfahren«, von denen es allein zu Steiners Lebzeiten sechs Neuauflagen gab und die auch danach mehrere Male neu aufgelegt wurden. Bemerkenswert ist dabei, dass diese Broschüren (es handelte sich um schlichte, kleine Paperback-Ausgaben) offenbar gefragt waren und ohne eine besondere Initiative Steiners erschienen sind. Steiner hat sie weder erneut durchgesehen oder durchgearbeitet noch hat er irgendein Vorwort oder dergleichen verfasst, was er aber bei anderen Schriften sehr wohl tat – man denke an die Neuauflagen der »Geheimwissenschaft« oder des Buches »Wie erlangt man Erkenntnisse der höheren Welten«, das ebenfalls aus Aufsätzen hervorgegangen ist, die zeitgleich mit denen zur Akasha-Chronik in »Lucifer-Gnosis« erschienen waren. Hinzu kommt, dass die Hefte »Aus der Akasha-Chronik« von Steiner in Vorträgen oder Briefen nur selten (etwa 15 mal) und dann nur beiläufig und ohne besonderen Nachdruck

---

408 Vgl. SKA 8.2, S. XC.

erwähnt werden.[409] Ganz anders verhält es sich mit der »Geheimwissenschaft«, auf die Steiner um ein Vielfaches öfter verweist. Teilweise sind es nicht bloß Erwähnungen, sondern substanzielle Ausführungen zum Verständnis und zur Bedeutung. Damit stellt er den beiden Schriften sehr unterschiedliche Expertisen aus.

Eine Besonderheit in den Aufsätzen »Aus der Akasha-Chronik« besteht darin, dass die ersten von ihnen ohne Autornamen erschienen sind und dass nach einer kurzen Einleitung des Herausgebers die Haupttexte in Anführungszeichen erscheinen. Vom zehnten Aufsatz an lässt Steiner diese Praxis fallen und er firmiert auch als Autor. Gleichwohl legte er anfangs großen Wert auf die Anführungszeichen, was auch daran ersehen werden kann, dass er in den Druckfahnen ein fehlendes Zeichen extra ergänzte.[410] Aus der Vorbemerkung geht hervor, dass »hier mehrere Kapitel aus der Akasha-Chronik wiedergegeben werden«, dann ist von »Schriftstücken« die Rede, »die hier verzeichnet werden können«. Damit dürfte nahegelegt worden sein, dass die Texte einen anderen, direkteren Charakter haben und möglicherweise eine andere Autorität beanspruchen könnten, jedenfalls eine andere Art von Autorschaft und Inspiration.[411]

Während die Einleitungs- und Kommentartexte – die offensichtlich vom Herausgeber der Hefte, nämlich Rudolf Steiner stammen – reflektiert ausfallen, sind die Texte in Anführungsstrichen in dem Sinn tendenziell erzählerisch, als sie unmittelbarer erzählen und wenig reflektieren. Als solche könnten sie mit mehr autoritativer Geltung ausgestattet sein. Sie könnten aber auch als weniger ausgearbeitet, weniger ins Alltagsbewusstsein übersetzt

409 Die Idee, dass aus der Häufigkeit und Qualität der Bezugnahmen im Vortragswerk Steiners unterschiedliche Expertise einzelner Werke zum Vorschein kommt, verdanke ich gesprächsweise Karl-Martin Dietz.

410 Säuberliche Handschriften wie korrigierte Druckfahnen befinden sich im Rudolf Steiner Archiv in Dornach. Die entsprechende Seite der Druckfahnen ist als Faksimile in der neuen Edition der Gesamtausgabe abgedruckt (GA 11, 299).

411 Vgl. Helmut Zander, ›Anthroposophie in Deutschland‹, S. 616 und Christian Clement in SKA 8.2, S. LXXXVIII.

gelten, weniger kontrolliert sein und einen Wildwuchs der Bilder enthalten, demgegenüber die Anführungsstriche wie eine Grenze, wie ein Zeichen der Distanz wirken. Aber das müsste im Einzelnen untersucht werden.

Erweiterte Autorschaft

Nun dürften die Anführungszeichen von der theosophischen Leserschaft auch als Signal für eine Textart verstanden worden sein, in der nicht ein gewöhnliches Ich, sondern ein höheres Ich, eine höhere Instanz wie die in der Theosophie verehrten »Mahatmas« oder »Meister« als Vermittler besonderen Wissens spricht.[412] Die Meister sind zumindest eine Metapher für ein Wissen um Bilder – wir haben es von Tarkowski und von Steiner schon gehört – die nicht ein Subjekt ersonnen hat, sondern die sich von sich aus ergeben. Entsprechende Inspirationen und Vermittlergestalten waren in der Theosophischen Szene damals geläufig und Steiner konnte damit rechnen, dass seine Leser beim Anblick dieser Anführungszeichen in irgendeiner Form ihr Wissen von den »Meistern« aktivierten, in irgendeiner Weise von dem Meister-Narrativ berührt wurden.

Das Narrativ einer besonderen Gestalt, die zwischen gewöhnlichem und außergewöhnlichem, verborgenem historischen Wissen vermittelt, ist in der Weltliteratur nicht unbekannt. Der klassische Ort dafür ist Platons »Timaios« bzw. »Kritias«, in dem die

412 Mittlerweile sind die »Meister« Gegenstand akademischer Studien geworden, zuletzt bei Jan Stottmeister, ›Der George-Kreis und die Theosophie‹, Göttingen 2014, S. 38–42 u. 199–204; Arnold Kalnitsky, ›The theosophical movement of the nineteenth century‹, Pretoria 2009, der in Kapitel 6 (S. 218–271) die Meister im Sinne der Jung'schen Archetypenlehre deutet; und Wouter J. Hanegraaff, ›Masters‹, in ders. (Hrsg.): ›Dictionary of Gnosis & Western Esotericism‹, Leiden 2006, S. 630; vgl. dort auch S. 1057 f. Immer noch wichtig sind die Arbeiten von K. Paul Johnson, der die theosophischen Meister-Narrative mit real existierenden Persönlichkeiten abgleicht, vgl. besonders K. Paul Johnson, ›The masters revealed. Madame Blavatsky and the myth of the Great White Lodge‹, New York 1994.

wirkungsstarke Geschichte von Atlantis zum ersten Mal erzählt wird. Dort bedient sich Platon bzw. der Erzähler Kritias einer komplexen Überlieferungserzählung, die sein Sonderwissen von Atlantis beglaubigen bzw. erklären soll. Abgesehen davon, dass ohnehin Mnemosyne, die Göttin der Erinnerung angerufen wird,[413] erzählt Kritias dann, dass er als Kind von seinem Großvater eine Geschichte gehört habe, die dieser wiederum von dem bekannten Gesetzgeber Solon gehört habe, der sie seinerseits auf einer Reise nach Ägypten von einem Priester im Tempel von Sais gehört habe.[414] Der entscheidende Vermittler eines vor-historischen Wissens in dieser fast schon wieder unwahrscheinlichen Reihe der Weitergabe ist hier der Priester in Sais. Er ist nicht nur eine sakrale Gestalt, er verfügt auch über ein uraltes Schriftstück – eine Metapher für die Akasha-Chronik bzw. umgekehrt –, auf dem die Vorgeschichte Athens überliefert sei. Es ist nicht umsonst ein Ägypter: »Die Begegnung mit Ägypten war für die Griechen eine Zeitreise in den Brunnen der Vergangenheit.«[415]

Was für Platon die Mnemosyne, ist in Wolfram von Eschenbachs Parzival die Frau Aventiure. Sie, mit welcher der Erzähler während der Erzählung kommuniziert und von der er sich belehren lässt, gilt als wesentliche »Beglaubigungsformel«, die das mittelalterliche Publikum offenbar forderte, wenn die Geschichte unwahrscheinlich wurde.[416] Doch der esoterische Kern der Erzählung, der ein besonderes Wissen darstellt, wird indessen von einer besonderen Gestalt verantwortet, von »Kyot, dem Meister«, der seinerseits das *nichtalltägliche Wissen* vom Gral in einer arabischen Schrift eines Sternkundigen namens »Flegetanis« gefunden habe

---

413 ›Kritias‹, 108c-d.

414 ›Timaios‹, 19b–26e.

415 Jan Assmann, ›Weisheit und Mysterium. Das Bild der Griechen von Ägypten‹, München 1999, S. 10. Vgl. zur ganzen Konstellation der verschachtelten Wissenserzählung neuerdings Tanja Ruben, ›Le discours comme image. Enonciation, recit et connaissance dans le Timée-Critias de Platon‹, Paris 2016, 93 ff. und 102 ff.

416 Vgl. Eberhard Nellmann, ›Wolframs Erzähltechnik. Untersuchungen zur Funktion des Erzählers‹, Wiesbaden, 1973. S. 50–73

und von der Lektüre dieser Schrift aus wieder zum gewöhnlichen *historischen Wissen* zurückkehrt, es durch Nachforschungen in lateinischen Chroniken ergänzt, konkretisiert und veralltäglicht.[417] Auch hier finden wir ein verschachteltes Narrativ der Wissensvermittlung, das deutlich macht, dass wir zu besonderem Wissen nur auf besonderen Wegen gelangen, ganz egal, ob die entsprechenden Vermittler eine Beglaubigungsfunktion haben, ob sie »wirklich« existieren, in der Erzählung widerspruchsfrei sind, oder ob der gewitzte Erzähler in der Darstellung der Beglaubigung durch die raffinierte Art, in der er sie vornimmt, genau diese gezielt unterläuft.[418]

---

417 Wolfram von Eschenbach, ›Parzival‹, Buch IX, 453, 5–455, 23. Den Hinweis auf ›Kyot‹ als strukturelle Parallele zur Gestalt der theosophischen Meister verdanke ich Michael Zech.

418 »Quellentreue wird« einerseits, so heißt es in der neueren Literatur zur Erzählstruktur im ›Parzival‹, »inszeniert, doch im Modus der Abweisung der eigentlichen Quelle und der Fiktion einer vermeintlichen Quelle unterlaufen.« Vgl. Beate Kellner, ›ein maere will i'u niuwen. Spielräume der Fiktionalität in Wolframs von Eschenbach Parzival‹, in: Ursula Peters & Rainer Warning (Hrsg.): ›Fiktion und Fiktionalität in den Literaturen des Mittelalters. Jan-Dirk Müller zum 65.‹, Paderborn 2009, S. 180.

Narrative Asymmetrie

Wer einer Erzählung zuhört, der bleibt nicht gleich, weil sie ein Ort der Belebung und des Austauschs von Erfahrung ist. Viele, die Rudolf Steiner zugehört haben, fühlten sich belebt und spürten eine Art von Orientierung, die eine Orientierung für und auf das Leben war. In der Lebendigkeit der Rede lag ihnen ein Maßstab, der in dem dargebotenen Wissen nicht erschöpft war.

Erzählen ist mehr als Informieren. In seiner dichten Kohärenz wird es zum Denken. Die denkende Erzählung oder das erzählte Denken ist jene Weise der Mitteilung, die vermutlich am meisten die der Erzählung Lauschenden stärkt, weil sie im Lauschen zugleich selber in hohem Maße aktiv werden. Im Denken lauschen heißt, sein eigenes Denken erfahren. Es heißt aber auch, sein eigenes Erfahren zu denken. Wenn wir uns Rudolf Steiner explizit als einem Erzähler zuwenden und dies reflektieren, heißt das, dass wir über unser eigenes Erfahren nachdenken. Ein Erfahren muss den Begriffen und den besonderen Begriffsgefügen, die Steiner anbietet, immer zugrunde liegen. Denn sonst würde keine Aneignung stattfinden, die hermeneutische Distanz voraussetzt, es würde bei informierter Distanzlosigkeit bleiben, ganz gleich, ob kritisch oder affirmativ. Und ohne Aneignung würde die eigene Erfahrung des Werks Steiners auch nicht verstanden werden. Jenes Dogma, das sie dann blieben, regte zum eigenständigen Gebrauch der Begriffe nicht an.

Um Anthroposophie zu verstehen, kann ich nicht bloß einer Erzählung lauschen. Ich muss darin etwas tun. Dazu gehört zuweilen, dass ich mich ändere. Der Maßstab der Veränderung liegt allerdings nicht bei einem anderen, dem ich mich anzupassen hätte, um dann in meiner Entwicklung »so weit« wie der Guru zu sein. Der Maßstab der Veränderung liegt in zweierlei. Zum einen muss ich bereit sein, mich irritieren zu lassen. Zum anderen muss ich es vermögen, die Erfahrung, die ich in der Irritation (der Befremdung, der Überschreitung etc.) mache, selber zu übernehmen. Ich mache sie zu *meiner eigenen Erfahrung*, die ich schließlich unangepasst vertreten kann.

Erzählung ist genauso wie Wiedererzählung das Mittel, das mir ermöglicht, diesen Prozess zwischen Irritation und Aneignung, zwischen Prüfung, Zurückweisung oder Aneignung zu vollziehen. Ohne narrative Formen der Aneignung bleiben die Lehren Steiners bloß Referate. Indem ich mich aber in den Kontext der Erzählung begebe, kann ich zunächst *nur hören*. Darin bin ich frei. Es ist die erste Stufe der Hermeneutik. Ich kann mir die Erzählung aber auch *anhören*, mich vertiefen, mich auseinandersetzen, sie mir aneignen. Es ist die zweite Stufe der Hermeneutik, auf der ich beginne, mich zu verwandeln. Zur Erzählung gehört, dass sie beides ermöglicht: Hören und Anhören, zur Kenntnis nehmen und Aneignen. Diese Aneignung ist immer zugleich Zueignung. Das Anhören fordert, dass ich meinen Standpunkt verändere, dass ich mich verwandle. Aber Verwandlung seiner selbst geht nicht ohne *Arbeit an sich selbst*.

Anthroposophie ist eine narrative Form des Denkens, die zwar in der »Philosophie« ansetzt, aber sich zu einer Form der »Geistigkeit« erweitert. Möglicherweise ist es ein Kriterium des Übergangs, dass im Feld der »Geistigkeit« ein *Gelingen* der *Wahrheitsfrage* minimal vorausgeht. Einen solchen Übergang kennen die nachantiken Philosophien und Wissenschaften nicht.[419] Wenn Steiner aber ein Denken von »Geistigkeit« präsentiert, das wesentlich darauf baut, dass zu seinem Vollzug und zur Erkenntnis[420] eine Arbeit an sich selbst durch geistige Übungen vorausgesetzt wird, dann schließt er damit an ein antikes Verständnis an, demzufolge

419 Pierre Hadot, ›Philosophie als Lebensform. Geistige Übungen in der Antike‹, Berlin 1991, S. 10, 45, 170 ff., 180 f.

420 Rudolf Steiner, ›Wie erlangt man Erkenntnisse der höheren Welten?‹ Dornach 1992 (GA 10).

Lebensführung und Philosophie identisch sind und Philosophie Verwandlung im Leben fordert. Auf diesen verlorenen und gleichwohl brisanten Zusammenhang hat Michel Foucault in seiner Vorlesung vom 6. Januar 1982 nachdrücklich verwiesen. »Wir nennen ›Philosophie‹ jene Form des Denkens, die danach fragt, was dem Subjekt den Zugang zur Wahrheit ermöglicht.« Dagegen ist »Geistigkeit jene Suche, Praxis und Erfahrung …, durch die das Subjekt an sich selbst die notwendigen Veränderungen vollzieht, um Zugang zur Wahrheit zu erlangen. … Die Geistigkeit setzt voraus, dass die Wahrheit dem Subjekt nie selbstverständlich gegeben ist. … Sie setzt voraus und fordert, dass sich das Subjekt verändert, wandelt, einen Weg zurücklegt und in gewissem Maße und bis zu einem gewissen Punkt ein anderes wird, um ein Anrecht auf den Zugang zur Wahrheit zu erhalten. … Von diesem Standpunkt aus kann es keine Wahrheit ohne eine Konversion oder Verwandlung des Subjekts geben.«[421] Dieser Standpunkt ist in die Reflexion zur narrativen Rationalität der Anthroposophie einzubeziehen.

421 Michel Foucault, ›Hermeneutik des Subjekts. Vorlesungen am Collège de France (1981/82)‹, Frankfurt am Main 2004, S. 32 f.

Literaturverzeichnis

Schriften Rudolf Steiners

Werke der Dornacher Gesamtausgabe

GA 2 ›Grundlinien einer Erkenntnistheorie der Goetheschen Weltanschauung mit besonderer Rücksicht auf Schiller‹, 8., neu durchgesehene Auflage 2003

GA 4 ›Die Philosophie der Freiheit. Grundzüge einer modernen Weltanschauung. Seelische Beobachtungsresultate nach naturwissenschaftlicher Methode‹, 15. Aufl. 1997

GA 6 ›Goethes Weltanschauung‹, 8. Aufl. 1990

GA 8 ›Das Christentum als mystische Tatsache und die Mysterien des Altertums›‹, 9. Aufl. 1989

GA 9 ›Theosophie. Einführung in übersinnliche Welterkenntnis und Menschenbestimmung‹, 32. Aufl. 2003

GA 10 ›Wie erlangt man Erkenntnisse der höheren Welten?‹ 24. Aufl. 1993

GA 11 ›Aus der Akasha-Chronik‹, 7. vollst. überarb. Aufl. 2018

GA 12 ›Die Stufen der höheren Erkenntnis‹, 7. Aufl. 1993

GA 13 ›Die Geheimwissenschaft im Umriss‹, 31. Aufl. 2013

GA 14 ›Vier Mysteriendramen. I. Die Pforte der Einweihung (Initiation), II. Die Prüfung der Seele, III. Der Hüter der Schwelle, IV. Der Seelen Erwachen‹, 4. Aufl. 1981

GA 20 ›Vom Menschenrätsel. Ausgesprochenes und Unausgesprochenes im Denken, Schauen und Sinnen einer Reihe deutscher und österreichischer Persönlichkeiten‹, 5. Auflage 1980

GA 21 ›Von Seelenrätseln. Anthropologie und Anthroposophie, Max Dessoir über Anthroposophie, Franz Brentano (Ein Nachruf). Skizzenhafte Erweiterungen‹, 5. Aufl. 1983

GA 22 ›Goethes Geistesart in ihrer Offenbarung durch seinen «Faust» und durch das Märchen von der Schlange und der Lilie‹, 7. Aufl. 2014

GA 28 ›Mein Lebensgang‹, 9. Aufl. 2000

GA 29 ›Gesammelte Aufsätze zur Dramaturgie 1889–1900‹, 3. Aufl. 2004

GA 30 ›Methodische Grundlagen der Anthroposophie 1884–1901. Gesammelte Aufsätze zur Philosophie, Naturwissenschaft, Ästhetik und Seelenkunde‹, 3. Aufl. 1989

GA 34 ›Lucifer – Gnosis. Grundlegende Aufsätze zur Anthroposophie und Berichte aus den Zeitschriften Luzifer und Lucifer – Gnosis 1903–1908‹, 2., neu durchges. Aufl. 1987

GA 35 ›Philosophie und Anthroposophie. Gesammelte Aufsätze 1904–1923‹, 2. Aufl. 1984

GA 39 ›Briefe Band II: 1890–1925‹, 2., veränd. u. erw. Aufl. 1987

GA 51 ›Über Philosophie, Geschichte und Literatur. Darstellungen an der Arbeiterbildungsschule und der Freien Hochschule in Berlin‹, 1. Aufl. 1983

GA 52 ›Spirituelle Seelenlehre und Weltbetrachtung‹, 2. Aufl. 1986

GA 53 ›Ursprung und Ziel des Menschen. Grundbegriffe der Geisteswissenschaft‹, 2., erw. Aufl. 1981
GA 54 ›Die Welträtsel und die Anthroposophie‹, 2. Aufl. 1983
GA 55 ›Die Erkenntnis des Übersinnlichen in unserer Zeit und deren Bedeutung für das heutige Leben‹, 2. Aufl. 1983
GA 56 ›Die Erkenntnis der Seele und des Geistes‹, 2. Aufl. 1985
GA 57 ›Wo und wie findet man den Geist?‹, 2., durchges. und verbes. Auflage 1984
GA 60 ›Antworten der Geisteswissenschaft auf die großen Fragen des Daseins‹, 2. Aufl. 1983
GA 61 ›Menschengeschichte im Lichte der Geistesforschung‹, 2. Aufl. 1983
GA 62 ›Ergebnisse der Geistesforschung‹, 2. Aufl. 1988
GA 69a ›Wahrheiten und Irrtümer der Geistesforschung. Geisteswissenschaft und Menschenzukunft‹, 1. Aufl. 2007
GA 73a ›Fachwissenschaften und Anthroposophie‹, 1. Aufl. 2005
GA 82 ›Damit der Mensch ganz Mensch werde. Die Bedeutung der Anthroposophie im Geistesleben der Gegenwart. Haager Hochschulkurs‹, 2. Aufl. 1994
GA 88 ›Über die astrale Welt und das Devachan‹, 1. Aufl. 1999
GA 89 ›Bewusstsein – Leben – Form. Grundprinzipien der geisteswissenschaftlichen Kosmologie‹, 1. Aufl. 2001
GA 92 ›Die okkulten Wahrheiten alter Mythen und Sagen. Griechische und germanische Mythologie. Über Richard Wagners Musikdramen‹, 2. Aufl. 2013
GA 93 ›Die Tempellegende und die Goldene Legende als symbolischer Ausdruck vergangener und zukünftiger Entwicklungsgeheimnisse des Menschen. Aus den Inhalten der Esoterischen Schule‹, 4. Aufl. 2014
GA 93a ›Grundelemente der Esoterik‹, 4. Aufl. 2014
GA 94 ›Kosmogonie. Populärer Okkultismus. Das Johannes-Evangelium. Die Theosophie anhand des Johannes-Evangeliums‹, 2., neu durchges. und erg. Aufl. 2001
GA 95 ›Vor dem Tore der Theosophie‹, 4. verb. Aufl. 1990
GA 96 ›Ursprungsimpulse der Geisteswissenschaft. Christliche Esoterik im Lichte neuer Geist-Erkenntnis‹, 2. Aufl. 1989
GA 97 ›Das christliche Mysterium‹, 3. Aufl. 1998
GA 98 ›Natur- und Geistwesen – ihr Wirken in unserer sichtbaren Welt‹, 2. Aufl. 1996
GA 99 ›Die Theosophie des Rosenkreuzers‹, 7. Aufl. 1985
GA 100 ›Menschheitsentwicklung und Christus-Erkenntnis. Theosophie und Rosenkreuzertum – Das Johannes-Evangelium‹, 3., durchges. und erg. Aufl. 2006
GA 101 ›Mythen und Sagen. Okkulte Zeichen und Symbole‹, 2. Aufl. 1992
GA 102 ›Das Hereinwirken geistiger Wesenheiten in den Menschen‹, 5. Aufl. 2015
GA 103 ›Das Johannes- Evangelium‹, 11. Aufl. 1995
GA 104a ›Aus der Bilderschrift der Apokalypse der Johannes‹, 1. Aufl. 1991
GA 105 ›Welt, Erde und Mensch, deren Wesen und Entwicklung sowie ihre Spiegelung in dem Zusammenhang zwischen ägyptischem Mythos und gegenwärtiger Kultur‹, 6. Aufl. 2017
GA 106 ›Ägyptische Mythen und Mysterien im Verhältnis zu den wirkenden Geisteskräften der Gegenwart‹, 5. Aufl. 1992
GA 108 ›Die Beantwortung von Welt- und Lebensfragen durch Anthroposophie‹, 2. Aufl. 1986
GA 109 ›Das Prinzip der spirituellen Ökonomie im Zusammenhang mit Wiederverkörperungsfragen‹, 3., neu durchges. und erg. Aufl. 2000
GA 115 ›Anthroposophie – Psychosophie – Pneumatosophie‹, 3. Aufl. 1980

GA 116 ›Der Christus-Impuls und die Entwicklung des Ich-Bewusstseins‹, 5. durchges. und erw. Aufl. 2006
GA 119 ›Makrokosmos und Mikrokosmos. Die große und die kleine Welt. Seelenfragen, Lebensfragen, Geistesfragen‹, 3., verb. Aufl. 1988
GA 120 ›Die Offenbarungen des Karma‹, 8. Aufl. 1992
GA 124 ›Exkurse in das Gebiet des Markus-Evangeliums‹, 4., neu durchges. Aufl. 1995
GA 125 ›Wege und Ziele des geistigen Menschen. Lebensfragen im Lichte der Geisteswissenschaft‹, 2. Aufl. 1992
GA 126 ›Okkulte Geschichte. Esoterische Betrachtungen karmischer Zusammenhänge von Persönlichkeiten und Ereignissen der Weltgeschichte‹, 5. Aufl. 1992
GA 127 ›Die Mission der neuen Geistesoffenbarung‹, 2. Aufl. 1989
GA 128 ›Eine okkulte Physiologie‹, 5., erw. Aufl. 1991
GA 135 ›Wiederverkörperung und Karma und ihre Bedeutung für die Kultur der Gegenwart‹, 4. Aufl. 1989
GA 136 ›Die geistigen Wesenheiten in den Himmelskörpern und Naturreichen‹, 7. Aufl. 2009
GA 143 ›Erfahrungen des Übersinnlichen. Die drei Wege der Seele zu Christus‹, 4., neu durchges. Aufl. 1994
GA 147 ›Die Geheimnisse der Schwelle‹, 7. Aufl. 2015
GA 148 ›Aus der Akasha-Forschung. Das Fünfte Evangelium‹, 3. Aufl. 1980
GA 152 ›Vorstufen zum Mysterium von Golgatha‹, 3. Aufl. 1990
GA 168 ›Die Verbindung zwischen Lebenden und Toten‹, 4., neu durchges. Aufl. 1995
GA 170 ›Das Rätsel des Menschen. Die geistigen Hintergründe der menschlichen Geschichte‹, 2. Aufl. 1978
GA 174b ›Die geistigen Hintergründe des Ersten Weltkrieges‹, 2. Aufl. 1994
GA 176 ›Menschliche und menschheitliche Entwicklungswahrheiten. Das Karma des Materialismus‹, 2. Aufl. 1982
GA 177 ›Die spirituellen Hintergründe der äußeren Welt. Der Sturz der Geister der Finsternis‹, 5. Aufl. 1999
GA 179 ›Geschichtliche Notwendigkeit und Freiheit. Schicksalseinwirkungen aus der Welt der Toten‹, 3. Aufl. 1977
GA 181 ›Erdensterben und Weltenleben. Anthroposophische Lebensgaben. Bewusstseins-Notwendigkeiten für Gegenwart und Zukunft‹, 3. Aufl. 1991
GA 182 ›Der Tod als Lebenswandlung‹, 4. Aufl. 1996
GA 192 ›Geisteswissenschaftliche Behandlung sozialer und pädagogischer Fragen‹, 2. Aufl. 1991
GA 198 ›Heilfaktoren für den sozialen Organismus‹, 2. Aufl. 1984
GA 203 ›Die Verantwortung des Menschen für die Weltentwicklung‹, 2. Aufl. 1989å
GA 207 ›Anthroposophie als Kosmosophie. Erster Teil: Wesenszüge des Menschen im irdischen und kosmischen Bereich‹, 3. Aufl. 1990
GA 221 ›Erdenwissen und Himmelserkenntnis‹, 4. Aufl. 2015
GA 225 ›Drei Perspektiven der Anthroposophie. Kulturphänomene, geisteswissenschaftlich betrachtet‹, 2. Aufl. 1990
GA 226 ›Menschenwesen, Menschenschicksal und Welt-Entwicklung‹, 5. Aufl. 1988
GA 235 ›Esoterische Betrachtungen karmischer Zusammenhänge. Erster Band‹, 8. Aufl. 1994
GA 238 ›Esoterische Betrachtungen karmischer Zusammenhänge. Vierter Band‹, 3. Aufl. 1965
GA 239 ›Esoterische Betrachtungen karmischer Zusammenhänge. Fünfter Band‹, 2. Auflage 1975

GA 240 ›Esoterische Betrachtungen karmischer Zusammenhänge. Sechster Band‹, 5. Aufl. 1992
GA 243 ›Das Initiaten-Bewusstsein. Die wahren und die falschen Wege der geistigen Forschung‹, 6. Aufl. 2004
GA 253 ›Probleme des Zusammenlebens in der Anthroposophischen Gesellschaft. Zur Dornacher Krise vom Jahre 1915‹, 1. Aufl. 1989
GA 255b ›Die Anthroposophie und ihre Gegner‹, 1. Aufl. 2003
GA 260 ›Die Weihnachtstagung zur Begründung der Allgemeinen Anthroposophischen Gesellschaft 1923/24‹, 5., erg. Aufl. 1994
GA 262 ›Rudolf Steiner/Marie Steiner-von Sivers: Briefwechsel und Dokumente 1901–1925‹, 2. durchges. und erw. Aufl. 2002
GA 264 ›Zur Geschichte und aus den Inhalten der ersten Abteilung der Esoterischen Schule 1904 bis 1914‹, 2., durchges. und erw. Aufl. 1996
GA 265 ›Zur Geschichte und aus den Inhalten der erkenntniskultischen Abteilung der Esoterischen Schule von 1904 bis 1914‹, 2. Aufl. 2018
GA 266/I ›Aus den Inhalten der esoterischen Stunden. Band I: 1904–1909‹, 1. Aufl. 1995
GA 266/II ›Aus den Inhalten der esoterischen Stunden. Band II: 1910–1912‹, 1. Aufl. 1996
GA 266/III ›Aus den Inhalten der esoterischen Stunden. Band III: 1913 und 1914; 1920–1923‹, 1. Aufl. 1998
GA 267 ›Seelenübungen Band I. Übungen mit Wort- und Sinnbild-Meditationen zur methodischen Entwicklung höherer Erkenntniskräfte, 1904–1924‹, 3. Aufl. 2018
GA 284 ›Bilder okkulter Siegel und Säulen. Der Münchner Kongress Pfingsten 1907 und seine Auswirkungen‹, 3. erw. Aufl. 1993
GA 286 ›Wege zu einem neuen Baustil. »Und der Bau wird Mensch«‹, 3., neu durchges. und erw. Aufl. 1982
GA 291a ›Farbenerkenntnis. Ergänzungen zu dem Band »Das Wesen der Farben«‹, 1. Aufl. 1990
GA 293 ›Allgemeine Menschenkunde als Grundlage der Pädagogik‹, 9., neu durchges. und erg. Aufl. 1992
GA 295 ›Erziehungskunst. Seminarbesprechungen und Lehrplanvorträge‹, 3. Aufl. 1977
GA 297 ›Idee und Praxis der Waldorfschule‹, 1. Aufl. 1998
GA 297a ›Erziehung zum Leben. Selbsterziehung und pädagogische Praxis‹, 1. Aufl. 1998
GA 300c ›Konferenzen mit den Lehrern der Freien Waldorfschule 1919 bis 1924 Band III: Konferenzen 1923–1924‹, 4., neu durchges.und erw. Aufl. 1975
GA 303 ›Die gesunde Entwicklung des Menschenwesens. Eine Einführung in die anthroposophische Pädagogik und Didaktik‹, 4. Aufl. 1987
GA 305 ›Die geistig-seelischen Grundkräfte der Erziehungskunst. Spirituelle Werte in Erziehung und sozialem Leben‹, 3. Aufl. 1991
GA 308 ›Die Methodik des Lehrens und die Lebensbedingungen des Erziehens‹, 5. Aufl. 1974
GA 314 ›Physiologisch-Therapeutisches auf Grundlage der Geisteswissenschaft. Zur Therapie und Hygiene‹, 4. Aufl. 2011
GA 324a ›Die vierte Dimension. Mathematik und Wirklichkeit‹, 1. Aufl. 1995
GA 338 ›Wie wirkt man für den Impuls der Dreigliederung des sozialen Organismus?‹, 4., erw. Aufl. 1986
GA 339 ›Anthroposophie, soziale Dreigliederung und Redekunst‹, 3. Aufl. 1984
GA 344 ›Vorträge und Kurse über christlich-religiöses Wirken III: Vorträge bei der Begründung der Christengemeinschaft‹, 1. Aufl. 1994

GA 347 ›Die Erkenntnis des Menschenwesens nach Leib, Seele und Geist. Über frühe Erdzustände. Band I‹, 2. Aufl. 1985

GA 349 ›Vom Leben des Menschen und der Erde. Über das Wesen des Christentums, Band III‹, 2., Aufl. 1980

GA 354 ›Die Schöpfung der Welt und des Menschen. Erdenleben und Sternenwirken, Band VIII‹, 2. Aufl. 1977

GA K45 ›Das graphische Werk‹, Zwei Bände, Bildband und Textband, 1. Aufl. 2005

Andere Ausgaben

Goethes Werke, Band XXXIII-XXXVI, 1. und 2. Abt., Berlin und Stuttgart o. J. (1883–1897), »Deutsche National-Litteratur«, Historisch-kritische Ausgabe, herausgegeben von Joseph Kürschner, 114.–117. Band, mit Einleitungen und Kommentaren von Rudolf Steiner, photomechanischer Nachdruck, Dornach 1975 [= Kürschner]

Rudolf Steiner, ›Die Philosophie der Freiheit. Grundzüge einer modernen Weltanschauung. Beobachtungsresultate nach naturwissenschaftlicher Methode, Berlin 1984 [Erstausgabe]

Rudolf Steiner, ›Schriften – Kritische Ausgabe‹ Band 6, ›Schriften zu Anthropologie. Theosophie – Anthroposophie. Ein Fragment.‹ Herausgegeben und kommentiert von Christian Clement. Mit einem Vorwort von Egil Asprem. Stuttgart-Bad Cannstatt 2017 [= SKA 6)

Rudolf Steiner, ›Schriften – Kritische Ausgabe‹ Band 8, 1–2, ›Schriften zur Anthropogenese und Kosmogonie. Aus der Akasha-Chronik – Die Geheimwissenschaft im Umriss.‹ Herausgegeben und kommentiert von Christian Clement. Mit einem Vorwort von Wouter Hanegraaff, Stuttgart-Bad Cannstatt 2018 [= SKA 8]

Allgemeine Literatur

Adorno, Theodor W., Gesammelte Schriften, Herausgegeben von Rolf Tiedemann, Frankfurt a. M. ([1]1970–1986) 2003

Aertsen, Jan A. / Speer, Andreas (Hrsg.), Censure et liberté intellectuelle à l'université de Paris (XIIIe–XIVe siécles), Paris 1999

Apel, Karl-Otto, ›Transformation der Philosophie‹, Band II, Frankfurt am Main 1973

Asmus, Martha, Brief an Rudolf Steiner vom 6.2.1904, in: ›Beiträge zur Rudolf Steiner Gesamtausgabe‹ 79/80, S. 20

Asprem, Egil, ›Theosophical Attitudes towards Science. Past and Present‹, in: Hammer, Olaf / Rothstein, Miakel (Hrsg.), ›Handbook of the Theosophical Current‹, Leiden 2013, S. 405–427

Asprem, Egil, ›The Problem of Disenchantment. Scientific Naturalism and Esoteric Discourse‹, 1900–1939, Leiden 2014

Asprem, Egil, ›Beyond the West. Towards a New Comparativism in the Study of Esoteri- cism‹, in: ›Correspondences‹ 2.1 (2014) 3–33 Asprem, Egil, ›Steiner und die theosophische Strömung‹, in: Rudolf Steiner, ›Schriften – Kritische Ausgabe‹ Band 6, ›Schriften zu Anthropologie‹, Stuttgart-Bad Cannstatt 2017, S. VII – XVII

Assmann, Jan, ›Weisheit und Mysterium. Das Bild der Griechen von Ägypten‹, München 1999

Austin, John L., ›Zur Theorie der Sprechakte‹, Stuttgart 2010 [1972]

Bachelard, Gaston, Die Bildung des wissenschaftlichen Geistes. Beitrag zu einer Psychoanalyse der objektiven Erkenntnis, Frankfurt am Main 1987

Bagood, Albert, ›The role of belief in scientific discovery. Michael Polanyi and Karl Popper‹, Rom 1998

Bahners, Patrick, ›Geschichte der Anthroposophie. Höhere Mächte befahlen: 1914 schwarz malen!‹ in: FAZ vom 29.12.2008, zitiert nach der online-Ausgabe https://www.faz.net/-gr3-11b9v [24.6.2020]

Bailey, Joseph, ›Metaphor and imaginative consciousness. Translating the contents of higher consciousness into abstract mental pictures‹, in: ›RoSE‹, Volume 2, Number 2 (2011) pp. 121–131

Ballmer, Karl, ›Editorin Marie Steiner‹, Besazio 1954

Ballmer, Karl, ›Philologin Marie Steiner‹, Besazio 1952

Bauer, Eberhard, ›Max Dessoir und die Parapsychologie als Wissenschaft‹, in: ›Zeitschrift für Parapsychologie und Grenzgebiete der Psychologie. Band X‹ (1967), S. 106–114

Bauer, Thomas, ›Die Kultur der Ambiguität. Eine andere Geschichte des Islam‹, Berlin 2011

Behrmann, Günter C., ›Charisma und Vergemeinschaftung im George- und Horkheimer-Kreis. Gemeinsamkeiten und Gegensätze‹, in: Gert Mattenklott/Michael Philipp/Julius H. Schoeps (Hrsg.), ›*Verkannte brüder*? Stefan George und das deutsch-jüdische Bürgertum zwischen Jahrhundertwende und Emigration‹, Hildesheim/Zürich/New York 2001, S. 247–264

Belyj, Andrej, ›Verwandeln des Lebens. Erinnerungen an Rudolf Steiner‹, Basel 1977

Bergunder, Michael, ›Ghandi, Esoterik und das Christentum‹, in: Michael Bergunder/Daniel Cyranka (Hrsg.), ›Esoterik und Christentum. Religionsgeschichtliche und theologische Perspektiven‹, Leipzig 2005

Blavatsky, Elena Petrowna, ›Collected Writings‹, Wheaton/Madras 1950 ff.

Blavatsky, Elena Petrowna, ›Die Geheimlehre‹, 4 Bände, Übersetzung Robert Froebe, Den Haag o. J. [1900]

Blum, Lothar, ›Goethes *incalculable Productionen*. Zur Kontextualität von Wilhelm Meisters Lehrjahren und den Unterhaltungen deutscher Ausgewanderten‹, in: Friedhelm Marx & Andreas Meier (Hrsg.): ›Der europäische Roman zwischen Aufklärung und Postmoderne‹, Weimar 2001, S. 35–50

Bodrožić, Marica, ›Das Wasser unserer Träume‹, München 2016

Boegner, Karl, ›Rudolf Steiner als Herausgeber und Redakteur von *Lucifer-Gnosis*. Eine Dokumentation zum anthroposophischen Frühwerk 1902-08‹, in ›Die Drei‹ 9/1985, S. 619–641

Bonneval, Hans, ›Umstülpung als Schöpfungs- und Bewusstseinsprinzip‹, Borchen [7]2017

Böschen, Stefan & Viehöver, Willy, ›Narrative Autorität und Wissensproduktion‹, in Safia Azzouni et al, (Hrsg.): ›Erzählung und Geltung. Wissenschaft zwischen Autorschaft und Autorität‹, Weilerswist 2015, S. 303–336

Bowman, Len, ›The Status of Conceptual Schemata. A Dilemma for Perennialists‹, in: ›Aries‹ 11/1990),

Braak, André van der, ›Liegestütz zur Erleuchtung. Lehrjahre bei einem amerikanischen Meister‹, Winterthur 2004

Brakel, Johannes, ›Wann lernte die Menschheit sprechen?‹ in: ›Das Goetheanum‹ 38 (2009)

Brakel, Johannes, ›Lemuris – einst und jetzt. Brückenschlag‹, in: ›Das Goetheanum‹ 28 (2010) S. 6 f.

Brakel, Johannes, ›Vom geistigen Ursprung der Sprache‹, in: ›Das Goetheanum‹ 51 (2012) S. 12

Brandt, Christina, ›Wissenschaftserzählungen. Narrative Strukturen im naturwissenschaftlichen Diskurs‹, in Christian Klein & Matias Martinez (Hrsg.), ›Wirklichkeitserzählungen. Felder, Formen und Funktionen nicht-literarischen Erzählens‹, Stuttgart & Weimar 2009, S. 81–109

Brandt, Katharina / Hammer, Olaf, ›Rudolf Steiner and Theosophy‹, in: Hammer, Olaf / Rothstein, Mikael (Hrsg.), ›Handbook of the Theosophical Current‹, Leiden 2013, S. 113–133

Bredekamp, Horst, ›Darwins Korallen. Frühe Evolutionsmodelle und die Tradition der Naturgeschichte‹, Berlin 2005

Breithaupt, Fritz, ›Kulturen der Empathie‹, Frankfurt a. M. 2009

Brinkmann, Malte, ›Pädagogische Übung. Praxis und Theorie einer elementaren Lernform‹, Paderborn 2012

Brosius, Christiane / Michaels, Axel / Schrode, Paula, (Hrsg.), ›Ritual und Ritualdynamik. Schlüsselbegriffe, Theorien, Diskussionen‹, Göttingen 2013

Brotbeck, Stefan, ›Zukunft. Aspekte eines Rätsels‹, Dornach 2005

Brown, Jane K., ›Goethe's Cyclical Narratives. Die Unterhaltungen deutscher Ausgewanderten and Wilhelm Meisters Wanderjahre‹, Chapel Hill 1975

Browne, Janet, ›The Secular Ark. Studies in the History of Biogeography‹, New Haven 1983

Brüderlin, Markus, ›Du musst dein Leben umstülpen! Rudolf Steiner und das moderne Prinzip des Inside-Out‹, in: Kries, Mateo (Hrsg.), ›Rudolf Steiner – die Alchemie des Alltags‹, Ausstellungskatalog Vitra Design Museum, Weil am Rhein 2010, S. 120–131

Bruner, Jerome, ›Acts of Meaning‹, Cambridge / Mass. 1990

Bruner, Jerome, ›Two Modes of Thought‹ in: Ders.: ›Actual Minds, Possible Worlds‹, Cambridge / Mass. 1986

Bugajewa, Klawidja Nikolajewna, ›Wie eine russische Seele Rudolf Steiner erlebte‹, Dornach 1987

Butler, Judith, ›Hass spricht. Zur Politik des Performativen‹, Frankfurt am Main 2006

Butler, Judith, ›Körper von Gewicht. Die diskursiven Grenzen des Geschlechts‹, Frankfurt am Main 1997

Butler, Judith, ›Performative Akte und Geschlechterkonstitution. Phänomenologie und feministische Theorie‹, in: Uwe Wirth (Hrsg.), ›Performanz. Zwischen Sprachphilosophie und Kulturwissenschaften‹, Frankfurt am Main 2002, S. 301–320

Caplan, Mariana, ›Brauchst du einen Guru? Fluch und Segen einer spirituellen Schüler/Lehrer-Beziehung‹, Saunstorf 2013

Chajes, Julie and Huss, Boaz (ed.), ›Theosophical Appropriations. Esotericism, Kabbalah, and the Transformation of Traditions‹, The Goldstein-Goren Library of Jewish Thought Publication no. 21, Beer Sheva 2016

Clement, Christian, ›*Offenbares Geheimnis* oder *geheime Offenbarung*? Goethes Märchen und die Apokalypse‹, in: ›The Goethe Yearbook‹ Vol. 17 (2010), S. 239–257

Clement, Christian, ›Die Geburt des modernen Mysteriendramas aus dem Geiste Weimars. Zur Aktualität Goethes und Schillers in der Dramaturgie Rudolf Steiners‹, Berlin 2007

Clouser, Robin A., ›Love and Social Contracts. Goethe's Unterhaltungen deutscher Ausgewanderten‹, Bern u.a. 1991

Dammann, Günter, ›Goethes *Unterhaltungen deutscher Ausgewanderten* als Essay über die Gattung der Prosaerzählung im 18. Jahrhundert‹, in Harro Zimmermann (Hrsg.): ›Der deutsche Roman der Spätaufklärung. Fiktion und Wirklichkeit‹, Heidelberg 1990, S. 1–24

Danneberg, Lutz, ›Ordo inversus. Sein Zerbrechen in Hermeneutik wie (Natur-) Philosophie und die Versuche seiner Heilung,‹ in: Simone de Angelis/Florian Gelzer/Lucas Marco Gisi (Hrsg.), ›Natur, Naturrecht und Geschichte. Aspekte eines fundamentalen Begründungsdiskurses der Neuzeit (1600–1900)‹, Heidelberg 2010, S. 93–137

Daston, Lorraine / Galison, Peter, ›Objektivität‹, Frankfurt a. M. 2007

Daum, Andreas, ›Das versöhnende Element in der neuen Weltanschauung. Entwicklungsoptimismus, Naturästhetik und Harmoniedenken im populärwissenschaftlichen Diskurs der Naturkunde um 1900‹, in: Volker Drehsen / Walter Sparn (Hrsg.), Vom Weltbildwandel zu Weltanschauungsanalyse. Krisenwahrnehmung und Krisenbewältigung um 1900‹, Berlin 1996, S. 203–215

Daum, Andreas, ›Wissenschaftspopularisierung im 19. Jahrhundert. Bürgerliche Kultur, naturwissenschaftliche Bildung und die deutsche Öffentlichkeit 1848–1914‹, München [2]2002

Davidson, Richard J. / Goleman, Daniel, ›Altered Traits. Science Reveals How Meditation Changes Your Mind, Brain, and Body‹, New York 2017

Dehmelt, Anna-Katharina, »Objektiv oder konstruktiv? Zu Andreas Neiders Büchern zur ›Akasha-Chronik‹«, in: Die Drei 1/2009, S. 52–56

Dellbrügger, Peter, ›Vom Guru zum Gesprächspartner. Auflagenvergleich von *Wie erlangt man Erkenntnisse der höheren Welten*‹, in: ›Archivmagazin. Beiträge zur Rudolf Steiner Gesamtausgabe Nr. 1: Zur Gründung der Anthroposophischen Gesellschaft 1912/13‹, Dornach 2012, S. 156ff.

Derrida, Jacques, ›La voix et le phénoméne. Introduction au problème du signe dans la phénoménologie de Husserl‹, Paris 1967

Derrida, Jacques, ›Marges de la philosophie‹, Paris 1972

Derrida, Jacques, ›Gesetzeskraft. Der mystische Grund der Autorität‹, Frankfurt am Main 1991

Jacques Derrida, ›Einige Statements und Binsenweisheiten über Neologismen, New-Ismen, Post-Ismen, Parasitismen und andere kleine Seismen‹, Berlin 1997

Derrida, Jacques, ›Limited Inc.‹, Wien 2001

Derrida, Jacques, ›Politik der Freundschaft‹, Frankfurt am Main 2002

Derrida, Jacques, ›Die Wahrheit in der Malerei‹, Wien 2008

Dessoir, Max, ›Buch der Erinnerung‹, Stuttgart 1947

Dessoir, Max, ›Vom Jenseits der Seele‹, Stuttgart 1917

Dessoir, Max, ›Vom Jenseits der Seele‹, Stuttgart 1920, 5. Auflage

Diet, Irene, ›Ist die *Rudolf Steiner Gesamtausgabe* das Werk Rudolf Steiners?‹ Eine historische Studie, Berlin 2013

Dieter Mersch, ›Posthermeneutik‹, Berlin 2010

Dietz, Karl-Martin, ›Anthroposophie tun. Beobachtungen zu Rudolf Steiners Führungsstil‹, Heidelberg 1996

Eckstein, Friedrich, ›Alte unnennbare Tage‹, Wien 1936

Ehrenfels, Christian von, ›Kosmogonie›, Jena 1916

Elze, Martin, ›Dogma‹, in: ›Historisches Wörterbuch der Philosophie‹, Bd. II, Basel 1974, S. 275–277.

Fagard, Gawan, ›Die Fliege im Bernstein. Alexander Kluge über Rudolf Steiner und Andrej Tarkowski, Teil I‹, in: ›all-over – Magazin für Kunst und Ästhetik‹ #6, Frühjahr 2014, - http:// allover-magazin. com/wpcontent/uploads/2014/03 / A0_06_GESAMT.pdf

Fahrenwald, Claudia, ›Erzählen im Kontext neuer Lernkulturen. Eine bildungstheoretische Analyse im Spannungsfeld von Wissen, Lernen und Subjekt‹, Wiesbaden 2011

Faivre, Antoine, ›Esoterik im Überblick. Geheime Geschichte des abendländischen Denkens‹, Freiburg 2001

Fathy, Safaa, ›D'Ailleurs, Derrida‹, DVD 1999

Fehrenbach, Frank, ›Licht und Wasser. Zur Dynamik naturphilosophischer Leitbilder im Werk Leonardo da Vincis‹, Tübingen 1997

Fehrenbach, Frank, (Hrsg.), ›Leonardo da Vinci. Natur im Übergang. Beiträge zu Wissenschaft, Kunst und Technik‹, München 2002

Felmann, Shoshana, ›The Literary Speech Act. Don Juan with J. L. Austin or Seduction in Two Languages‹, Ithaca/New York 1983

Fichman, Martin, ›Wallace: Zoogeography and the Problem of Land Bridges‹, in: ›Journal of the History of Biology‹, Val. 10, No. 1 (Spring, 1977), pp. 45- 63

Fichte, Johann Gottlieb, Gesammelte Werk, Ausgabe I. H. Fichte,

Firgau,Werner, ›Cogito, ergo sum – eine unsinnige Formel?‹ in Lorenzo Ravagli (Hrsg.): ›Jahrbuch für anthroposophische Kritik 1994‹ S. 114–117

Fischer-Lichte, Erika, ›Die verwandelnde Kraft von Aufführungen. Von vorübergehenden zu nachhaltigen Transformationen‹, in: Erika Fischer-Lichte/Kristiane Hasselmann (Hrsg.), ›Performing the Future. Die Zukunft der Performativitätsforschung‹, München 2013

Fischer-Lichte, Erika, ›Performativität. Eine Einführung‹, Bielefeld 2012

Fisher, Walter, ›Human Communication as Narration‹, Columbia / SC 1987

Förster, Eckart, ›Die 25 Jahre der Philosophie. Eine systematische Rekonstruktion‹, Frankfurt am Main 2012 [2011]

Förster, Eckart, ›Eine systematische Rekonstruktion?‹, in: Johannes Haag/Markus Wild (Hrsg.), ›Übergänge – diskursiv oder intuitiv? Essays zu Eckart Försters *Die 25 Jahre der Philosophie*‹, Frankfurt am Main 2013, S. 347–364

Foucault, Michel, ›Hermeneutik des Subjekts. Vorlesungen am Collège de France (1981/82)‹, Frankfurt a. M. 2004

Frank, Manfred /Kurz, Gerhard, ›Ordo inversus. Zu einer Reflexionsfigur bei Novalis, Hölderlin, Kleist und Kafka,‹ in: Anton, Herbert/Gajek, Bernhard/Pfaff, Peter (Hrsg.), ›Geist und Zeichen. Festschrift für Arthur Henkel‹, Heidelberg 1977, S. 75–97.

Freimark, Hans, ›Moderne Theosophen und ihre Theosophie‹, Leipzig 1912

Friedmann, Hermann, ›Sinnvolle Odyssee‹, München 1950

Gadamer, Hans-Georg, ›Wahrheit und Methode. Grundzüge einer philosophischen Hermeneutik‹, Tübingen 1973[3] [1960]

Gaier, Ulrich, ›Soziale Bildung gegen ästhetische Erziehung. Goethes Rahmen der *Unterhaltungen* als satirische Antithese zu Schillers »Ästhetischen Briefen« I-IX‹, in: Bachmeier, Helmut & Rentsch, Thomas, (Hrsg.): ›Poetische Autonomie? Zur Wechselwirkung von Dichtung und Philosophie in der Epoche Goethes und Hölderlins‹, Stuttgart 1987, S. 207–272

Gandhi, Mohandas Karamchand, ›How Do You Pray?‹ in: ›Harijan‹, 6.4.1934, in: ›The Collected Works‹, Band 57, New Delhi 1976

Gandhi, Mohandas Karamchand, ›The Selected Works of Mahatma Gandhi‹, Vol. VI, Ahmedabad 1968

Gennep, Arnold van, ›Übergangsriten (*Les rites de passage*)‹, Frankfurt/New York 2005 (franz. 1909)

Glasenapp, Helmuth von, ›Das Indienbild deutscher Denker‹, Stuttgart 1960
Godwin, Joscelyn, ›Atlantis and the Cycles of Time. Prophecies, Traditions, and Occult Revelations‹, Rochester 2011
Goethe, Johann Wolfgang von, Hamburger Ausgabe, München 1981
Goethes Werke, hrsg. im Auftrage der Großherzogin Sophie von Sachsen, III. Abteilung: Goethes Tagebücher. Band 5 (1813–1816)‹, Weimar 1893
Grethlein, Jonas, ›*Narrative Referenz*. Erfahrungshaftigkeit und Erzählung‹, in Thimo Breyer & Daniel Creutz (Hrsg.): ›Erfahrung und Geschichte. Historische Sinnbildung im Pränarrativen‹, Berlin & New York 2010, S. 21–39
Guerlac, Henry, ›Amicus Plato and Other Friends‹, in: ›Journal of the History of Ideas‹, Vol. 39, No. 4 (1978), S. 627–633
Gumbrecht, Hans Ulrich, ›Diesseits der Hermeneutik. Die Produktion von Präsenz‹, Frankfurt am Main 2004
Günther, Herbert, ›Drehbühne der Zeit. Freundschaften – Begegnungen – Schicksale‹, Hamburg 1957
Haag, Johannes / Wild, Markus (Hrsg.), ›Übergänge – diskursiv oder intuitiv? Essays zu Eckart Försters Die 25 Jahre der Philosophie‹, Frankfurt am Main 2013
Habermas, Jürgen, ›Der philosophische Diskurs der Moderne. Zwölf Vorlesungen‹, Frankfurt am Main 1983
Habermas, Jürgen, ›Theorie des kommunikativen Handelns‹, Band 1, Frankfurt am Main 1981
Habermas, Jürgen, ›Vorstudien und Ergänzungen zur Theorie des kommunikativen Handelns‹, Frankfurt am Main 1984
Hadot, Pierre, ›Philosophie als Lebensform. Geistige Übungen in der Antike‹, Berlin 1991
Haeckel, Ernst, ›Natürliche Schöpfungsgeschichte.‹ 11. Auflage 1911
Haeckel, Ernst, ›Natürliche Schöpfungsgeschichte.‹ 7. Auflage 1879
Hahn, Herbert, ›Rudolf Steiner – wie ich ihn sah und erlebte‹, Stuttgart 1961
Halfen, Roland, ›*Was sie gemacht hat, habe ich gemacht*. Rudolf Steiner und die bildenden Künste – eine konstellationsgenetische Studie‹, in: Uhlenhoff, Rahel (Hrsg.), ›Anthroposophie in Geschichte und Gegenwart‹, Berlin 2011, S. 387–422.
Hammer, Olav & Stuckrad, Kocku von (Hrsg.), ›Polemical Encounters. Esoteric Discourse and Its Others‹, Leiden & Boston 2007
Hampe, Michael, ›Die Lehren der Philosophie. Eine Kritik‹, Berlin 2014
Hampe, Michael, ›Eine kleine Geschichte des Naturgesetzbegriffes‹, Frankfurt a. M. 2007
Hanegraaff, Wouter J., ›Esotericism and the Academy. Rejected Knowledge in Western Culture‹, Cambridge 2012
Hanegraaff, Wouter J., ›Masters‹, in: Ders. (Hrsg.): ›Dictionary of Gnosis & Western Esotericism‹, Leiden 2006, S. 630
Hanegraaff, Wouter J., ›Rudolf Steiner und die hellsehende Einbildungskraft‹, in: Rudolf Steiner, ›Schriften – Kritische Ausgabe‹ Band 8, 1. Teilband, ›Schriften zur Anthropogenese und Kosmogonie‹, Stuttgart-Bad Cannstatt 2018, S. VII – XXII
C. G. Harrison, ›Das Transcendentale Weltenall. Sechs Vorträge über Geheimwissen, Theosophie und katholischen Glauben, gehalten vor der Berean Society, aus dem Englischen übersetzt von Carl Graf zu Leiningen-Billigheim‹, o. O. 1897 [Nachdruck Stuttgart 1990]
Hasselmann, Kristiane, ›Freemasonry and Performance‹, in: Henrik Bogdan / Jan A.M. Snoek (Hrsg.) ›Handbook of Freemasonry‹, Leiden / Boston 2014, S. 328–354
Heidegger, Martin, ›Sein und Zeit‹, Tübingen [15]1979

Heidegger, Martin, ›Zur Sache des Denkens‹, Tübingen 1969
Henrich, Dieter, ›Werke im Werden. Über die Genesis philosophischer Einsichten‹, München 2011
Herman, David, ›Stories as a Tool for Thinking‹ in: David Herman (Hrsg.): ›Narrative Theory and the Cognitive Sciences‹, Stanford 2003, S. 163–192
Herrmann, Christian, ›Max Dessoir. Mensch und Werk‹, Stuttgart 1929
Hetzel, Andreas, ›Performanz, Performativität‹, in: ›Historisches Wörterbuch der Rhetorik‹, herausgegeben von Gert Ueding, Band 10 (Nachträge A – Z), Berlin/Boston 2012, S. 839 – 862
Hirschfeld, Magnus, ›Von Einst bis Jetzt. Geschichte einer homosexuellen Bewegung 1897–1922‹, Berlin 1986 [1922/23]
Höhne, Alexander G., ›Spiegelmetaphorik in Rudolf Steiners *Vier Mysteriendramen*. Textsemantische Untersuchungen‹, Tübingen 2006
Hölscher, Lucian, ›Geschichte der protestantischen Frömmigkeit in Deutschland‹, München 2005
Honold, Alexander, ›Noch einmal. Erzählung als Wiederholung – Benjamins Wiederholung des Erzählens‹, in: Walter Benjamin: ›Erzählen. Schriften zur Theorie der Narration und zur literarischen Prosa. Ausgewählt und mit einem Nachwort von Alexander Honold‹, Frankfurt a. M. 2007, S. 303–342
Hueck, Christoph, ›Evolution im Doppelstrom der Zeit. Die Erweiterung der naturwissenschaftlichen Entwicklungslehre durch die Selbstanschauung des Erkennens‹, Dornach 2012
Edmund Husserl, ›Philosophie als strenge Wissenschaft‹, in: ›Logos‹, Band I, 1910/11, S. 289–341
Husserl, Edmund, ›Die Krisis der europäischen Wissenschaften und die transzendentale Phänomenologie‹, Den Haag ^{2}1976
Iser, Wolfgang, ›Das Fiktive und das Imaginäre. Perspektiven literarischer Anthropologie‹, Frankfurt a. M. 1991
Jacques Lacan, ›Ecrits‹, Paris 1966
Johnson, K. Paul, ›The masters revealed. Madame Blavatsky and the myth of the Great White Lodge‹, New York 1994
Kačer-Bock, Gunhild, ›Wie hat Rudolf Steiner gesprochen? Studien zur Entwicklung und Geschichte der Anthroposophie und der Anthroposophischen Gesellschaft‹, Stuttgart 2009
Kaiser, Ulrich, ›Das Motiv der Hemmung in Husserls Phänomenologie‹, München 1997
Kaiser, Ulrich, ›Das Ätherische in der *Umkehr der Räume*. Zu Rachel Whitereads Water Tower und anderen Arbeiten‹ in: ›Die Drei‹ 6/2009, S. 103–113
Kaiser, Ulrich, ›Vom *uralten Tao der Atlantis* bis zur Gegenwart – Rudolf Steiners
Darstellungen des TAO‹ in: Stefan Hasler (Hrsg.), ›Der Toneurythmiekurs von Rudolf Steiner. Arbeitsmaterial, Dokumentationen, Forschungen, Analysen‹, Dornach 2014, S. 143–161
Kaiser, Ulrich, ›Das stille Gewicht der Anführungszeichen. Zur vollständig revidierten Neuausgabe von Rudolf Steiner: ›Aus der Akasha-Chronik‹ (GA 11)‹, erscheint in ›Die Drei‹
Kalnitsky, Arnold, ›The theosophical movement of the nineteenth century‹, Pretoria 2009
Kant, Immanuel, ›Gesammelte Werke‹, Ausgabe Weischedel
Kandinsky, Wassily, ›Punkt und Linie zur Fläche. Beitrag zur Analyse der malerischen Elemente‹, Bern ^{7}1973
Karlauf, Thomas, ›Stefan George. Die Entdeckung des Charisma‹, München 2007

Kellner, Beate, ›*ein maere will i'u niuwen*. Spielräume der Fiktionalität in Wolframs von Eschenbach Parzival‹, in: Ursula Peters & Rainer Warning (Hrsg.): ›Fiktion und Fiktionalität in den Literaturen des Mittelalters. Jan-Dirk Müller zum 65.‹, Paderborn 2009

Kiersch, Johannes, ›In »okkulter Gefangenschaft«? Von der gewordenen zur werdenden Anthroposophie‹ [2]2016

Klatt, Norbert, ›Theosophie und Anthroposophie. Neue Aspekte zu ihrer Geschichte‹, Göttingen 1993

Klee, Paul, ›Das bildnerische Denken. Form- und Gestaltungslehre Band 1‹, Basel 1981

Kleeberg, Ludwig, ›Wege und Worte. Erinnerungen an Rudolf Steiner aus Tagebüchern und Briefen‹, Stuttgart 1990

Kluge, Alexander, ›Chronik der Gefühle. Band I: Basisgeschichten‹, Frankfurt a.M. 2000

Kluge, Alexander, ›Die Lücke, die der Teufel lässt. Im Umfeld des neuen Jahrtausends‹, Frankfurt a. M. 2003

Kluge, Alexander, ›Verdeckte Ermittlung. Ein Gespräch mit Christian Schulte und Rainer Stollmann‹, Berlin 2001

Köhnke, Klaus Christian, ›Entstehung und Aufstieg des Neukantianismus. Die deutsche Universitätsphilosophie zwischen Idealismus und Positivismus‹, Frankfurt a.M. 1993

Konersmann, Ralf (Hrsg.), ›Wörterbuch der philosophischen Metaphern‹, Darmstadt 2007

Koschorke, Albrecht, ›Wahrheit und Erfindung. Grundzüge einer allgemeinen Erzähltheorie‹, Frankfurt a. M. 2012

Kosellek, Reinhart, ›Fiktion und geschichtliche Wirklichkeit‹, in: Ders., ›Vom Sinn und Unsinn der Geschichte. Aufsätze und Vorträge aus vier Jahrzehnten‹, herausgegeben und mit einem Nachwort von Carsten Dutt, Berlin 2010, S. 80–95

Kovce, Philip, ›Vom guten Sprechen zum Gutsprechen. Rudolf Steiners Beitrag zu einer »Ethik des Sprechens«‹, in: Johannes Kiersch et al. (Hrsg.), ›Steiner neu lesen. Perspektiven für den Umgang mit Grundlagentexten der Waldorfpädagogik‹, Frankfurt am Main 2014, 189–205

Kramer, Mark, & Call, Wendy (Hrsg.), ›Telling True Stories: A nonfiction writers' guide from the Nieman Foundation at Harvard University‹, New York 2007

Krämer, Sibylle, ›Was tut Austin, wenn er über das Performative spricht? Ein anderer Blick auf die Anfänge der Sprechakttheorie‹, in: Jens Kertscher und Dieter Mersch (Hrsg.), ›Performativität und Praxis‹, München 2003, S. 19–34

Kreiswirth, Martin, ›Narrative Turn in the Humanities‹, in: David Herman et al. (Hrsg.): ›Routledge Encyclopedia of Narrative Theory‹, London & New York 2005, S. 377–382

Kühn, Hans, ›Wie es zur Dreigliederungsbewegung kam‹, in: Erika Beltle/Kurt Vierl (Hrsg.), ›Erinnerungen an Rudolf Steiner‹, Stuttgart 1979

Kurzweg, Adolf, ›Die Geschichte der Berliner »Gesellschaft für Experimental-Psychologie« mit besonderer Berücksichtigung ihrer Ausgangssituation und des Wirkens von Max Dessoir‹, Diss. Berlin 1976

Lange, Carolin Dorothée, ›Genies im Reichstag. Führerbilder des republikanischen Bürgertums in der Weimarer Republik‹, Hannover 2012

Laue, Max von, ›Steiner und die Naturwissenschaft‹, in: ›Deutsche Revue. Eine Monatsschrift‹, Band 347, 1922, S. 41–49

Lavocat, Françoise, ›Fait et ficition. Pour und frontière‹, Paris 2016

Levinas, Emmanuel, ›Autrement qu'être au au-delà de l'essence‹, La Haye 1974

Levinas, Emmanuel, ›Totalité et Infini. Essai sur l'Extériorité‹, La Haye [4]1971

Claude Lévi-Strauss: ›Das wilde Denken‹, Frankfurt a. M. 1973
Lichtenstern, Christa, ›Die Wirkungsgeschichte der Metamorphosenlehre Goethes. Von Philipp Otto Runge bis Joseph Beuys‹, Weinheim 1990
Lindenberg, Christoph, ›Rudolf Steiner. Eine Chronik‹, Stuttgart 1988
Lindenberg, Christoph, ›Rudolf Steiner. Eine Biographie‹, Stuttgart 1997
Loebbert, Michael, ›Storymanagement. Der narrative Ansatz für Management und Beratung‹, Stuttgart 2003
Lubelsky, Isaac, ›Mythological and Real Race Issues in Theosophy‹, in: Olav Hammer/Mikael Rothstein (Hrsg.), ›Handbook of the Theosophical Current‹, Leiden/Boston 2013, 335–355
Lyotard, Francois, ›La condition postmoderne‹, Paris 1979
Maeterlinck, Maurice, ›Das große Rätsel‹, Jena 1924
Maikowski, René, ›Schicksalswege auf der Suche nach dem lebendigen Geist‹, Freiburg 1980
Martins, Ansgar, ›Rassismus und Geschichtsmetaphysik. Esoterischer Darwinismus und Freiheitsphilosophie bei Rudolf Steiner‹, Frankfurt am Main 2012
Marvin, Ursula, ›Continental Drift. The Evolution of a Concept‹, Washington 1973
Meebold, Alfred, ›Der Weg zum Geist. Versuch einer Seelenbiographie‹, München 1917
Merleau-Ponty, Maurice, ›Das Sichtbare und das Unsichtbare‹, München 1986
Meuter, Norbert, ›Geschichten erzählen, Geschichten analysieren. Das narrativistische Paradigma in den Kulturwissenschaften‹, in Friedrich Jaeger & Jürgen Straub (Hrsg.): ›Handbuch der Kulturwissenschaften. Band 2: Paradigmen und Disziplinen‹, Stuttgart & Weimar 2004, S. 140–155
Meyer, Thomas (Hrsg.), ›Der neue Kain. Die Tempellegende als geistig-moralischer Entwicklungsimpuls und ihre Vollendung durch Rudolf Steiner. Mit den Ritualtexten für den erste, zweiten und dritten Grad‹. Herausgegeben und kommentiert von Thomas Meyer, Basel 2013
Meyer, Thomas, (Hrsg.), ›Walter Johannes Stein / Rudolf Steiner. Dokumentation eines wegweisenden Zusammenwirkens‹, Dornach 1985
Möller, Helmut / Howe, Ellic, ›Merlin Peregrinus. Vom Untergrund des Abendlandes‹, Würzburg 1986
Mücke, Johanna /Rudolph, Alwin Alfred, ›Erinnerungen an Rudolf Steiner und seine Wirksamkeit an der Arbeiterbildungsschule Berlin 1899–1904‹, Basel 1989
Müller, Olaf L., ›Mehr Licht. Goethe und Newton im Streit um die Farben‹, Frankfurt am Main 2015
Müller Farguell, Roger W., ›Tanz-Figuren. Zur metaphorischen Konstitution von Bewegungen in Texten. Schiller, Kleist, Heine, Nietzsche‹, München 1995
Müller, Heinz, ›Spuren auf dem Weg. Erinnerungen‹, Stuttgart 1983
Nagel, Thomas, ›What Is It Like to Be a Bat?‹, in: ›The Philosophical Review‹ 83.4 (1974), S. 435–450
Neider, Andreas (Hrsg.), ›Rudolf Steiner, »Lesen in der Akasha-Chronik«. Ausgewählte Texte‹. Herausgegeben und kommentiert von Andreas Neider‹, Dornach 2008
Neider, Andreas, ›Der Mensch und das Geheimnis der Zeit. Zum Verständnis der Zeit im Werk Rudolf Steiners,‹ Stuttgart 2016
Neider, Andreas, ›Die Evolution von Gedächtnis und Erinnerung. Lesen in der Akasha-Chronik‹, Stuttgart 2008
Nellmann, Eberhard, ›Wolframs Erzähltechnik. Untersuchungen zur Funktion des Erzählers‹, Wiesbaden, 1973
Niekerk, Carl, ›Bildungskrisen. Die Frage nach dem Subjekt in Goethes »Unterhaltungen deutscher Ausgewanderten«‹, Tübingen 1995

Nield, Ted, ›Superkontinent. Das geheime Leben unseres Planeten. Eine abenteuerliche Reise durch die Erdgeschichte‹, München 2008

Noiriel, Gérard, ›Die Wiederkehr der Narrativität‹, in Joachim Eibach & Günther Lottes (Hrsg.): ›Kompass der Geschichtswissenschaft‹, Göttingen 2002, S. 255–270

Nünning, Ansgar und Vera, ›Von der strukturalistischen Narratologie zur »postklassischen« Erzähltheorie: Ein Überblick über neue Ansätze und Entwicklungstendenzen‹, in dies.: ›Neue Ansätze in der Erzähltheorie‹, Trier 2002, S. 1-33

Oesterle, Günter, ›Die »schwere Aufgabe, zugleich bedeutend und deutungslos« sowie »an nichts und alles erinnert« zu sein. Bild- und Rätselstrukturen in Goethes »Das Märchen«‹, in Helmut J. Schneider u.a.(Hrsg.), ›Bildersturm ...‹, S. 185–209

Osterrieder, Markus, ›Welt im Umbruch. Nationalitätenfrage, Ordnungspläne und Rudolf Steiners Haltung im Ersten Weltkrieg‹, Stuttgart 2014

Ouaknin, Marc-Alain, Méditations érotiques. Essai sur Emmanuel Levinas, Paris 1992

Peters, Sibylle, ›Der Vortrag als Performance‹, Bielefeld 2011

Petersen, Adelheid, ›Dornach in den Jahren 1914/1915‹, in: Erika Beltle und Kurt Vierl (Hrsg.), ›Erinnerungen an Rudolf Steiner. Gesammelte Beiträge aus den »Mitteilungen aus der anthroposophischen Arbeit in Deutschland« 1947–1978‹, Stuttgart 1979, S. 184–196

Pfaff, Peter, ›Das Horen-Märchen. Eine Replik Goethes auf Schillers Briefe über die ästhetische Erziehung‹, in Herbert Anton u.a. (Hrsg.): ›Geist und Zeichen‹, Heidelberg 1977, S. 320–332

Prescott, Andrew, ›»Builders of the Temple of the New Civilization«. Annie Besant and Freemasonry‹, in: Alexandra Heidle & Jan A.M. Snoek (Eds.), ›Women's Agency and Rituals in Mixed and Female Masonic Orders‹, Leiden/Boston 2009

Pytlik, Priska, ›Okkultismus und Moderne. Ein kulturhistorisches Phänomen und seine Bedeutung für die Literatur um 1900‹, Paderborn 2005

Rabe, Wulf [Elise Wolfram], ›Krankes Denken an Deutschen Universitäten‹, Berlin 1919

Radisch, Iris, ›Der letzte Prophet. Rudolf Steiner ist der einzige deutsche Idealist, der den Praxistest überlebt hat‹, in: ›Die Zeit‹ Nr. 8 (2011), S. 71.

Ramaswamy, Sumathi, ›The Lost Land of Lemuria. Fabulous Geographies, Catastrophic Histories‹, Berkeley 2004

Ransom, Josephine, ›A Short History of The Theosophical Society‹, Madras 1938

Rapp, Dietrich, ›Tatort Erkenntnisgrenze. Die Kritik Rudolf Steiners an Immanuel Kant‹, Heidelberg 2013

Reichenbach, Hans, ›Der Aufstieg der wissenschaftlichen Philosophie‹, Braunschweig 1968

Reinhardt, Hartmut, ›Ästhetische Geselligkeit. Goethes literarischer Dialog mit Schiller in den Unterhaltungen deutscher Ausgewanderten‹, in Peter-André Alt u.a. (Hrsg.): ›Prägnanter Moment. Studien zur deutschen Literatur der Aufklärung und Klassik‹, Würzburg 2002, S. 311–341

Ricken, Friedo, ›Erfahrung, Interpretation, Zustimmung. Zur Rationalität des religiösen Glaubens‹, in: Wolfram Hogrebe (Hrsg.): ›Grenzen und Grenzüberschreitungen‹, Berlin 2004, S. 222–233.

Riemer, Friedrich Wilhelm, ›Mitteilungen über Goethe‹, hrsg. von Arthur Pollmer, Leipzig 1921

Rittelmeyer, Friedrich, ›Max Dessoir und Rudolf Steiner‹, in: ›Süddeutsche Monatshefte‹, Jg. 17, 1. Band, München 1920, S. 65–75

Rittelmeyer, Friedrich, ›Meine Lebensbegegnung mit Rudolf Steiner‹, Stuttgart 1983

Roder, Florian, ›Menschwerdung des Menschen. Der magische Idealismus im Werk des Novalis,‹ Stuttgart 1997

Roder, Florian, ›Novalis. Die Verwandlung des Menschen. Leben und Werk Friedrich von Hardenbergs,‹ Stuttgart 1992
Röschert, Günter, ›Anthroposophie als Aufklärung‹, Steinbergkirche / Neukirchen 2016[2] [1997]
Rosenberg, Raphael, ›Die Kartographie der Aura aus dem Geist der Wirkungsästhetik: Synästhesie und das Verhältnis von Kunst und Esoterik um 1900‹, in: Monika Neugebauer-Wölk, Renko Geffrath, Markus Meumann (Hrsg.), ›Aufklärung und Esoterik: Wege in die Moderne‹, Berlin 2013, S. 583–604
Rosslenbroich, Bernd, ›On the Origin of Autonomy. A New Look at the Major Transitions in Evolution‹, Heidelberg u.a. 2014
Rozumek, Martin, ›Hypothesenfreie Chemie. Der ›Atomismusstreit‹ in der Zeitschrift ›Die Drei‹ 1922/23‹, Dornach 2012
Rozumek, Martin, »›Gibt es Atome oder gibt es sie nicht?‹ Der ›Atomismusstreit‹ in der Zeitschrift die Drei 1922/23 – eine richtungweisende Auseinandersetzung« in ‹Die Drei‹ 3/2013, 39–59
Ruben, Tanja, ›Le discours comme image. Enonciation, recit et connaissance dans le Timée-Critias de Platon‹, Paris 2016
Ruby, Andreas / Kries, Mateo, ›Den Körper in Bewegung bewohnen. Paul Virilio über Rudolf Steiner im Gespräch mit Andreas Ruby und Mateo Kries‹, in: Kries, Mateo (Hrsg.), ›Rudolf Steiner – die Alchemie des Alltags‹, Ausstellungskatalog Vitra Design Museum, Weil am Rhein 2010, S. 196–201
Sam, Martina Maria (Hrsg.), Rudolf Steiner. ›Rückschau. Übungen zur Willensstärkung‹, Dornach 2010
Sam, Martina Maria, ›»… in der Seele entzünden die eigene Tat.« Über Rudolf Steiners geisterweckenden Sprachstil am Beispiel des überpersönlichen »Es«‹, in: Johannes Kiersch et al. (Hrsg.), ›Steiner neu lesen. Perspektiven für den Umgang mit Grundlagentexten der Waldorfpädagogik‹, Frankfurt am Main 2014, S. 121–136
Santucci, James A., ›The Nation of Race in Theosophy‹, in: ›Nova Religio. The Journal of Alternative und Emergent Religions‹, Vol. 11, Issue 3 (2008), pp. 37–63
Schad, Wolfgang, ›Rudolf Steiners Verhältnis zur Naturwissenschaft. Eine Lagebestimmung‹, in: Rahel Uhlenhoff (Hrsg.), ›Anthroposophie in Geschichte und Gegenwart‹, Berlin 2011, 125–185
Schaffer, F. X., ›Lehrbuch der Geologie II. Teil, Grundzüge der Historischen Geologie (Geschichte der Erde, Formationskunde)‹, Leipzig/Wien 1924
Schatz, Paul, Die Welt ist umstülpbar. Rhythmusforschung und Technik, Sulgen [3]2008
Schelling, Friedrich Wilhelm Joseph von, 'Ideen zu einer Philosophie der Natur als Einleitung in das Studium dieser Wissenschaft‹, 1787 /1803 (Ausg. K. F. A. Schelling)
Schmidt, Robin, ›Rudolf Steiner und die Anfänge der Theosophie‹, Dornach 2010
Schnädelbach, Herbert, ›Philosophie in Deutschland: 1831–1933‹, Frankfurt 1983
Schneede, Uwe M., ›Ritual als Werk: Josef Beuys' Aktionen‹, in: Axel Michaels (Hrsg.), ›Die neue Kraft der Rituale‹, Heidelberg 2008
Schneider, Johannes W., ›Akasha – Das Gedächtnis der Erde‹, in: ›Die Drei‹ 5/2009, S. 33–39
Schornstein, W., ›Anthroposoph auf Reisen‹, in: ›Nachrichtenblatt. Was in der Anthroposophische Gesellschaft vorgeht‹, Nr. 39/1943
Theodor Schwenk, ›Das sensible Chaos. Strömendes Formenschaffen in Wasser und Luft‹, Stuttgart 1962
Scott Loomis, Elisha, ›The Pythagorean Proposition‹, Ann Arbor / Mich. 1940
Scott-Elliot, William, ›The lost Lemuria‹, London 1904

Seewald, Michael, ›Dogma im Wandel. Wie Glaubenslehren sich entwickeln‹, Freiburg i. Br. 2018

Selg, Peter, ›Rudolf Steiner – zur Gestalt eines geistigen Lehrers. Eine Einführung‹, Dornach 2007

Selg, Peter, ›Rudolf Steiner und das Fünfte Evangelium. Eine Studie‹, Dornach 2005

Selg, Peter, ›Die Punkt-Umkreis-Meditation des Heilpädagogischen Kurses – Vom werdenden Ich des Menschen‹, Arlesheim 2013

Seydel, Anna, ›Stirb und Werde. Rosenkreuzermotive in unserer Zeit‹, Stuttgart 2019

Sinnett, Alfred Percy, ›Die esoterische Lehre oder Geheimbuddhismus‹, Leipzig 1884 [1883]

Söding, Thomas, ›Das Christentum als Bildungsreligion. Der Impuls des Neuen Testaments‹, Freiburg im Breisgau 2016

Soetebeer, Jörg, ›Umbildende Erfahrung. Goethes Begriff von Selbstbildung‹, Köln / Weimar / Wien 2018

Speer, Andreas, ›Sacrificium intellectus‹, in: ›Archivio Di Filosofia‹ 76, no. 1 / 2 (2008), S. 57–70

Spitta, Dietrich, ›Goethes Einweihung und sein Märchen von der grünen Schlange und der schönen Lilie‹, Stuttgart 2008

Springer, Peter, ›Das verkehrte Bild. Inversion als bildnerische Strategie‹, Delmenhorst & Berlin 2004

Staudenmaier, Peter, ›Race and Redemption. Racial and Ethnic Evolution in Rudolf Steiner's Anthroposophy‹, in: ›Nova Religio‹ 11 (2008), 4–36

Staudenmaier, Peter, ›Between Occultism and Nazism. Anthroposophy and the Politics of Race in the Fascist Era‹, Leiden 2014

Steenis, C., G., G., J. Van, ›The Land-Bridge Theory in Botany‹, in: ›Blumea‹ 11, No. 2 (1962) 235–372

Steffen, Albert, ›Begegnungen mit Rudolf Steiner‹, Dornach 1955[2]

Stein, Walter Johannes, ›Alfred Wegener‹, in: ›Anthroposophie‹ (1930), S. 173

Stocker, Gerhard, ›Punkt und Kreis. Ein Leitmotiv mathematischer Mystik und seine pädagogische Metamorphose im Werk Rudolf Steiners‹, in: Demisch, Ernst-Christian et al. (Hrsg.), ›Steiner neu lesen. Perspektiven für den Umgang mit Grundlagentexten der Waldorfpädagogik‹, Frankfurt am Main 2014, S. 161–179

Storch, Maja & Tschacher, Wolfgang, ›Embodied Communication. Kommunikation beginnt im Körper, nicht im Kopf‹, Bern 2016

Stottmeister, Jan, ›Der George-Kreis und die Theosophie‹, Göttingen 2014

Stubenrauch, Bertram, ›Dialogisches Dogma. Der christliche Auftrag zur interreligiösen Begegnung‹, Freiburg i. Br. 1995

Suchantke, Andreas, ›Metamorphose. Kunstgriff der Evolution‹, Stuttgart 2002

Sünner, Rüdiger, ›Das innere Atlantis. Zum Akasha-Projekt von Alexander Kluge und Andrej Tarkowski‹, in: ›info3‹ 7–8 / 2008, S. 45–49

Sünner, Rüdiger, ›Geheimes Europa. Reise zu einem verborgenen spirituellen Erbe‹, Berlin 2017

Szabo, A. / Rescher, N., ›Hypothese‹ in: ›Historischen Wörterbuch der Philosophie‹, Band II, 1260–1266

Taran, Leonardo, ›Amicus Plato, sed magis amica veritas: From Plato and Aristotle to Cervantes‹, in: ›Antike und Abendland‹ 30 (1984) S. 93–124

Tautz, Johannes, ›W. J. Stein. Eine Biographie‹, Dornach 1989

Turgenjeff, Assja, ›Erinnerungen an Rudolf Steiner und die Arbeit am ersten Goetheanum‹, Stuttgart 1973[2]

Turner, Victor, ›Das Ritual. Struktur und Antistruktur‹, Frankfurt/New York 1989 (engl. 1969)

Uhlenhoff, Rahel (Hrsg.), ›Anthroposophie in Geschichte und Gegenwart‹, Berlin 2011

Villeneuve, Chrispian, ›Rudolf Steiner in Britain. A Documentation of his Ten Visits 1902–1925‹, London 2009

Ullrich, Heiner, ›Waldorfpädagogik und okkulte Weltanschauung. Eine bildungsphilosophische und geistesgeschichtliche Auseinandersetzung mit der Anthropologie Rudolf Steiners‹, Weinheim/München 1986

Veyne, Paul, ›Glaubten die Griechen an ihre Mythen? Ein Versuch über die konstitutive Einbildungskraft‹, Frankfurt am Main 1987

Veyne, Paul, ›Foucault. Der Philosoph als Samurai‹, Stuttgart 2009

Vinzens, Albert, ›Die Nacht des Erzählens. Unterhaltungen mit Goethes Ausgewanderten‹, Stuttgart 2018

Virilio, Paul, ›Der negative Horizont. Bewegung/Geschwindigkeit/Beschleunigung‹ München & Wien 1989

Waldenfels, Bernhard, ›Ordnung im Zwielicht‹, Frankfurt am Main 1987

Weber, Max, ›Wirtschaft und Gesellschaft. Grundriss der verstehenden Soziologie‹, 5. rev. Aufl. von Johannes Winckelmann, Tübingen 1985

Weber, Max, ›Wissenschaft als Beruf‹, in: ›Geistige Arbeit als Beruf. Vorträge vor dem Freistudentischen Bund. Erster Vortrag. Prof. Max Weber (München). Wissenschaft als Beruf‹, München/Leipzig 1919, S. 3–37

Wehler, Hans-Ulrich, ›Literarische Erzählung oder kritische Analyse? Ein Duell in der gegenwärtigen Geschichtswissenschaft‹, Wien 2007

Werbeck, Louis M. J., ›Die wissenschaftlichen Gegner Rudolf Steiners und der Anthroposophie durch sich selbst widerlegt. Eine Gegnerschaft als Kultur-Verfallserscheinung‹, Stuttgart 1924

Wickert, Ulrich/Ratschow, Carl Heinz, ›Dogma – I. Historisch, II. Systematisch-theologisch‹, in: ›Theologische Realenzyklopädie‹, Band 9 (1982), S. 26–41.

Wiehl, Angelika, ›Erzählen – eine grundlegende Methode der Waldorfpädagogik‹, in: Bund der Freien Waldorfschulen, Lehrerrundbrief Nr. 106, Mai 2017, S. 86–104

Wiesberger, Hella, ›Marie Steiner-von Sivers. Ein Leben für die Anthroposophie. Eine biographische Dokumentation‹, Dornach 1989

Wiesberger, Hella, ›Rudolf Steiners esoterische Lehrtätigkeit. Wahrhaftigkeit – Kontinuität – Neugestaltung‹, Dornach 1997

Williams, Bernard, ›Wahrheit und Wahrhaftigkeit‹, Frankfurt am Main 2003

Wirth, Uwe, ›Performanz. Zwischen Sprachphilosophie und Kulturwissenschaften‹, Frankfurt am Main 2002

Wirtz, Thomas, ›Dichter auslegen. Über Bild und Begriff im Briefwechsel zwischen Schiller und Goethe‹, in Helmut J. Schneider u.a. (Hrsg.): ›Bildersturm und Bilderflut um 1800. Zur schwierigen Anschaulichkeit der Moderne‹, Bielefeld 2001, S. 53–70

Witzenmann, Herbert, ›Die Philosophie der Freiheit als Grundlage künstlerischen Schaffens. Die Philosophie der Freiheit als Gedankenkunstwerk. Die Philosophie der Freiheit als Schulungsweg des Künstlers‹, Dornach 1980

Woloschin, Margarita, ›Aus Tagebuchaufzeichnungen‹, in: Erika Beltle und Kurt Vierl (Hrsg.), ›Erinnerungen an Rudolf Steiner‹, Stuttgart 1979

Zadow, Mario, ›Alfred Meebold‹ in: Bodo von Plato (Hrsg.): ›Anthroposophie im 20. Jahrhundert. Ein Kulturimpuls in biographischen Porträts‹, Dornach 2003, S. 509f.

Zander, Helmut, ›Anthroposophie in Deutschland. Theosophische Weltanschauung und gesellschaftliche Praxis 1884–1945‹, Göttingen 2007

Zander, Helmut, ›Rudolf Steiners Rassenlehre. Plädoyer, über die Regeln der Deutung von Steiners Werk zu reden‹, in: Uwe Puschner/G. Ulrich Großmann (Hrsg.): ›Völkisch und national. Zur Aktualität alter Denkmuster im 21. Jahrhundert›, Darmstadt 2009, S. 145–155.

Zdrazil, Tomas, ›Frantisek Zavrel oder der Tscheche, »… der von Rudolf Steiner den Eindruck gewonnen hatte, dass er von geistigen Dingen mehr verstünde als alle Maurer.«‹ In: ›Anthroposophie. Vierteljahresschrift zur anthroposophischen Arbeit in Deutschland‹ (2009) Nr. 248 und 249, S. 135–146 und S. 235–252

Zech, M. Michael, ›Geschichte als Sinnstiftung und das Wirklichkeitsproblem‹, in: ›RoSE – Research on Steiner Education‹ Vol. 5 / Special issue 2014, pp. 90 –99

Ziegler, Renatus, ›Platonische Körper. Verwandtschaften, Metamorphosen, Umstülpungen‹, Dornach 2012

Zimmer Bradley, Marion, ›Die Nebel von Avalon‹, Frankfurt am Main 1983

Zwikirsch, Barbara, ›Der Nachlass »Max Dessoir« im Preußischen Staatsarchiv in Berlin-Dahlem. Ein Beitrag zur Geschichte der Psychologie in Berlin‹, in: ›Psychologie und Geschichte‹, Jg. 5, Heft 1/2, Dezember 1993, S. 293–309

Nachweis

Erstveröffentlichungen

Der Stachel des Wissenschaftsanspruchs, Erstveröffentlichung.

Dekonstruktion des Dogmas, zuerst unter dem Titel ›*Wann wird das symbolische Gewand fallen?* Dogma und Methode. Zur Hermeneutik des Steiner'schen Werks‹ in ›Die Drei‹, 8–9/2011, S. 41–55; ebenfalls abgedruckt in: Demisch, Ernst-Christian et al. (Hrsg.), ›Steiner neu lesen. Perspektiven für den Umgang mit Grundlagentexten der Waldorfpädagogik‹, Frankfurt am Main 2014, S. 71–85.

Lob der Hypothese, zuerst unter dem Titel ›Sensible Behauptungen. Über den Begriff der Hypothese bei Rudolf Steiner‹ In: ›Die Drei‹ 5/2013, S. 17–30.

Umkehr als esoterische Denkform, zuerst unter dem Titel ›Umkehr als esoterische und soziale Denkform‹ in: ›Die Drei‹ 6/2017, S. 83–92; ergänzt sind die letzten vier Abschnitte.

Hermeneutik und Kritik – über Max Dessoir, zuerst unter dem Titel: ›Hermeneutik und Kritik. Zur Auseinandersetzung zwischen Max Dessoir und Rudolf Steiner‹ in ›Die Drei‹ 3/2017, S. 41–52.

Die Entdeckung des Performativen, unter dem Titel ›Gelingende Worte – sich klärende Gesten. Teil I: Das Konzept der Performativität‹ in ›Die Drei‹ 9/2014, S. 13–24.

Die performative Dimension der Anthroposophie, zuerst unter dem Titel ›Das Performative als ursprüngliche Dimension der Anthroposophie. Gelingende Worte – sich klärende Gesten Teil II‹ in ›Die Drei‹ 10/2014, S. 11–25.

Der Erzähler Rudolf Steiner, zuerst unter dem Titel ›Rudolf Steiner als Erzähler I. Perspektiven einer allgemeinen Erzähltheorie‹ in ›Die Drei‹ 7–8/2017, S. 11–23.

Die Esoterik der Erzählung – Goethes Rätselmärchen, zuerst unter dem Titel ›Rudolf Steiner als Erzähler II. Im Vorhof der Esoterik: Goethes Rätselmärchen‹ in ›Die Drei‹ 6/2018, S. 11–22.

Aus der Akasha-Chronik erzählen, zuerst unter dem Titel ›Rudolf Steiner als Erzähler III. Aus der Akasha-Chronik erzählen‹ in ›Die Drei‹ 11/2018, S. 29–42.

Narrative Asymmetrie, Erstveröffentlichung.

Weitere Titel aus dem Info3 Verlag
Eine Auswahl

Jens Heisterkamp
Anthroposophische Spiritualität
Denken, Meditation und geistige Erfahrung bei Rudolf Steiner.
Eine Einführung
136 Seiten, Klappenbroschur, € 12,80
ISBN 978-3-95779-020-0

Worin liegt die spirituelle Botschaft der Anthroposophie? Jens Heisterkamp antwortet auf diese Frage und zeichnet den Weg nach, den Rudolf Steiner selbst vom philosophischen Denken zu Meditation und geistiger Erfahrung gegangen ist. So entstand ein neuer Zugang zu Spiritualität, der den Intellekt in Richtung einer Selbstklärung des Bewusstseins übersteigt.

Rainer Patzlaff
WORT(W)ENDE
Die Geburt der modernen Lyrik im 20. Jahrhundert
Info3 Verlag, März 2019
128 Seiten, Klappenbroschur, € 14,00
ISBN 978-3-95779-094-1

Rainer Patzlaff führt behutsam anhand von rund 40 modernen Gedichten von Hilde Domin, Rose Ausländer, Nelly Sachs und vielen anderen in die moderne Lyrik ein und zeigt auf, wie die Dichter*innen ihre Zeit verarbeiten (nicht aber von dem Zeitgeschehen determiniert werden) und zum Beispiel angesichts der Ereignisse des Ersten Weltkrieges nahezu verstummen. Überraschend werden in diesem Zusammenhang auch Stellen aus Steiners *Wahrspruchworte* und dem *Seelenkalender* behandelt, wo es sich ebenso um ein Suchen nach Worten für eine Welt, die (noch) kaum beschrieben werden kann, handelt.

Rainer Patzlaff

Rudolf Steiner und das „Nicht-Wort" in der Lyrik des 20. Jahrhunderts

Ergänzender Essay zu dem Buch »WORT(W)ENDE – Die Geburt der modernen Lyrik im 20. Jahrhundert«

48 Seiten, Klappenbroschur, € 6,00

ISBN 978-3-95779-095-8

Dieser Essay Rainer Patzlaffs – in Ergänzung zu seinem Buch *Wort(w)ende* – nimmt die verbürgte Sympathie Rudolf Steiners für die Lyrik des Expressionismus zum Anlass, nach einer Verwandtschaft zwischen den Zielen des Expressionismus und den Anliegen des Begründers der Anthroposophie zu fragen. Gerade das Verstummen der Sprache ermöglicht nicht allein die Ausbildung einer neuen Sprache, sondern auch die Entstehung eines neuen Wahrnehmungsorgans, das zwischen den Worten und Sätzen findet, was aus den Worten selbst ausgezogen ist. Steiners Auffassung von der Entwicklung der Sprache wird hier für die Genese moderner Lyrik produktiv gemacht. Eine prägnante Zusammenfassung der Steinerschen Theorie zur Entwicklung der Sprache.

Die Wochensprüche aus dem Seelenkalender Rudolf Steiners

mit Aquarellen von Stefan Krauch

Aufstellbuch, 52 Seiten A5, Ringband, € 16,00

ISBN 978-3-95779-097-2

1912 veröffentlichte Rudolf Steiner den *Anthroposophischen Seelenkalender*, die darin enthaltenen Sprüche sind als »Wochensprüche« bekannt geworden. In dieser Ausgabe als Tischkalender werden die Wochensprüche ergänzt durch 52 Malereien des Frankfurter Malers Stefan Krauch. Die Bilder sind in einer Mischtechnik von Aquarell und Wachstift gemalt und haben im Original eine Größe von 20 x 20 Zentimetern.

Johannes Kiersch
»In okkulter Gefangenschaft«?
Von der gewordenen zur werdenden Anthroposophie
176 Seiten, Klappenbroschur, € 16,90
ISBN 978-3-95779-088-0

Der »Kulturfaktor Anthroposophie« ist in der Öffentlichkeit weit hinter seinen Möglichkeiten zurückgeblieben. Johannes Kiersch macht dafür weniger zivilisatorische Widerstände verantwortlich als vielmehr das Festhalten vieler Anthroposophen an überkommenden Denkformen. Ist so eine selbst zu verantwortende »okkulte Gefangenschaft« entstanden?

Johannes Kiersch, Alma Wichmann-Erlen
Eugenie von Bredow und Rudolf Steiner im Havelland
Eine unbekannte Begebenheit der frühen Anthroposophie
Klappenbroschur, 152 Seiten, viele Abbildungen, € 18,00
ISBN 978-3-95779-062-0

Sie waren zwölf: die würdevollen theosophischen Damen aus Berlin, die sich nicht ohne Hintergrund und doch mit Schalk als »Berliner Tierkreis« um Rudolf Steiner geschart hatten. Im Sommer 1906 verbrachten sie gemeinsam mit ihrem geistigen Lehrer eine inspirierende Zeit auf dem Gutshof zu Landin im Havelland, wo schon Fontane zu Gast gewesen war. Das Buch rekonstruiert liebevoll ein Kapitel aus der frühen spirituellen Bewegung Rudolf Steiners und gibt Einblicke in die esoterischen Wirkensverhältnisse jener Zeit – mit Ausblicken bis in unsere Gegenwart.

Info3 Verlag
Kirchgartenstr. 1, 60439 Frankfurt
Tel. 069-58 46 47, E-Mail: vertrieb@info3.de
Webshop: www.info3.de